主　　编　孙晓勇　国家法官学院院长
　　　　　　　　　最高人民法院司法案例研究院院长
副 主 编　彭永和　最高人民法院司法案例研究院副院长
　　　　　刘　畅　最高人民法院司法案例研究院规划部主任
　　　　　黄　斌　国家法官学院科研部负责人
主编助理　边疆戈　国家法官学院科研部编辑
　　　　　赵文轩　最高人民法院司法案例研究院规划部编辑
　　　　　刘丽媛　最高人民法院司法案例研究院规划部编辑

《中国法院年度案例》编辑人员（按姓氏笔画）
刘　畅　朱建伟　朱　琳　李晓果　杨小利
罗胜华　胡　岩　赵文轩　唐世银　袁登明
曹海荣　梁　欣　程　瑛

本书编审人员　袁登明

中国法院

2021年度案例

国　家　法　官　学　院
最高人民法院司法案例研究院◎编

刑事案例二

（危害公共安全罪、破坏社会主义市场经济秩序罪）

中国法制出版社
CHINA LEGAL PUBLISHING HOUSE

《中国法院年度案例》通讯编辑名单

序

党的十八大以来，以习近平同志为核心的党中央高度重视法治在推进国家治理体系和治理能力现代化中的重要作用，中央全面依法治国工作会议更是明确习近平法治思想在全面依法治国中的指导地位，为全面依法治国提供了根本遵循和行动指南。近年来，人民法院始终将加强司法案例研究作为推进全面依法治国的重要途径，通过发布具有普遍指导意义的典型案例，统一法律适用、提高审判质量，不断推进人民法院严格公正司法。《中国法院年度案例》丛书，旨在完善中国特色案例指导制度，总结提炼典型案例的裁判规则和裁判方法，发挥司法规范、指导、评价、引领的重要作用，大力弘扬社会主义核心价值观，增强全民法治意识和法治素养，展现新时代我国法治建设新成就。

《中国法院年度案例》丛书自2012年编辑出版以来，已连续出版9套，受到读者广泛好评。近年来，为更加全面地反映我国司法审判执行工作的发展进程，顺应审判执行实践需要，响应读者需求，丛书2014年度新增金融纠纷、行政纠纷、刑事案例3个分册，2015年度将刑事案例调整为刑法总则案例、刑法分则案例2个分册，2016年度新增知识产权纠纷分册，2017年度新增执行案例分册，2018年度将刑事案例扩充为4个分册。自2020年起，丛书由国家法官学院与最高人民法院司法案例研究院共同编辑，每年年初定期出版。在全国各级人民法院的大力支持下，丛书编委会现编辑出版《中国法院2021年度案例》系列丛书，共23册。

《中国法院年度案例》丛书以开放务实的态度、简洁明快的风格，在编辑中坚持以下方法，努力把案例书籍变得“好读有用”：一是高度提炼案例内容，控制案例篇幅，每个案例基本在3000字以内；二是突出争议焦点，剔除无效信息，尽可能在有限的篇幅内为读者提供有效、有益的信息；三是注重对裁判文书的再加工，大多数案例由案件的主审法官撰写“法官后语”，高度提炼、总结案例的指导价值，力求引发读者思考，为司法工作提供借鉴，为法学研究提供启迪。

《中国法院年度案例》丛书编辑工作坚持以下原则：一是广泛选编案例。国家法官学院和最高人民法院司法案例研究院每年通过各高级人民法院从全国各地法院汇集上一年度审结的典型案例近万件，使该丛书有广泛的精选基础，优中选优，可提供给读者新近发生的全国各地多种类型的典型性案例。二是方便读者检索。为体现以读者为本，丛书分卷细化，每卷下还将案例主要根据案由分类编排，每个案例用一句话概括裁判规则、裁判思路或焦点问题作为主标题，让读者一目了然，迅速找到目标案例。

中国法制出版社始终全力支持《中国法院年度案例》丛书的出版，给了作者和编辑们巨大的鼓励。2021年，丛书将继续提供数据库增值服务。购买本书，扫描前勒口二维码，即可在本年度免费查阅往年同类案例数据库。我们在此谨表谢忱，并希望通过共同努力，逐步完善，做得更好，真正探索出一条编辑案例书籍、挖掘案例价值的新路，更好地服务社会主义法治国家建设、服务法治社会建设、服务学习研究法律的读者。

《中国法院年度案例》丛书既是法官、检察官、律师等法律工作者的办案参考和司法人员培训的实用教材，也是社会大众学法用法的经典案例读本，同时是教学科研机构案例研究的良好系列素材。当然，案例作者和编辑在编写过程中也难以一步到位实现最初的编写愿望，客观上会存在各种不足甚至错误，欢迎读者批评指正。我们愿听取各方建议，不断扩宽深化司法案例研究领域，实现中国特色案例研究事业的新发展。

国家法官学院

最高人民法院司法案例研究院

2021年2月22日

目　录

Contents

一、危害公共安全罪

1. 未成年人寻求刺激实施放火的行为定性 …… 1
——孙某放火案

2. 妨害公共交通工具安全驾驶构成以危险方法危害公共安全罪的量刑 …… 3
——杜某某以危险方法危害公共安全案

3. 高空抛物触犯以危险方法危害公共安全罪的认定 …… 7
——蒋某城以危险方法危害公共安全案

4. 过失犯罪中作为形式对罪名认定的影响 …… 9
——代某过失以危险方法危害公共安全案

5. 抢夺在道路上行驶的机动车方向盘的行为定性 …… 13
——胡茂某、胡雪某以危险方法危害公共安全案

6. 以危险方法危害公共安全罪的认定 …… 15
——邓秀某以危险方法危害公共安全案

7. 非法持有枪支后再卖与他人的，构成何罪 …… 18
——李某非法买卖枪支、非法持有枪支，张某非法买卖枪支案

8. 非法买卖枪支罪中共犯的认定 …… 21
——王义某、王某非法买卖枪支案

9. 判定非法储存枪支罪与非法持有枪支罪的主要依据 …… 23
——刘某某非法持有枪支案

10. 因生产生活需要非法制造爆炸物可不认定为情节严重 ………………… 27

——伍某非法制造、储存爆炸物案

11. 非法持有以压缩气体为动力的枪支的裁判思考 ………………… 29

——孔某非法持有枪支案

12. 被告人行为客观上不可能造成较大危险时不得认定构成以危险方法危害公共安全罪 ………………… 33

——刘海某被诉以危险方法危害公共安全宣告无罪案

13. 对“交通事故责任划分所依据内容”的供述与自首中“如实供述犯罪事实”二者之间关系的认定 ………………… 36

——郭某交通肇事案

14. 机动车辆所有人符合法律规定亦可构成交通肇事罪 ………………… 40

——兰清某、张继某交通肇事案

15. 没有充分证据证明主观上明知发生事故，肇事后驶离现场的，不能认定构成交通运输肇事后逃逸………………… 43

——卢中某交通肇事案

16. 交通肇事罪中多方事故责任的认定 ………………… 47

——王某交通肇事案

17. 交通肇事罪中“禁止重复评价原则”的适用 ………………… 50

——李某交通肇事案

18. 交通肇事后逃逸及自首认定 ………………… 52

——曾亚某交通肇事案

19. 交通肇事致人死亡后逃逸的被告人应慎重适用缓刑 ………………… 56

——周某某交通肇事案

20. 交通肇事罪中被告人投案自首如何定罪 ………………… 58

——王某某交通肇事案

21. 多人于景区飙车是否构成追逐竞驶型危险驾驶罪 ………………… 61

——覃某等危险驾驶案

22. 醉驾行为与交通肇事行为交叉持续状态下的被告人罪数认定 …………… 64
——李某交通肇事、危险驾驶案

23. 醉驾案件中如何适用紧急避险制度 ………………………………………… 68
——陈某勇被诉危险驾驶案

24. 危险驾驶罪在没有道路监控的情况下，应结合被告人供述、证人证言、案发现场情况等证据进行认定………………………………………… 71
——胡某危险驾驶、妨害作证案

25. 危险驾驶罪中被告人醉驾后二次饮酒行为性质的认定 ………………… 75
——邱某危险驾驶案

26. 危险驾驶罪疑罪从无原则的适用标准 ……………………………………… 78
——林某某危险驾驶、寻衅滋事案

27. 责任事故罪中事故调查报告的证据审查及工程转包关系中涉案人员的刑事认定 ……………………………………………………………………… 81
——张献某等重大责任事故案

二、破坏社会主义市场经济秩序罪

（一）生产、销售伪劣商品罪

28. 持证超范围经营烟草的行为不应构成非法经营罪 ………………………… 88
——陈恒甲、陈恒乙销售伪劣产品案

29. 假药是否实际售出不影响销售假药罪既遂的认定 ………………………… 91
——杨海某、陈某销售假药案

30. 危害药品安全刑事案件改判缓刑时禁止令的适用 ………………………… 96
——陈某某销售假药案

31. 草莓是否属于“果树”及使用禁用农药的认定 ………………………… 99
——陈某生产、销售有毒、有害食品案

（二）走私罪

32. 走私国家禁止进出口货物罪中走私货物数量的认定 …… 102
——刘某、黄某、林某、赵某走私国家禁止进出口的货物案

（三）妨害对公司、企业的管理秩序罪

33. 拆迁诈骗中拆迁员收受钱款的行为认定 …… 106
——安卫某非国家工作人员受贿案

（四）破坏金融管理秩序罪

34. 购买假币罪中犯罪数额的认定 …… 110
——杨建某购买假币案

35. 高利转贷罪中被告人“过桥”贷款行为的认定 …… 114
——莫立某受贿、高利转贷案

36. 骗取贷款罪中因果关系的认定 …… 118
——刘延某骗取贷款案

37. 合同诈骗行为中符合金融诈骗犯罪构成的应以金融诈骗罪论处 …… 122
——王某贷款诈骗案

38. 非法集资案件中非法占有目的的认定 …… 126
——刘包某非法吸收公众存款案

39. 非法集资犯罪的被告人犯意转化之司法认定 …… 129
——孙建某等非法吸收公众存款、集资诈骗案

40. 非法吸收公众存款罪与集资诈骗罪的区分标准 …… 133
——徐某某等非法吸收公众存款案

41. 审判阶段被告人认罪认罚的认定、程序选择及量刑依据 …… 138
——前某等非法吸收公众存款案

42. 设立“钓鱼网站”窃取他人信用卡信息行为中牵连犯的适用 …… 144
——陈某某、黄某某窃取信用卡信息案

（五）金融诈骗罪

43. 个人在公司非法集资过程中实施诈骗行为的认定 …………………… 147
——苏克某集资诈骗案

44. 集资诈骗罪中非法占有目的的认定及推定规则 …………………… 151
——韩某某集资诈骗案

45. 涉网络众筹平台型诈骗类犯罪的罪名选择 …………………… 155
——崔小某等集资诈骗案

46. 冒用他人信用卡的认定 …………………… 159
——秦某某信用卡诈骗案

47. 恶意透支型信用卡诈骗犯罪的起算时间 …………………… 162
——魏某某信用卡诈骗案

（六）危害税收征管罪

48. 逃税罪处罚阻却事由的认定 …………………… 165
——陈某逃税案

49. 虚开税额数额的综合考量 …………………… 169
——王祥某等虚开增值税专用发票案

50. “代开型”虚开增值税专用发票行为的认定 …………………… 173
——丁红某等虚开增值税专用发票案

51. 虚开增值税专用发票税款数额的认定规则 …………………… 177
——余明某等虚开增值税专用发票案

（七）侵犯知识产权罪

52. 被特许人假冒特许人商标应严格控制从宽幅度 …………………… 181
——顾某某等假冒注册商标案

53. 刑法中伪劣产品的判定应坚持实质性标准 …………………… 184
——李某某销售假冒注册商标的商品案

（八）扰乱市场秩序罪

54. 合同诈骗罪的认定 …… 188
——黄文某合同诈骗案

55. 以“两头骗”的方式，租赁车辆用于质押借款时犯罪数额的认定 …… 191
——李博某合同诈骗案

56. 行为人实际骗取的数额如何理解认定 …… 194
——魏某某合同诈骗案

57. 口头合同能否成为合同诈骗罪的“合同”形式 …… 199
——崔兴某合同诈骗案

58. 隐瞒资质与商户签合同改装天然气管道致使燃气被盗用应分别评价为合同诈骗罪与盗窃罪 …… 201
——赵某合同诈骗、盗窃案

59. 传销案件的特点及传销中领导者、组织者的认定 …… 204
——邓家某组织、领导传销活动案

60. 电子烟作为“烟草专卖品”的认定标准 …… 209
——闵某某非法经营案

61. 非法经营罪中利用POS机进行信用卡“养卡”行为的认定 …… 212
——李佑某、李某非法经营案

62. 非法经营罪中烟草专卖品的认定 …… 215
——杨某等非法经营案

63. “黑物业”恶势力团伙强迫交易罪“情节特别严重”之准确适用 …… 219
——吕某等强迫交易案

64. 以威胁手段强买商品构成强迫交易罪 …… 222
——开同某等强迫交易案

一、危害公共安全罪

1

未成年人寻求刺激实施放火的行为定性

——孙某放火案

【案件基本信息】

1. 裁判书字号

上海市浦东新区人民法院（2019）沪 0115 刑初 3133 号刑事判决书

2. 案由：放火罪

【基本案情】

被告人孙某于 2019 年 5 月 9 日 12 时许，骑电瓶车至上海市浦东新区某公寓运送衣服之后，为寻求刺激，在该公寓 100 号 7 楼、6 楼、5 楼，用随身携带的打火机相继点燃上述楼道摆放的方形垃圾桶内的垃圾并离开现场，后火情被物业和居民发现并扑灭。

同日 18 时许，被告人孙某再次骑电瓶车至上述公寓运送衣服之后，为寻求刺激，在该公寓 33 号 5 楼楼道内，用随身携带的打火机相继点燃上述楼道摆放的方形垃圾桶内的垃圾并离开现场，后火情被居民发现并扑灭。

【案件焦点】

未成年被告人出于寻求刺激的目的，实施放火行为，应当定性为放火罪还是寻衅滋事罪。

【法院裁判要旨】

上海市浦东新区人民法院经审理认为：被告人孙某在居民住宅区故意实施放火焚烧财物，危害公共安全，尚未造成严重后果，其行为已构成放火罪。被告人孙某犯罪时已满十六周岁不满十八周岁，到案后如实供述自己的罪行，自愿认罪认罚，依法从轻处罚；其系初犯，已取得案发公寓部分居民的谅解，酌情从轻处罚。辩护人关于对被告人适用缓刑的意见，鉴于本案是危害公共安全犯罪，被告人孙某在居民高层小区多个楼面随意焚烧垃圾桶，具有较大的社会危害性，且家庭帮教环境较薄弱，故考虑到今后教育改造效果，不宜宣告缓刑，该辩护意见不予采纳。为维护社会公共安全，依照《中华人民共和国刑法》第一百一十四条，第十七条第一款、第三款，第六十七条第三款和第六十四条之规定，判决如下：

一、被告人孙某犯放火罪，判处有期徒刑一年。

二、扣押在案的作案工具打火机一个予以没收，上缴国库。

【法官后语】

近年来，未成年人犯罪呈增多趋势，成为社会关注的热门话题。未成年人正处于人生的发育阶段，生理和心理尚未完全成熟，缺乏对复杂事物的判断和鉴别能力，大部分涉案往往没有明确目的，盲目性和随意性较强。关于本案定罪，有意见认为被告人孙某未成年，认知能力有限，无事生非以放火取乐，应定寻衅滋事罪。为此需指出的是，被告人确出于寻求刺激的目的，所实施的是放火行为，可能危及“公共安全”。针对如何准确区分寻衅滋事罪和放火罪的问题，本案提供了有益参考。

1. 主观方面的认定。《最高人民法院、最高人民检察院关于办理寻衅滋事刑事案件适用法律若干问题的解释》第一条第一款规定，“行为人为寻求刺激、发泄情绪、逞强耍横等，无事生非，实施刑法第二百九十三条规定的行为的，应当认定为‘寻衅滋事’。”本案被告人孙某出于寻求刺激的目的，一日内实施了数次放火行为，造成了一定的公私财物的损毁，假设放火行为未达到危害公共安全的标准，那认定为寻衅滋事罪是合理的。

2. 客观方面的认定。放火罪和寻衅滋事罪侵犯的客体不同，最大的区别是放火行为客观上是否足以危及公共安全，当已危害或是已危及公共安全，则应认定为放火罪，具体应结合行为人放火的时间、地点、案发环境进行综合评判。本案中，被告人实施放火的地点是高层住宅，选择的是多个楼层的垃圾桶，一旦火势成灾势必会造成不特定多数人的人身、财产损失，危及公共交全。再者，被告人一天内数次放火，将火点燃后便离开现场，对火势后果持放任态度，亦未采取任何控制火势之客观措施。

综上，被告人孙某的放火行为客观上足以危及公共安全，主观上明知但仍放任这种危险的发生，符合放火罪的主客观构成要件，已构成放火罪。

编写人：上海市浦东新区人民法院　夏艳

2

妨害公共交通工具安全驾驶构成以危险方法危害公共安全罪的量刑

——杜某某以危险方法危害公共安全案

【案件基本信息】

1. 裁判书字号

北京市第三中级人民法院（2019）京 03 刑终 744 号刑事裁定书

2. 案由：以危险方法危害公共安全罪

【基本案情】

2018 年 5 月 11 日 6 时 52 分，北京甲客运有限公司司机连某驾驶顺××路公交车（无人售票）由西向东行驶至北京市顺义区高丽营镇顺沙路沿线张喜庄村段张喜庄车站，被告人杜某某上车时使用其子的学生公交卡刷卡乘车，连某发现后进行检查，并扣留了杜某某持有的学生公交卡，将该卡放置于驾驶室左侧。在公交车行驶过程中，杜某某对连某扣留其学生公交卡不满，与其发生争吵，后为抢回学生卡，推搡连某右胳膊和胸部，连某告知杜某某如果再抢就报警，杜某某未听劝告继续拉扯连某胳膊和衣服，并俯身去抢学生卡，其间多次触碰方向盘并将连某左侧衣袖扯坏，严重影响了车辆正常行驶，致使车辆紧急停驶在机动车道内。整个过程持续40秒左右，车内监控录像显示最高车速49km/h。其间，公交车内载有10余名乘客，车辆左侧及前方有机动车行驶。连某停车后报警，杜某某明知他人报警在现场等待。后杜某某赔偿连某衣服损失，连某及北京甲客运有限公司表示谅解。

【案件焦点】

本案应如何量刑，是否属于犯罪情节显著轻微或能否适用缓刑。

【法院裁判要旨】

北京市顺义区人民法院经审理认为，被告人杜某某在公共交通工具行驶过程中，妨害安全驾驶，危害公共安全，尚未造成严重后果，其行为已构成以危险方法危害公共安全罪，应予惩处。被告人杜某某违规使用公交卡，在司机查处后拒不改正，不顾及车辆行驶安全抢夺公交卡，且案发时处于早高峰，车内乘客、道路车辆较多，结合本案犯罪事实、性质、情节和对于社会的危害程度，不宜适用缓刑。但鉴于被告人杜某某明知他人报警在现场等待，到案后如实供述犯罪事实，系自首，且认罪悔罪，取得司机及客运公司谅解，辩护人关于从宽量刑的辩护意见本院酌予采纳，依法对被告人杜某某减轻处罚。

北京市顺义区人民法院依照《中华人民共和国刑法》第一百一十四条、第六十七条第一款、第六十一条、第四十五条、第四十七条之规定，作出如下判决：

被告人杜某某犯以危险方法危害公共安全罪，判处有期徒刑二年。

杜某某以量刑过重为由提出上诉，辩称：其犯罪情节显著轻微，不具有直接故意，且具有自首、认罪、赔偿并取得谅解的情节，司机亦存在过错，原判量刑过重。

北京市第三中级人民法院经审理认为：结合杜某某的年龄、智力、认识水平以及司机提醒其不要妨害驾驶等情况，可以认定杜某某对危害公共安全持放任的故意，且以危险方法危害公共安全主观状态并不限于直接故意；司机的行为遵守了职业操守和职业操作规范，不具有诱发杜某某危险行为的故意，在本案中不存在过错；综合分析全案证据，可以认定杜某某的行为构成以危险方法危害公共安全罪，且犯罪情节不属于显著轻微；一审法院根据杜某某犯罪的事实、犯罪的性质、情节和对社会的危害程度所作出的判决，定罪及适用法律正确，量刑适当，审判程序合法，应予维持。

北京市第三中级人民法依照《中华人民共和国刑事诉讼法》第二百三十六条第一款第一项之规定，作出如下裁定：

驳回上诉，维持原判。

【法官后语】

本案的处理重点在于对被告人的行为应如何量刑，是否属于犯罪情节显著轻微或能否适用缓刑。

近年来，随着无人售票公交车的普及，公交车减少或者不再配有乘务员，司机不但要安全驾驶汽车，还承担着监督乘客是否购票、维持乘车秩序等职责，一旦司乘之间或乘客之间发生纠纷，将很大程度上影响司机的安全驾驶，有的地方甚至出现了在公共交通工具上抢夺方向盘、拉拽、殴打驾驶人员等妨害安全驾驶的行为，严重威胁道路交通安全，成为不容忽视的公共安全问题。特别是2018年重庆市万州“10·28”公交车坠江事故发生后，公共交通工具安全驾驶问题引起全社会强烈关注，加强公交司机安全防护、严惩妨害安全驾驶违法犯罪行为的呼声高涨。为了全面解决问题，及时回应社会关切，最高人民法院、最高人民检察院和公安部于2019年1月联合印发了《关于依法惩治妨害公共交通工具安全驾驶违法犯罪行为的指导意见》（以下简称《意见》），对司法实践给予明确指导，同时发挥司法裁判的价值导向作用，营造人人遵守规则、共同守护公共交通安全的社会氛围。本案虽然发生在《意见》出台前，但提起公诉时《意见》已经出台，《意见》是对正确理解和适用刑法的具体规定，其内容是刑法的应有之义，因此不会超过社会大众的正当预期，在审判时应当予以适用。

本案提起公诉时被告人处于取保候审状态，一审法院认为其不符合缓刑适用条件，故将强制措施变更为逮捕并判处有期徒刑二年，被告人以量刑过重为由提出上诉，二审法院对一审裁判结果予以维持，故本案主要焦点在于如何裁量刑罚。一审法院作出以上刑罚主要基于以下几点考虑：

第一，案发时车辆载客十余人，属于《意见》规定的“在实际载客10人以上的公共交通工具上实施的”从重情节。《意见》列举了七种应当从重处罚的情节，这些情节的危险程度相对较高，在该情形下妨害司机安全驾驶更加危险、容易造成更为严重的后果，故量刑上应当从严惩处。

第二，案发时最高车速49km/h，且正值工作日的早高峰，车辆前方及对向车道均有车辆行驶，该道路为双向单车道，对向车道、机动车道与非机动车道均无隔离护栏，司机的驾驶行为不仅关系到车内人员的安全，也关系到道路上其他车辆及行人的安全，在此情形下实施的妨害安全驾驶行为，与车速相对较慢、车流量相对较少、路段状况良好时实施的行为对公共安全的危害程度不同，在量刑上应有所体现。

第三，被告人违规使用学生卡骗取乘车费用优惠，在被司机查处后不但拒不改正，还不顾及车辆行驶安全与司机抢夺公交卡，其不仅触犯了法律的底线，更应受到道德上的谴责。司机作为无人售票公交车的驾驶员，承担着查验、核实乘车证件的职责，其发现被告人违规使用乘车卡后对卡片予以暂扣、等待进一步处理系正常履职行为，且在遭受被告人妨害正常驾驶行为时保持克制、提出警告并及时制动，遵守了职业操守和操作规范，在本案中不存在过错，不具有诱发被告人犯罪行为的因果关系。

第四，被告人具有自首、认罪悔罪、积极赔偿、尚未造成严重后果的从宽情节。被告人在明知司机报警后，在现场等待民警到来，抓捕时无拒捕行为，到案后始终如实供述犯罪事实，构成自首，依法可以从轻或减轻处罚。此外，被告人的行为未导致车辆碰撞等实际损害后果，经教育后深刻认识到自己行为的错误，表示悔罪，积极赔偿了司机的衣物损失，取得了司机及公交公司的谅解，一定程度上修复了被其犯罪行为破坏的社会关系，故一审法院对其减轻处罚。

第五，综合考虑全案情节，对被告人不宜适用缓刑。缓刑适用的条件是被告人被判处拘役、三年以下有期徒刑，同时还要满足犯罪情节较轻、有悔罪表现等条件，其积极的价值作用在于避免短期自由刑的弊端，优化发挥刑罚功能，既体现国家对犯罪行为的否定评价，又体现对犯罪分子的宽大政策，主要适用于轻罪。而以危险方法危害公共安全罪因犯罪行为危及不特定人员的安全，刑法配置了严厉的刑罚，最低法定刑即为三年有期徒刑，属于重罪，罪行的严重程度可见一斑。虽然被告人可能因具有自首、立功等法定减轻情节而判处三年以下有期徒刑，符合缓刑的刑期条件，但鉴于此类犯罪具有危害公共安全的严重性质，应从严把握缓刑适用。

此外，《意见》在明确规定具有“在实际载客10人以上公共交通工具上实施妨害安全驾驶行为”等七种情形应从严惩处的同时，也要求即使尚未造成严重后果，一般也不得适用缓刑，这既符合刑法罪责刑相适应的基本原则，也有利于发挥刑罚的震慑、教育作用，树立保障公共交通安全的积极价值导向，提升公众的安全意识、规则意识和法治意识。

综上，一审法院充分考虑被告人所具有的从轻、减轻处罚情节，根据被告人犯罪的事实、犯罪的性质、情节和对社会的危害程度所作出了上述量刑。

编写人：北京市顺义区人民法院　曹咏

3

高空抛物触犯以危险方法危害公共安全罪的认定

——蒋某城以危险方法危害公共安全案

【案件基本信息】

1. 裁判书字号

上海市闵行区人民法院（2019）沪0112刑初2501号刑事判决书

2. 案由：以危险方法危害公共安全罪

【基本案情】

被告人蒋某城在案发地上海市闵行区江航路×××弄××号××××室居住4年有余，因家庭矛盾与其父母关系不和，双方之间曾发生过数次暴力冲突。2019年8月1日17时许，被告人蒋某城持棒球棍至案发地址，发现自己的钥匙开不了门，遂叫来开锁匠将房门撬开。被告人蒋某城进入卧室问其母亲要钱，被拒后即用棒球棍将其母亲砸倒在地，并用棒球棍砸烂家中窗户玻璃、家电等物品，并至其父母卧室，将手机、平板电脑、水果刀及其他杂物从14楼扔下。部分物品砸落在小区公共道路上，并致楼下停车位停放的一辆轿车前挡风玻璃破碎、车顶多处凹陷、一辆轿车车顶多处划痕和凹陷、一辆轿车前挡风玻璃砸花。经鉴定，三辆轿车物损共计人民币4293元。

被告人蒋某城主动打电话报警，到案后对上述事实供认不讳。被告人蒋某城家属在法院审理期间代为退赔了全部经济损失。

【案件焦点】

1. 如何认定高空抛物行为构成犯罪；2. 以危险方法危害公共安全罪和其他犯罪如何区分。

【法院裁判要旨】

上海市闵行区人民法院经审理认为：高空抛物行为人明知案发时公共场所的客观情况、抛掷物品的性质，在未采取有效防范措施的情形下向公共场所抛掷物品，足以危害不特定多数人生命、健康或造成重大公私财物损失的，构成以危险方法危害公共安全罪。被告人蒋某城因家庭矛盾，为发泄不满，故意将手机、平板电脑、水果刀等物从14楼高处扔下，部分物品砸落在小区公共道路上，还砸坏楼下停放的三辆机动车，虽未造成人身伤害或财产重大损失的严重后果，但足以危害公共安全，其行为已构成以危险方法危害公共安全罪。被告人蒋某城主动报警，到案后如实供述自己的犯罪事实，系自首，依法可以减轻处罚；被告人自愿认罪认罚，依法可从宽处罚。公诉机关指控的事实及罪名成立，量刑建议适当，应予采纳。被告人蒋某城具有赔偿情节，可酌情从轻处罚。

上海市闵行区人民法院依照《中华人民共和国刑法》第一百一十四条、第六十七条第三款规定，判决如下：

被告人蒋某城犯以危险方法危害公共安全罪，判处有期徒刑一年。

【法官后语】

在对高空抛物行为定性时，需要根据《最高人民法院关于依法妥善审理高空抛物、坠物案件的意见》的要求，区分罪与非罪，此罪与彼罪的界限。高空抛物行为构成犯罪，需要符合刑法相关罪名的犯罪构成。如果故意高空抛物足以危及公共安全，尚未造成严重损害的，应当以以危险方法危害公共安全罪论处。针对本案来说：

一是行为人主观上对行为性质明知且具有故意。以危险方法危害公共安全罪是故意犯罪，即行为人明知其所实施的危险方法会造成危害公共安全的后果，并且希望或者放任这种危害后果的发生。被告人蒋某城作为一名成年人，应当知晓其向外扔出物体的大致下落轨迹及砸落可覆盖的范围，应当知晓抛掷物可能造成砸到行人或者车辆的后果，应当知晓手机、平板电脑、刀具等坚硬锐利物品砸落地面造成的破坏性和杀伤力，但其在抛扔过程中没有对下方情况进行确认，也没有采取必要的防范措施，系抱着放任结果发生的态度实施上述行为，属于犯罪间接故意而非过失。

二是行为人高空抛物足以危及公共安全。以危险方法危害公共安全罪的其他危险方法，应与放火、决水、爆炸、投放危险物质等方法具有危险相当性和危害同质性，足以造成不特定多数人的人身损害和重大财产损失。被告人蒋某城在下午下班时间段内，从14楼高处向楼下公共停车场地和道路抛扔了多件危险物品。抛落物品具有高度杀伤性，且具有在一定范围内随机损害的特点，具备对不特定多数人及财产造成现实严重危险的条件。

综上，对高空抛物的定性需要遵循主客观相一致的原则，可以从行为人抛掷物品时的起因，物品的性质、种类、数量，以及抛掷物品的地点、时间等综合考量，正确认定行为人高空抛物是否属于犯罪，构成犯罪的，如何正确适用罪名。审理中，应根据具体案情，审慎裁判。

编写人：上海市闵行区人民法院　于明晶　邵立

4

过失犯罪中作为形式对罪名认定的影响

——代某过失以危险方法危害公共安全案

【案件基本信息】

1. 裁判书字号

安徽省淮北市中级人民法院（2019）皖06刑终169号刑事裁定书

2. 案由：过失以危险方法危害公共安全罪

【基本案情】

2017年8月，被告人代某承包经营甲煤业有限公司（以下简称甲公司）职工食堂3号操作间及售饭窗口。2017年10月初，代某从濉溪县百善镇一路边摊购买十余斤工业用盐，用于清理食堂后厨地面油渍。后代某在未告知食堂其他工作人员的情况下，将该工业用盐放置在食堂后厨用于存放佐料的蒸箱内。同年10月24日凌晨，食堂工作人员误将该工业用盐当作食用盐加入制作的早餐食品中，并向就餐职工出售，导致丁某、王某、朱某、赵某等100余人在食用后出现不同程度的头晕、恶心、呕吐等不良反应。经濉溪县疾病预防控制中心检测，其中56人被确诊为亚硝酸盐中毒，后经濉溪县公安局司法鉴定中心鉴定，该56人的损伤程度均为轻微伤。经淮北市疾病预防控制中心检测，该工业用盐及食堂于2017年10月24日销售的汤等早餐内含有大量亚硝酸盐。为处置本次亚硝酸盐中毒事件，甲公司支付中毒职工及护理人员医疗费、误工费、护理费等各项费用40余万元。

另查明：食物中毒事故发生后，代某经食堂工作人员通知返回食堂查看情况，后甲公司相关人员到达现场并报警，民警在食堂内将代某口头传唤到案。到案后，代某如实供述了上述事实。

【案件焦点】

本案中食堂经营者对购进的工业用盐未能妥善保管，被食堂工作人员误当作食盐投放到制作的食品中，导致100余人食物中毒，经营者不当存储危险物质的行为如何定性。

【法院裁判要旨】

安徽省濉溪县人民法院经审理认为，被告人代某作为甲公司食堂经营者，对其购进的工业用盐未尽到妥善保管义务，被食堂工作人员误当作食盐投入加工的食品中对外销售，致100余人产生不良反应，其中56人被评定为轻微伤，情节较轻，其行为已构成过失以危险方法危害公共安全罪。公诉机关关于代某构成过失投放危险物质罪的指控，经查，代某将采购的用于厨房地面清洁等用途的工业用盐存储在食堂储物箱中，没有予以妥善保管，其本人客观上并没有实施主动投放行为，是其他食堂员工在不知情的情况下将工业用盐当作食盐投入制作的食品中。故投放工业用盐的行为并非代某实施，代某不构成过失投放危险物质罪。故公诉机关指控的罪名不当，依法予以纠正。代某明知他人报警而在现场等待接受处理，到案后能够如实供述所犯罪行，系自首，依法从轻处罚。

安徽省濉溪县人民法院依照《中华人民共和国刑法》第一百一十五条、第六十七条第一款之规定，作出如下判决：

被告人代某犯过失以危险方法危害公共安全罪，判处有期徒刑二年。

代某以量刑过重为由提起上诉。安徽省淮北市中级人民法院经审理同意一审法院的裁判意见。依照《中华人民共和国刑事诉讼法》第二百三十六条第一款第一项之规定，作出如下裁定：

驳回上诉，维持原判。

【法官后语】

过失投放危险物质罪的客观方面表现为过失投放毒害性、放射性、传染病病原体等物质，危害不特定多数人的生命、健康或重大公私财产损失的行为。其行为模式体现为行为人在过失心态下，将毒害性等危险物质投入致害媒介上，造成危害公共安全的严重后果。可见，构成本罪的犯罪人需要积极地作出了投放危险物质的危害行为，即实施一个主动的使危险物质与致害媒介直接关联的“投放”行为，包括授意他人投放等主观作为心态下实施的间接投放行为。如果行为人没有主动、积极地实施投放这一“动作”，没有积极作为，不能认定为本罪。本案中，代某将工业用盐存储于食堂储物箱，未予妥善保管的行为，确属危险方法，具有现实的危险性，但该危险性属于潜在的危险，不符合过失投放危险物质罪犯罪构成中的结果要件。此外，工业用盐被食堂员工误当作食盐投入制作的食品中。这一投放行为系食堂员工实施，并非代某直接实施或者授意实施，亦不符合过失投放危险物质罪犯罪构成中所要求的投放行为这一要素。故代某的行为不构成过失投放危险物质罪。

过失以危险方法危害公共安全罪的客观方面表现为过失以失火、决水、爆炸、投放危险物质以外的危险方法危害公共安全，致人重伤、死亡或者使公私财产遭受重大损失的行为。其行为模式体现为行为人在过失心态下，以失火、爆炸等以外的危险方法，实施了危害公共安全的行为。可见，本罪在客观上只要求是实施了与放火、投放危险物质等危害相当的危险方法，严重危害公共安全的行为，对犯罪人的行为方式是作为或者不作为，或者它们之混合形态，在所不问。本案中，代某将工业用盐存储于食堂储物箱的行为本身是一种“危险方法”的作为。由于该先行行为使某种合法权益处于遭受严重损害的危险状态，该行为人有阻止损害结果发生的义务。而代某未对该工业用盐予以妥善保管，亦未告知、警示食堂员工的行为，即属于违背因其先前不当存储行为而形成的法律义务，即对危险源支配、管理的不作为。其上述的作为与不作为合乎规律地导致工业用盐被食堂员工误用，导致危害公共安全的结果，行为与结果之间建立直接因果关系。这一因果关系是代某存放危险物质的作为与未加以妥善保管的不作为相交织的，在过失心理支配下对危害结果的放任，符合过失以危险方法危害公共安全罪中的犯罪心理和行为特征，应当以此罪定罪处罚。

综上，在区分过失投放危险物质罪与过失以危险方法危害公共安全罪过程中，需要对行为方式作具体认定。过失投放危险物质罪的罪状表明了需要有“投放”行为，即必须表现为积极的作为，包括行为人自己实施，也包括行为人授意他人、运用工具等方式的实施。如果行为人没有积极的作为，不能认定构成本罪。而在过失以危险方法危害公共安全罪的犯罪构成中，只要行为人作出了具有杀伤性、规模性危害的行为，既包括积极实施的作为，也包括违背法律要求或者先行行为产生的义务的不作为，均可成立本罪。据此，本案应当认定代某构成过失以危险方法危害公共安全罪。

编写人：安徽省濉溪县人民法院　孙连祥

5

抢夺在道路上行驶的机动车方向盘的行为定性

——胡茂某、胡雪某以危险方法危害公共安全案

【案件基本信息】

1. 裁判书字号

北京市丰台区人民法院（2019）京0106刑初917号刑事判决书

2. 案由：以危险方法危害公共安全罪

【基本案情】

2019年4月2日14时许，被告人胡茂某、胡雪某乘坐滴滴司机孙某某驾驶的车牌号为京NS××××的轿车，当车辆行驶至北京市丰台区南三环刘家窑桥下辅路“蟹老宋”饭店附近时，双方因行车问题发生争执，胡茂某指使胡雪某拔轿车钥匙，同时胡雪某抢夺轿车方向盘，导致轿车右前侧保险杠撞到路边的隔离护栏。经鉴定，车辆损失价值人民币1800元。后双方均报警，被告人胡茂某、胡雪某于案发现场被北京市公安局丰台分局民警传唤到案。到案后两名被告人均能如实供述犯罪事实，且积极赔偿了被害人孙某某经济损失并获得谅解。

【案件焦点】

1. 两名被告人抢夺在道路上行驶的机动车方向盘的行为是否构成犯罪；2. 车辆损失的金额是否包括被告人下车开车门故意撞坏的部分；3. 被害人的行为是否属于严重过错；4. 可否对两名被告人适用缓刑。

【法院裁判要旨】

北京市丰台区人民法院经审理认为，被告人胡茂某、胡雪某不能正确处理矛盾，在周边有较多过往车辆及行人的路段，抢夺行驶中的汽车方向盘和车钥匙，其行为已经危及不特定多数人的生命、健康与财产安全，构成以危险方法危害公共安

全罪，依法应予惩处。北京市丰台区人民检察院指控被告人胡茂某、胡雪某犯以危险方法危害公共安全罪的事实清楚，证据确实、充分，罪名成立。二辩护人对指控车损金额的异议，本院认为，该车辆的相关损失是因本案由二被告人造成，可予认定，对该意见本院不予采纳。二辩护人均认为被害人存在严重过错的意见，本院认为，根据在案车内录音资料和被害人陈述、被告人供述，二被告人与司机在车内发生分歧时，双方均未能保持充分的理智和克制，被害人孙某某对本案的引发负有一定责任，但达不到严重过错的程度，胡雪某先口出脏话对孙某某进行辱骂才是导致矛盾升级的关键点，故辩护人的该辩护意见本院不予采纳。二辩护人均提出被告人有自首情节的意见，经查，二被告人明知他人报警而在现场等待，到案后如实供述主要犯罪事实，依法可认定有自首情节，辩护人的该意见本院予以采纳。二辩护人建议对被告人适用缓刑的意见，与本案的犯罪情节、社会危害性不符，本院不予采纳。辩护人提出的其他辩护意见，本院酌予采纳。

鉴于二被告人均有自首情节，当庭亦自愿认罪，案发后积极赔偿被害人的经济损失取得谅解，有一定的悔罪表现，且被害人对本案的引发负有一定责任，故本院对二被告人予以减轻处罚。根据被告人胡茂某、胡雪某犯罪的事实、性质、情节，以及在共同犯罪中的作用、地位和对社会的危害程度、认罪悔罪情况等，依照《中华人民共和国刑法》第一百一十四条、第二十五条第一款、第六十七条第一款、第六十一条之规定，做出如下判决：

一、被告人胡茂某犯以危险方法危害公共安全罪，判处有期徒刑一年六个月。

二、被告人胡雪某犯以危险方法危害公共安全罪，判处有期徒刑一年六个月。

【法官后语】

近年来，一些地方接连发生在公共交通工具上妨害安全驾驶的行为。有的乘客仅因琐事纷争，对正在驾驶公共交通工具的驾驶人员实施暴力干扰行为，造成重大人员伤亡、财产损失，严重危害公共安全，社会反响强烈。

《刑法》第一百一十四条规定，放火、决水、爆炸以及投放毒害性、放射性、传染病病原体等物质或者以其他危险方法危害公共安全，尚未造成严重后果的，处三年以上十年以下有期徒刑。从该条文可知，以危险方法危害公共安全罪要求危险行为达到与放火、决水、爆炸以及投放毒害性、放射性、传染病病原体等物质等行为相当程度的危害程度，对不特定的多数人的生命、健康或重大公私财产的安全具有危害，如果达不到该危害程度，则不能认定构成该罪。故本案争议的焦点在于二被告人抢夺在道路上行驶的机动车方向盘的行为是否足以危害公共安全。

2019年1月，最高人民法院、最高人民检察院、公安部联合下发了《关于依法惩治妨害公共交通工具安全驾驶违法犯罪行为的指导意见》，明确规定乘客在公共交通工具行驶过程中，抢夺方向盘、变速杆等操纵装置，殴打、拉拽驾驶人员，或者有其他妨害安全驾驶行为，危害公共安全，尚未造成严重后果的，依照《刑法》第一百一十四条的规定，以以危险方法危害公共安全罪定罪处罚。但该指导意见所称公共交通工具，是指公共汽车；公路客运车；大、中型出租车等车辆。本案中涉案车辆系网约车，虽然对不特定的公众开放，具有公共性及营运性的特征，但不能据此将小型车辆认定为该意见中的“公共交通工具”，故本案不适用于该指导意见。

本案中，结合在案证据可以认定涉案车辆的行驶速度、通行路段情况、妨害安全驾驶行为的严重程度及对公共交通安全的危害大小，可以认定二被告人的危险行为构成以危险方法危害公共安全罪。结合被告人的认罪悔罪表现及具有自首情节，经全面评判，对被告人判处相应刑罚，充分彰显强化保障公共交通安全的价值导向。

编写人：北京市丰台区人民法院　刘宇超

6

以危险方法危害公共安全罪的认定

——邓秀某以危险方法危害公共安全案

【案件基本信息】

1. 裁定书字号

北京市丰台区人民法院（2019）京0106刑初393号刑事判决书

2. 案由：以危险方法危害公共安全罪

【基本案情】

2018年10月29日11时许，被告人邓秀某在北京市丰台区乘坐678路公交车，车内乘客超过10人并有老人和小孩乘坐。因公交车在站点停靠及下车问题，被告人邓秀某与公交车司机武景某发生争执，并于678路公交车驶离丰台区南三环外环主路洋桥西公交站时，手持牛奶箱对公交车司机武景某进行殴打，导致司机武景某紧急刹车，与冯晓某驾驶的京NF××××小客车右侧发生剐蹭，两车损坏，车厢内姜振某等多名乘客受伤。经鉴定，678路公交车的车辆损失为人民币1900元，京NF××××汽车车辆损失为人民币6240元，被害人姜振某的身体损伤程度为轻微伤。被告人邓秀某于2018年10月29日被北京市公安局丰台分局洋桥派出所民警查获。被告人邓秀某已对车辆损失及被害人姜振某所受损失进行了赔偿。

【案件焦点】

被告人邓秀某打砸正在驾驶中的公交车司机的行为定性。

【法院裁判要旨】

北京市丰台区人民法院经审理认为，被告人邓秀某乘坐公交车时因坐过站及对停车位置不满与司机发生口角，在司机启动车辆出站时持牛奶箱殴打司机，导致司机紧急刹车发生交通事故，造成两车受损、车内五名司乘人员受伤。被告人邓秀某的行为已经构成以危险方法危害公共安全罪，尚未造成严重后果，应予处罚。北京市丰台区人民检察院指控被告人邓秀某犯以危险方法危害公共安全罪的事实清楚、证据确实充分，罪名成立。

辩护人提出被告人邓秀某有精神病史，应从轻处罚。经查被告人邓秀某曾于2009年被诊断为抑郁状态。到案后公安机关委托鉴定机构对其进行了精神疾病鉴定，结论为案发时未见精神病性症状，有完全刑事责任能力、有受审能力，十年前的诊断结果不能作为判定其案发时精神状态的依据。辩护人提出被告人邓秀某有积极赔偿并得到谅解的情节。该情节本院在量刑时酌情予以考虑，但该罪名侵犯的是不特定多数人的生命、健康或财产安全，无法通过特定个人的谅解行为使已受到侵犯的法益得以恢复。辩护人提出造成此次冲突的原因是司机不文明的服务态度激怒了被告人邓秀某，导致其情绪失控，一时冲动实施了违法犯罪行为。在案证据显示被告人邓秀某与司机发生口角双方均情绪激动，但被告人邓秀某使用暴力手段解决纠纷，殴打正在正常驾驶的司机，不仅自身触犯法律，更将全车乘客的安全及公共交通安全置于危险境地。综合上述情节，被告人邓秀某不符合适用缓刑条件，辩护人提出适用缓刑的意见本院不予采纳。

乘客在乘车过程中，本应自觉遵守乘车秩序，遵守法律法规，文明乘车，保持冷静、克制，不能因一时冲动实施干扰司机安全驾驶的行为。驾驶员在行车过程中应以岗位职责规范自身行为，维护乘车秩序、保证乘客安全和行车安全，正确处理司乘纠纷，避免意气用事激化矛盾。司乘人员应互相理解、相互尊重，共同构建和谐乘车环境，维护良好公共秩序。

鉴于被告人邓秀某在实际载客10人以上的公共交通工具上实施殴打驾驶人员妨害安全驾驶的行为，应对其从重处罚。被告人邓秀某到案后能如实供述所犯罪行，并能积极赔偿受损方经济损失，认罪态度较好，故对其予以从轻处罚。

北京市丰台区人民法院根据《中华人民共和国刑法》第一百一十四条、第六十七条第三款、第六十四条、第六十一条之规定，判决如下：

一、被告人邓秀某犯以危险方法危害公共安全罪，判处有期徒刑三年六个月。

二、扣押物品予以没收。

【法官后语】

2018年10月，在重庆万州的一辆公交车上，因乘客与司机抢夺方向盘导致公交车失控坠江，发生了重大伤亡事故。该事件发生后引发广泛关注和社会影响。“两高一部”于2019年1月10日发布了《关于依法惩治妨害公共交通工具安全驾驶违法犯罪行为的指导意见》（以下简称《意见》），《意见》中明确了妨害安全驾驶行为的入罪标准及量刑情节，并强调了公检法三机关加强协作配合，共同维护公安交通安全秩序的重大意义。

本案中被告人邓秀某因公交车在站点停靠及下车问题与公交车司机发生口角，继而在公交车驶离位于主路的公交站时，手持牛奶箱对公交车司机进行殴打，导致司机紧急刹车，致公交车与其他车辆发生剐蹭，车内多名司乘人员受伤。被告人邓秀某仅因琐事纷争，对正在驾驶公共交通工具的驾驶人员实施暴力干扰，危害了公共交通安全，应以以危险方法危害公共安全罪定罪处罚。

公交车是人们日常出行主要的交通工具之一。公交车上往往乘客较多，且有老人、小孩、孕妇等群体乘坐，公交车的行车安全不仅关系到乘客的安全也关系到道路交通安全。在行驶中的公交车上对驾驶人员实施殴打、揪扯等行为会严重影响驾驶人员的正常安全驾驶，极易发生人员伤亡和财产损失，严重威胁着道路交通安全。被告人邓秀某因自身原因与司机发生争执，后为发泄一己情绪殴打司机，罔顾车上其他乘客安全及道路交通安全，其行为具有极大的危险性，对此类行为以刑罚手段进行处罚，不仅是对行为的犯罪行为的惩处，更使社会公众明确认识到妨害司机安全驾驶行为的危害和后果，教育引导社会公众文明乘车、维护良好的公共秩序。

编写人：北京市丰台区人民法院 董晓宇

7

非法持有枪支后再卖与他人的，构成何罪

——李某非法买卖枪支、非法持有枪支，张某非法买卖枪支案

【案件基本信息】

1. 裁判书字号

四川省资阳市安岳县人民法院（2019）川2021刑初69号刑事判决书

2. 案由：非法买卖枪支罪、非法持有枪支罪

【基本案情】

2018年年初，被告人李某将二支射钉枪、一支气枪存放于其位于安岳县大埝乡永安村的家中。2018年11月，李某将其中一支射钉枪以人民币600元的价格卖与被告人张某，张某将该枪支存放于其位于安岳县大埝乡永安村4组的家中。经群众举报，安岳县公安局民警于2019年1月8日在张某家当场查获一支射钉枪，后在李某家查获一支射钉枪、一支气枪。经鉴定，查获的二支射钉枪均是以火药为动

力的非制式枪支，具有致伤力；一支气枪是以气体为动力的非制式枪支，具有致伤力。2019年1月8日，张某被安岳县公安局民警传唤到案，2019年1月11日，李某主动到安岳县公安局投案，二被告人到案后均如实供述了上述犯罪事实。

【案件焦点】

是否评价李某卖枪前对同一支枪的非法持有行为，是否对李某非法持有枪支以情节严重量刑。

【法院裁判要旨】

四川省资阳市安岳县人民法院认为，被告人李某、张某违反枪支管理规定，非法买卖射钉枪一支，其行为已构成非法买卖枪支罪；但李某非法卖出射钉枪之前持有该枪支不应再评价非法持有行为而对同一支枪支的持有和出卖行为数罪并罚，因此李某非法持有射钉枪一支而非两支，且根据《最高人民法院关于审理非法制造、买卖、运输枪支、弹药、爆炸物等刑事案件具体应用法律若干问题的解释》，非法持有一支气枪不构成非法持有枪支罪，因此李某非法持有枪支的行为不属于情节严重，其法定刑为三年以下有期徒刑、拘役或者管制。

四川省资阳市安岳县人民法院于2019年3月19日作出（2019）川2021刑初69号刑事判决书：

一、被告人李某犯非法买卖枪支罪，判处有期徒刑二年；犯非法持有枪支罪，判处有期徒刑八个月；决定执行有期徒刑二年六个月。

二、被告人张某犯非法买卖枪支罪，判处有期徒刑三年，缓刑四年。

三、对被告人李某违法所得600元予以追缴。

四、对涉案的射钉枪两支、气枪一支等物品予以没收。

【法官后语】

本案中公诉机关建议以情节严重对李某非法持有枪支行为进行量刑，实际是对李某出卖同一支枪的前期持有行为进行了重复评价，对本案定罪的影响较大，值得注意。

一、吸收犯与牵连犯的区分

吸收犯是数个独立的符合犯罪构成的犯罪行为；数行为必须触犯不同的罪名；

数行为之间具有吸收关系，即前行为是后行为发展的所经阶段，后行为是前行为发展的当然结果，其中一行为吸收其他行为，仅成立吸收行为一个罪名的犯罪。本案当中被告人李某非法持有枪支后再贩卖枪支的行为，分别触犯了非法持有枪支罪和贩卖枪支罪，但贩卖枪支的前提是需要持有枪支，因此贩卖行为吸收持有行为。牵连犯是指犯罪的手段行为或结果行为，与目的行为或者原因行为分别触犯不同罪名的情况。只有当某种手段通常用于实施某种犯罪，或者某种原因行为通常导致某种结果行为时，才存在牵连关系。本案中被告人李某长期持有一把枪支后再卖与他人，不是为了贩卖枪才持有的枪支，不存在手段与目的的牵连，因此本案不属于牵连犯。

二、吸收犯重行为吸收轻行为，择重行为处罚

先行行为性质不明，但去向行为属于与枪支弹药有关的其他犯罪行为，并且能够吸收非法持有枪支、弹药之行为的，不能适用非法持有枪支、弹药罪之罪名。即虽然无法查证枪支弹药的来源，难以认定行为人是以何种犯罪行为获取枪支弹药，但却足以认定行为人对枪支弹药的处置行为即去向行为触犯了与枪支弹药有关的某种罪名，如本案中不能查明被告人从何处、以怎样的方式获得枪支，但其将所有持有的枪支弹药贩卖给他人。由于非法买卖、运输、邮寄枪支弹药等犯罪均可吸收非法持有枪支、弹药罪，因而只需以去向行为所触犯的罪名定罪论处即可，对该射钉枪的非法持有、控制行为不以非法持有枪支罪评价。

根据刑法的规定，非法买卖枪支罪的处罚比非法持有枪支罪重，重行为吸收轻行为，所以在此案中，李某虽先持有枪支，后又贩卖了该枪支，但只以非法买卖枪支罪予以处罚。

编写人：四川省资阳市安岳县人民法院　郑伟

8

非法买卖枪支罪中共犯的认定

——王义某、王某非法买卖枪支案

【案件基本信息】

1. 裁定书字号

湖北省荆门市中级人民法院（2019）鄂08刑终112号刑事裁定书

2. 案由：非法买卖枪支罪

【基本案情】

2016年1月的一天，被告人王义某与被告人王某电话联系，称自己手中有1支仿马克洛夫MP－654K手枪出售，要王某帮忙寻找买家，王某表示同意。后王某联系程俊某购买该手枪，并用微信将王义某发送的几张手枪照片转发给程俊某，程俊某同意购买枪支。王某便将王义某的联系方式告知程俊某，程俊某与王义某联系后约定了交易时间和地点。

2016年2月2日22时许，王义某携带仿马克洛夫MP－654K手枪驾驶鄂H8××××黑色轿车至屈家岭管理区农谷大道牛尾巴附近的约定地点等候，随后程俊某与罗兴某（另案处理）驾驶一辆皮卡车也到达约定地点，罗兴某下车现场试枪后确认枪支能正常发射，即以18000元的价格购买了王义某持有的仿马克洛夫MP－654K手枪及10发子弹。

2018年4月2日，公安机关在京山县石龙镇熊坡村五组汪家坝水库内打捞到被丢弃的该仿马克洛夫MP－654K手枪及3发子弹。2018年4月16日，经荆门市公安司法鉴定中心鉴定，该手枪为我国法律规定意义上的枪支，以火药为发射动力。

【案件焦点】

非法买卖枪支罪中，被告人辩称其不知枪支真假，未参与买卖枪支过程且未从中获利的，如何定罪。

【法院裁判要旨】

湖北省荆门市东宝区人民法院经审理认为，关于被告人王某提出不知道枪支的真假，没有参与买卖枪支过程，也没有从中获利的辩解意见。经查，根据被告人王某的相关人际关系、经历，可见被告人王某对买卖枪支的行为应有一定的辨识能力，但其仍积极联系买家，是否参与交易及获利均不影响其介绍买卖枪支的成立。根据相关司法解释规定，介绍买卖枪支的，以买卖枪支罪的共犯论处，对被告人的该辩解意见不予采纳。被告人王义某、王某非法买卖以火药为动力发射枪弹的非军用枪支1支，其行为均已构成非法买卖枪支罪，公诉机关指控的罪名成立。湖北省荆门市东宝区人民法院依照《中华人民共和国刑法》第一百二十五条第一款、第二十五条、第六十七条第三款、第六十九条第一款、第七十条、第七十七条、第六十四条，《最高人民法院关于审理非法制造、买卖、运输枪支、弹药、爆炸物等刑事案件具体应用法律若干问题的解释》第一条第一款第二项、第二款，作出如下判决：

一、被告人王义某犯非法买卖枪支罪，判处有期徒刑三年六个月。撤销湖北省沙洋县人民法院（2017）鄂0822刑初67号刑事判决书第一项“被告人王义某犯非法买卖枪支罪，判处有期徒刑三年，缓刑四年”中的缓刑部分。决定执行有期徒刑五年。

二、被告人王某犯非法买卖枪支罪，判处有期徒刑三年。

三、对被告人王义某的违法所得1.8万元予以追缴；对查扣的涉案枪支、弹药予以没收。

被告人王某认为一审判决未充分考虑其主观恶性，系其法律意识淡薄所致情节，量刑过重，提起上诉。

湖北省荆门市中级人民法院经审理认为：上诉人王某、原审被告人王义某共同非法买卖以火药为动力发射枪弹的非军用枪支1支，其行为均已构成非法买卖枪支罪。关于上诉人王某及其辩护人提出的“一审判决未充分考虑其主观恶性小，量刑过重，请求改判较轻的刑罚”的上诉理由。经审查：一审判决根据上诉人王某的犯罪事实及情节，在法定刑幅度内对其处罚，量刑并无不当，故上诉人王某及其辩护人提出的该上诉理由不能成立，不予采纳。

湖北省荆门市中级人民法院依照《中华人民共和国刑事诉讼法》第二百三十六条第一款第一项之规定的规定，作出如下裁定：

驳回上诉，维持原判。

【法官后语】

本案处理重点主要在于对被告人主观明知的认定，以及是否获利是否影响罪行认定。

根据《最高人民法院关于审理非法制造、买卖、运输枪支、弹药、爆炸物等刑事案件具体应用法律若干问题的解释》的规定，介绍买卖枪支、弹药、爆炸物的，以买卖枪支、弹药、爆炸物罪的共犯论处。

具体到本案中，审理法院认为根据王某的相关人际关系、经历，可见王某对买卖枪支的行为应有一定的辨识能力，但其仍积极联系买家，可体现被告人介绍行为的主观故意。是否参与双方收付现金、交易枪支的具体过程及获利均不影响其介绍买卖枪支的成立。被告人王某构成介绍买卖枪支，应以买卖枪支罪的共犯论处。

另外，关于本案中对被告人王某的量刑，根据《最高人民法院关于审理非法制造、买卖、运输枪支、弹药、爆炸物等刑事案件具体应用法律若干问题的解释》第一条第一款第二项之规定，非法买卖以火药为动力发射枪弹的非军用枪支一支的，以非法买卖枪支罪定罪处罚，本案系在法定幅度内对被告人王某处罚。

编写人：湖北省荆门市东宝区人民法院　杨小甜

9

判定非法储存枪支罪与非法持有枪支罪的主要依据

——刘某某非法持有枪支案

【案件基本信息】

1. 裁判书字号

山东省济宁市中级人民法院（2019）鲁08刑终449号刑事裁定书

2. 案由：非法持有枪支罪

【基本案情】

2016年10月至2018年2月，被告人刘某某在济宁市任城区龙行路与博古庄路交叉口经营一家手机维修店，兼从事快递收寄业务。2017年6月以来在此附近居住的张某某（另案处理）经常到店里邮寄玩具枪支及配件等物品。在开始邮寄时被告人刘某某对张某某邮寄物品进行检查验收，后来邮寄的次数多了（被告人刘某某也认为张某某邮寄的都是玩具枪等物品），被告人刘某某在代为邮寄前就不再进行开箱查验。2017年11月张某某将一纸箱物品交付被告人刘某某邮寄，被告人刘某某在未开箱查验的情况下即邮递出去，在临沂中转站被查出系违禁品后，邮递公司将该次邮寄物品退回被告人刘某某处。刘某某打开纸箱发现箱内有疑似枪支、弹夹、塑料子弹及气瓶，后被告人刘某某与张某某联系，声称其邮递物品被邮递公司查扣并让张某某缴纳罚款。后被告人刘某某仍将疑似枪支等物品存放在其手机维修店内，因其与朋友视频聊天过程中拿出一支涉案手枪进行炫耀，被他人举报，于2018年10月19日被公安机关在其手机维修店内查获三支涉案枪支及高压气瓶十一瓶、弹夹十个等物品。经鉴定，三支嫌疑枪支均系以压缩气体产生的气体压力为动力进行发射，是枪支，且具有杀伤力（三支枪支测得弹丸最高速度分别为76.18m/s、75.69m/s和76.79m/s，计算得枪口比动能均大于1.8J/cm^2，分别为2.36J/cm^2、2.33J/cm^{2}和2.40J/cm^2）。

被告人刘某某于2018年10月19日17时许在其经营的手机维修店被传唤至公安机关接受询问，在到案过程中态度一般，无拒绝、阻碍、抗拒、逃跑行为，到案后如实供述其主要犯罪事实。

【案件焦点】

作为负有寄件接收、邮递义务的被告人刘某某，在对他人邮寄的枪支进行储存保管过程中，如何根据在案证据确定被告人刘某某“明知”保管物系枪支并如何根据其“明知”之下的行为目的进行定罪。

【法院裁判要旨】

山东省济宁市任城区人民法院经审理认为，在案证据能够证实刘某某代张某某邮寄保管物品的过程中，不知道张某某所邮寄的物品是枪支，在该物品被邮递公司发现是枪支并退回后，刘某某方发现张某某邮寄的是枪支，后其扣留涉案枪支并以此作为向张某某提出赔偿要求的依据，结果其行为被他人举报，案发；再结合《最高人民法院关于审理非法制造、买卖、运输、枪支、弹药、爆炸物等刑事案件具体应用法律若干问题的解释》，“非法储存”是指明知他人非法制造、买卖、运输、邮寄的枪支、弹药、爆炸物而为其存放的行为。结合上述案件事实及司法解释，刘某某对张某某买卖、邮寄枪支的行为并不明知，其不符合储存枪支罪的主观构成要件，相反刘某某之行为是对涉案枪支仅仅是一种持有的状态和故意，故公诉机关指控刘某某犯储存枪支罪不成立，而辩护人提出刘某某构成非法持有枪支罪的辩护意见成立，应予以采纳。

山东省济宁市任城区人民法院依照《中华人民共和国刑法》第一百二十八条第一款、第六十七条第三款、第四十五条、第四十七条、第六十四条、第六十一条，作出如下判决：

一、被告人刘某某犯非法持有枪支罪，判处有期徒刑一年零二个月。

二、扣押在公安机关的涉案枪支三支及高压气瓶十一瓶等违禁物品由扣押机关依法予以没收，上缴国库。

山东省济宁市任城区人民检察院提起抗诉。

山东省济宁市中级人民法院经审理认为：刘某某违反国家枪支管理规定，非法持有以压缩气体为动力的枪支三支，其行为构成非法持有枪支罪，依法应予惩处。经查，认定刘某某犯罪事实清楚，证据确实充分，定罪准确，量刑适当，体现了罪责刑相适应的原则。故抗诉机关的抗诉理由及支持抗诉意见不能成立，应予驳回。

山东省济宁市中级人民法院依照《中华人民共和国刑事诉讼法》第二百三十六条第一款第一项的规定，作出如下裁定：

驳回抗诉，维持原判。

【法官后语】

本案的重点在于准确把握非法储存枪支罪与非法持有枪支罪的关键区别，进而做出正确选择。根据《刑法》第一百二十五条，非法储存枪支罪是指违反国家规定私自收藏或者储存枪支的行为。该罪的主观方面是直接故意，即明知是枪支而进行储存，如果受他人蒙蔽、利用，不知道是枪支，不构成本罪。与该罪名相近的是《刑法》第一百二十八条规定的非法持有枪支罪，本罪主观方面亦是故意，要求行为人明知是枪支、弹药而故意非法持有、私藏。《最高人民法院关于审理非法制造、买卖、运输、枪支、弹药、爆炸物等刑事案件具体应该用法律若干问题的解释》第八条则对“非法储存”与“非法持有”均做出明确具体的解释：所谓非法储存，是指明知他人非法制造、买卖、运输、邮寄的枪支而为其存放的行为；非法持有是指不符合配备、配置枪支条件的人员，违反枪支管理法律、法规的规定，擅自持有枪支的行为。由此可见，非法储存枪支罪与非法持有枪支罪最关键的区别点之一是当事人明知其持有的枪支是他人制造、邮寄、买卖所用或所得且基于他人的该种目的而为他人存放、保管的行为，否则不构成非法储存枪支罪而构成非法持有枪支罪或其他犯罪。即如果构成非法储存枪支罪则必然要求行为人主观上知道其存放、持有、保管的枪支是他人通过非法制造、买卖、运输、邮寄四种非法途径所得或为该四种行为所用，而构成非法持有枪支罪则无此要求。

结合本案审理查明的事实，刘某某从事手机维修兼代理邮件邮递业务，包括为张某某玩具枪等物品的邮递，起初刘某某对张某某的邮件进行开箱检查，后来出于对熟客张某某的信任，未再进行开箱检查，以至于出现张某某邮件涉及违禁物品（涉案枪支）被退回的情形。收到邮递公司的退件后，刘某某方发现是枪支，后要求张某某赔偿损失并取回枪支，结果其被查获。综上，刘某某对张某某邮寄枪支的行为并不明知，其并非为了张某某邮寄枪支提供储存便利，只是在张某某的邮件退回后其才发现张某某邮寄的物品竟然是枪支，并对涉案枪支予以扣留，且其扣留涉案枪支的目的只是向张某某讨说法、要赔偿，并不是帮助张某某继续邮寄枪制而暂时保管。故本案刘某某的行为不构成非法储存枪支罪，对其应以非法持有枪支罪定罪论处。对此，二审法院则予以精准的概括，即“刘某某在邮寄的枪支作为违禁品被退回后，其基于向张某某索要赔偿目的而将枪支扣留，其对涉案枪支是非法持有的状态，构成非法持有枪支罪”。

编写人：山东省济宁市任城区人民法院　刘来双

10

因生产生活需要非法制造爆炸物可不认定为情节严重

——伍某非法制造、储存爆炸物案

【案件基本信息】

1. 裁判书字号

四川省眉山市中级人民法院（2019）川14刑终223号刑事裁定书

2. 案由：非法制造、储存爆炸物罪

【基本案情】

2016年，洪雅县某镇某村1组修建林区公路，被告人伍某在其承包的某镇某村2组某处开采石头负责提供石料，因人工采石较慢，伍某决定用黑火药开采石头。伍某购买了50千克硝酸钾肥料和10千克硫黄，在家中将硝酸钾肥料、硫黄、木炭和水按比例制成黑火药约70千克。2018年11月21日，民警在伍某处查获黑火药47.94千克。经鉴定，该黑火药中检出硝酸钾、硫黄和单质碳。

伍某所在的村委、镇政府出具了《证明》，内容为伍某一贯表现良好，在当地口碑很好，为了集体利益，加快林区公路修建，才制造黑火药用于开采石料，恳请法院从宽处理。

【案件焦点】

本案中所涉黑火药数量已达到法律规定的情节严重，是否应当认定属于情节严重。

【法院裁判要旨】

四川省眉山市洪雅县人民法院经审理认为，被告人伍某非法制造、储存爆炸物，其行为已构成非法制造、储存爆炸物罪。虽然案涉的黑火药数量已超过《最高人民法院关于审理非法制造、买卖、运输枪支、弹药、爆炸物等刑事案件具体应用法律若干问题的解释》第二条规定的情节严重的情形，但伍某制造、储存黑火药是为了修建集体公路，加快修路效率，是为了生产、生活需要，且没有造成严重社会危害，确有悔改表现，亦符合该解释第九条规定，可以不认定为刑法该罪规定的情节严重情形。

因伍某有坦白情节，四川省眉山市洪雅县人民法院依照《中华人民共和国刑法》第一百二十五条、第六十四条、第六十七条第三款，《最高人民法院关于审理非法制造、买卖、运输枪支、弹药、爆炸物等刑事案件具体应用法律若干问题的解释》第一条、第二条、第九条第二款之规定，作出如下判决：

一、被告人伍某犯非法制造、储存爆炸物罪，判处有期徒刑三年。

二、对本案查获的黑火药47.94千克予以没收，由公安机关处理。

伍某以量刑过重为由提起上诉。

四川省眉山市中级人民法院经审理认为：伍某非法制造、储存爆炸物的行为构成非法制造、储存爆炸物罪。伍某为筑路开采石料而非法制造并储存黑火药，系因正常生产、生活需要而实施犯罪，数量虽达到《最高人民法院关于审理非法制造、买卖、运输枪支、弹药、爆炸物等刑事案件具体应用法律若干问题的解释》第二条规定的标准，但可不认定为"情节严重"。原判认定事实清楚，证据确实、充分，适用法律正确，并充分考虑伍某犯罪的事实、犯罪的性质及具有坦白的情节，对其判处有期徒刑三年，量刑适当。上诉人及辩护人上诉理由不成立。

四川省眉山市中级人民法院依照《中华人民共和国刑事诉讼法》第二百三十六条第一款第一项之规定，作出如下裁定：

驳回上诉，维持原判。

【法官后语】

本案处理重点主要在于对被告人伍某的行为是否应当认定为"情节严重"。《最高人民法院关于审理非法制造、买卖、运输枪支、弹药、爆炸物等刑事案件具体应用法律若干问题的解释》第一条规定个人非法制造、买卖、运输、邮寄、储存黑火药构成非法制造、买卖、运输、邮寄、储存爆炸物罪的数量要求为1000克以上；第二条规定非法制造、买卖、运输、邮寄、储存爆炸物的数量达到该解释第一条规定的最低数量标准5倍以上的，属于刑法规定的"情节严重"。第九条规定因筑路、建房、打井、整修宅基地和土地等正常生产、生活需要，以及因从事合法的生产经营活动而非法制造、买卖、运输、邮寄、储存爆炸物，数量达到本解释第一条规定的标准，没有造成严重社会危害，并确有悔改表现的，可依法从轻处罚；情节轻微的，可以免除处罚。具有前款情形，数量虽达到本解释第二条规定标准的，也可以不认定为刑法第一百二十五条第一款规定的“情节严重”。

具体到本案中，伍某制造、储存黑火药约50千克，已达到“情节严重”标准。但一、二审法官都认为其制造、储存爆炸物是用于生产、生活，且没有造成严重社会危害，确有悔改表现，可以不认定为“情节严重”。

值得注意的是，并不是所有用于生产、生活而制造、买卖、运输、邮寄、储存爆炸物的情形都适用该解释第九条规定，还应符合没有造成严重社会危害，确有悔改表现等条件，同时不具有在公共场所、居民区等人员集中区域实施上述犯罪，或者因非法制造、买卖、运输、邮寄、储存爆炸物3年内受到2次以上行政处罚又实施上述行为等情况。

编写人：四川省眉山市洪雅县人民法院　范瑞敏

11

非法持有以压缩气体为动力的枪支的裁判思考

——孔某非法持有枪支案

【案件基本信息】

1. 裁判书字号

北京市东城区人民法院（2018）京0101刑初162号刑事判决书

2. 案由：非法持有枪支罪

【基本案情】

被告人孔某出于个人爱好，违反枪支管理规定，于2007年至2017年5月在北京市某地区×号楼×单元×号其居住地内，多次通过网站、微信朋友圈等方式购买仿真枪、瞄准镜、BB弹等物品予以收藏。2017年5月4日，被告人孔某被公安机关抓获，民警当场起获枪状物9支及配件等物品。经鉴定，仿真枪支中5支为枪支。

【案件焦点】

本案是否构成情节严重以及如何量刑。

【法院裁判要旨】

北京市东城区人民法院经审理认为，被告人孔某违反枪支管理规定，非法持有枪支5支，其行为已构成非法持有枪支罪。但鉴于全案的犯罪事实、性质，并无其他恶劣因素，可不认定其犯罪情节严重。另鉴于被告人孔某到案后能够如实供述犯罪事实，有一定认罪、悔罪表现，依法从轻处罚并宣告缓刑。关于辩护人所提孔某持有枪支的时间为2007至2008年，请法庭审查是否超出法定追诉期限；孔某持有枪支的犯罪情节显著轻微，建议法院免予刑事处罚的辩护意见，经查，孔某自2007年购买仿真枪支后，收藏在家中直至被公安机关查获，其非法持有行为始终继续，未超出追诉期限；被告人孔某非法持有的枪支、枪状物虽致伤力较小但数量较多，且其在认识到行为违法的情况下继续非法持有枪支并于案发前多次购买枪状物，有一定的社会危害性，故辩护人所提上述辩护意见不予采纳；辩护人其他辩护意见中合理部分，酌予采纳。北京市东城区人民法院依照《中华人民共和国刑法》第一百二十八条第一款、第六十一条、第六十四条、第七十二条第一款、第七十三条第二款和第三款、第七十五条、第七十六条，认定被告人孔某犯非法持有枪支罪，判处有期徒刑八个月，缓刑一年。同时，未随案移送的扣押物品，由扣押机关依法处理。

【法官后语】

本案认定非法持有枪支罪应无疑义，焦点在于情节严重的认定以及量刑问题。公诉机关认为孔某持枪数量已达《最高人民法院关于审理非法制造、买卖、运输枪支、弹药、爆炸物等刑事案件具体应用法律若干问题的解释》中“情节严重”的标准[①]，建议判处三年以上有期徒刑。辩护人认为，孔某出于爱好持有枪支，情节显著轻微，建议免予刑事处罚。

1.“唯数量论”到扩大自由裁量的嬗变

2018 年，《最高人民法院、最高人民检察院关于涉以压缩气体为动力的枪支、气枪铅弹刑事案件定罪量刑问题的批复》[②] 摆脱了涉枪犯罪以往机械的“客观归罪”责任追究模式，赋予了司法者较大的自由裁量权，要求从主观认知到行为表现等 14 个方面综合考量进而确定行为人的罪责，为更加合理地追究以压缩气体为动力且枪口比动能较低的枪支的非法涉枪行为提供了法律依据。但这种期望通过个案正义来实现罪责刑相适应的司法解释方法因构成要件表述的模糊性给实践带来一定困惑。如何评估社会危害性成为个案处理中必须面对的难题。

2. 本案不构成情节严重

从持枪目的看[③]，孔某供认自己是个“军迷”，持枪系出于个人爱好。结合其购枪渠道为网站及微信朋友圈，所有枪支均在其居住地起获，且未有证据证实其对所购枪支进行过改装，或有户外使用以及出售牟利的情况，故采信其供述，认定是出于收藏目的；从枪支危险性看，孔某所持有的 5 支枪支均以压缩气体为动力，枪管口径大小为 6mm，枪支机件完好，可以正常击发，发射物均为球形弹丸，经射击

① 根据《最高人民法院关于审理非法制造、买卖、运输枪支、弹药、爆炸物等刑事案件具体应用法律若干问题的解释》，非法持有、私藏以火药为动力发射枪弹的非军用枪支二支以上或者以压缩气体等为动力的其他非军用枪支五支以上的，属于情节严重，处三年以上七年以下有期徒刑。

② 《最高人民法院、最高人民检察院关于涉以压缩气体为动力的枪支、气枪铅弹刑事案件定罪量刑问题的批复》规定“对于非法制造、买卖、运输、邮寄、储存、持有、私藏、走私以压缩气体为动力且枪口比动能较低的枪支的行为，在决定是否追究刑事责任以及如何裁量刑罚时，不仅应当考虑涉案枪支的数量，而且应当充分考虑涉案枪支的外观、材质、发射物、购买场所和渠道、价格、用途、致伤力大小、是否易于通过改制提升致伤力，以及行为人的主观认知、动机目的、一贯表现、违法所得、是否规避调查等情节，综合评估社会危害性，坚持主客观相统一，确保罪责刑相适应”。

③ 基于娱乐、收藏等目的的持枪行为应明显区别于与毒品、黑恶势力、赌博、斗殴有关的涉枪犯罪，后者的持枪行为往往与严重暴力犯罪相伴而生，行为人所持枪支极有可能转化为其他犯罪的工具进而实现更为严重的犯罪目的，具有极大的社会危害性，此类持枪行为也因此成为涉枪犯罪打击处罚的重点。关于持枪目的的认定不能仅凭被告人供述，而应结合行为人购枪途径、实际用途等予以综合评判。

测试确定枪口比动能分别为 1.99J/cm²、2.11J/cm²、2.42J/cm²、3.46J/cm²、2.24J/cm²，均因略高于1.8J/cm² 的枪支认定标准而被认定为枪支，但总体而言致伤力较低；从行为人的人身危险性看，孔某系初犯，且到案后能如实供述犯罪事实，认罪、悔罪，并无逃避、对抗调查行为或其他恶劣因素。

综上，以收藏为目的的持枪行为，所持枪支的枪口比动能略高于法定枪支认定标准，即使枪支数量达到情节严重的标准，但若无其他特殊情节，不宜认定情节严重。

3. 维护公共安全与妥善处理案件的平衡

自《公安机关涉案枪支弹药性能鉴定工作规定》将枪支认定标准修改为枪口比动能1.8J/cm² 以来，涉枪犯罪便呈现出多样化和复杂性。在对传统涉枪犯罪保持高压态势的同时对新型涉枪犯罪设定差别化的定罪量刑标准，以适应不同程度的惩罚需要，显得尤为必要。

“以收藏、娱乐为目的，非法购买、持有以压缩气体为动力、枪口比动能较低且不属于易于通过改制提升致伤力的枪支的，社会危害性相对较小，应当依法从宽处罚；如果行为人系初犯，确有悔改表现，没有造成严重后果的，可以依法不起诉或者免予刑事处罚；情节显著轻微危害不大的，不以犯罪论处。”① 对孔某的行为是否有认定犯罪或判处刑罚的必要？

孔某于2007年至2008年先后购买6支仿真枪，2017年又先后购买3支枪状物，购买价格分别为130元至4500元不等，其在主观上明知自己持有枪支，且认识到持枪行为违法的情况下继续非法持有枪支并于案发前多次购买枪状物，持枪行为持续时间长达十年，购枪次数及持枪数量较多。除枪支外，从其居住地还起获了气罐、BB弹、手雷状物品、弹夹、瞄准镜等物品，上述物品虽未鉴定，但可以作为酌定情节用于综合考察本案的社会危害性，故本案不符合情节显著轻微的标准。但鉴于孔某的犯罪情节、认罪悔罪表现，符合社区矫正条件，对其判处有期徒刑八个月，宣告缓刑一年符合罪责刑相适应原则的要求。

编写人：北京市东城区人民法院　马晓宇　黄冰

---

① 引自最高人民法院研究室刑事处：《〈最高人民法院、最高人民检察院关于涉以压缩气体为动力的枪支、气枪铅弹刑事案件定罪量刑问题的批复〉的理解与适用》，载人民网，http://legal.people.com.cn/n1/2018/0328/c42510-29894348.html，最后访问时间：2021年1月20日。

12

被告人行为客观上不可能造成较大危险时不得认定构成以危险方法危害公共安全罪

——刘海某被诉以危险方法危害公共安全宣告无罪案

【案件基本信息】

1. 裁判书字号

湖南省湘西土家族苗族自治州中级人民法院（2020）湘31刑终27号刑事裁定书

2. 案由：以危险方法危害公共安全罪

【基本案情】

2019年10月12日下午，被告人刘海某（女，1979年出生）与儿子从湖南省吉首市乘坐2路公交车（车上约20余名乘客）。当车行至某十字路口等红绿灯时（该路段为平坦直行线，路口封闭式管理，人车分流，行人从过街天桥通道通行），刘海某共投了4元车费。驾驶员向某玉讲刘海某只投3元要其补1元，刘海某解释已投4元，不信可以看监控。向某玉坚持说刘海某只投了3元，双方发生争吵。刘海某要求调监控证明自己清白，向某玉认为刘海某在威胁自己。此时绿灯亮，向某玉松开制动起步，刘海某要向某玉先别走，并隔着驾驶室防护栏扯了一下向某玉右手肘部衣服并迅速滑向其握方向盘的右手约1秒钟后收手。此时车速6.8km/h，向某玉的右手未离开方向盘。向某玉立即停车，双方继续争吵。后在刘海某儿子及乘客劝阻下，双方停止争吵。刘海某母子到站后下车。次日，刘海某接吉首市公安局某派出所电话通知后，前往派出所如实供述了上述事实。

公诉机关认为，被告人行为已构成以危险方法危害公共安全罪，提请依法判处。辩护人认为公交司机有重大过错，被告人违法行为的情节显著轻微，不构成犯罪。

【案件焦点】

被告人行为没有造成任何财产和人身伤害结果，客观上也不可能造成较大危险，且公交司机确实有重大过错，能否认定被告人行为构成以危险方法危害公共安全罪。

【法院裁判要旨】

湖南省吉首市人民法院经审理认为：被告人刘海某与公交车司机向某玉发生拉扯时，公交车刚刚起步，时速较低，刘海某拉向某玉右手肘及方向盘时，向某玉的右手并未离开方向盘、方向盘只是轻微地抖动，并且车辆立即停了下来。刘海某的行为不足以危害公共安全，违法行为情节显著轻微，不构成犯罪。该院判决：

被告人刘海某无罪。

公诉机关抗诉提出，刘海某为证清白，先与公交车驾驶员向某玉发生争吵，使向某玉不能集中精力开车，后拉向某玉手肘及抢方向盘二次，先后两次将整车人置于高度危险状态，足以达到危害公共安全程度，应以以危险方法危害公共安全罪定罪处罚，在有期徒刑三年至四年内量刑。

湖南省湘西土家族苗族自治州中级人民法院经审理认为：刘海某与公交车驾驶员争吵，并扯驾驶员握方向盘的右手，对驾驶员正常行驶有一定影响，属违法行为，但刘海某扯的力度不大，时间短暂，且车辆处于起步状态，车速较慢，路面平坦无行人，不足以危害公共安全，情节显著轻微，同时，刘海某是在驾驶员误会其少投币情况下，主观动机是要求驾驶员先别开车，调监控证明自己清白，并非危害公共安全，主观恶性不大，根据本案上述实际情况，对刘海某的行为不宜以犯罪论处。该院作出刑事裁定：驳回抗诉，维持原判。

湖南省湘西土家族苗族自治州中级人民法院对刘海某进行了严厉批评，要求她写一份悔过书，并将悔过书装入卷宗。

【法官后语】

本案事实经过短暂，由于有公交车内监控视频可查，前因后果很清楚。公诉机关之所以坚持起诉并在一审后抗诉，应认为主要在于对以危险方法危害公共安全罪的法定构成要件的理解与法院存在分歧，以及存在一定程度上司法理念的偏差。

对于本案及类似案件的处理，有几点很有必要予以强调和探讨。

一、客观认定案件事实，科学、理性评价被告人被诉行为的事实后果

根据本案无争议的案件事实，公诉机关抗诉提出的被告人刘海某先后两次将整车人置于高度危险状态，足以达到危害公共安全程度的理由，显然不符合客观实际，有夸大其词之嫌。

二、本案所涉及的以危险方法危害公共安全罪应该理解为具体行为犯，不应该理解为抽象行为犯

根据本案案情，被告人行为可能触犯的罪名，只可能是《刑法》第一百一十四条及第一百一十五条第一款规定的以危险方法危害公共安全罪。前条规定："放火、决水、爆炸以及投放毒害性、放射性、传染病病原体等物质或者以其他危险方法危害公共安全，尚未造成严重后果的，处三年以上十年以下有期徒刑。"后款规定："放火、决水、爆炸以及投放毒害性、放射性、传染病病原体等物质或者以其他危险方法致人重伤、死亡或者使公私财产遭受重大损失的，处十年以上有期徒刑、无期徒刑或者死刑。"该两条涉及放火罪、决水罪、投放危险物质罪以及以危险方法危害公共安全罪等罪名。本案被告人的这类被诉行为，并非都当然具有高度危险性和严重社会危害性，显然不能与"放火、决水、爆炸以及投放毒害性、放射性、传染病病原体等物质"行为类型的危险性、危害性相提并论。如果将该两法条的规定进行整体解释和目的解释，本案这类被诉以危险方法危害公共安全的行为如果认定为犯罪，就应该理解为具体行为犯，不应该理解为抽象行为犯，否则就从根本上与我国关于犯罪最本质特征是"严重社会危害性"的共识相背离，也使得公安机关依法对这类被诉行为予以治安处罚没有任何适用余地。

《最高人民法院、最高人民检察院、公安部关于依法惩治妨害公共交通安全驾驶违法犯罪行为的指导意见》虽然要求从严打击这类违法犯罪行为，但也没有要求对这类行为一律作为犯罪处理，而是讲要考虑各种情况，可以对一部分不构成犯罪的，给予治安处罚。这说明，我国最高司法机关没有将本案这类被诉以危险方法危害公共安全的行为理解为行为犯。

三、在因被告人被诉行为情节能否认定为犯罪而有重大分歧的，应该遵守刑法谦抑性原则，依法适用《刑法》第十三条"但书"规定

在不违背罪刑法定原则和《刑法》具体条文规定的犯罪构成要件前提下，司法机关都应该遵守刑法谦抑性原则，已成共识。具体到本案这类被诉行为，还是为给

公安机关依法对行为人予以治安处罚留下适用余地。

四、正视并参考其他地区对类似案件的普遍处理方式

对于本案这类被诉行为类型，我国司法机关予以定罪量刑的诚然存在，但更多的是公安机关依法对行为人予以拘留、罚款等治安处罚。这说明，现实中，我国对本案所涉的以危险方法危害公共安全罪，还是普遍理解为具体危险犯，要求危害安全的危险是具体的、现实的。而不应该不分情节轻重，“一刀切”地对本案被告人这类被诉行为予以定罪量刑。

五、结论

被告人拉扯公共交通车辆驾驶员手臂或者方向盘的行为当然属于以危险方法危害公共安全的行为类型，但在具体案件情况下，被告人行为如果客观上不可能造成人员伤亡或者公共财产损失的，不得认定构成以危险方法危害公共安全罪。但应该依法对该被告人给予治安处罚，以真正做到法律效果与社会效果有机统一。

编写人：湖南省吉首市人民法院　李洪

湖南省湘西土家族苗族自治州中级人民法院　鲁勤练　胡基厚

13

对“交通事故责任划分所依据内容”的供述与自首中“如实供述犯罪事实”二者之间关系的认定

——郭某交通肇事案

【案件基本信息】

1. 裁判书字号

北京市第三中级人民法院（2019）京03刑终198号刑事判决书

2. 案由：交通肇事罪

【基本案情】

2018 年 4 月 26 日 22 时 50 分许，在北京市顺义区京平高速出京方向 27.9 公里处，被告人郭某因驾驶的超重重型自卸货车车胎漏气，故将车辆停靠在路边，适有范某某驾驶重型半挂牵引车/重型罐式半挂车（内乘申某某）由西向东行驶，范某某驾驶的重型半挂牵引车/重型罐式半挂车前部右侧与郭某停靠在路边的重型自卸货车后部左侧相撞后起火燃烧，造成范某某、申某某死亡。发生交通事故后，被告人郭某电话报警，并在现场等待。经认定，郭某因未按规定摆放安全警示标志和未及时报警为事故负主要责任，范某某因未安全驾驶为事故负次要责任，申某某无责任。

【案件焦点】

郭某对交通事故认定书中责任划分所依据事实的供述，是否影响对自首中“如实供述（主要）犯罪事实”的判断。

【法院裁判要旨】

北京市顺义区人民法院经审理认为：对郭某已如实供述犯罪事实构成自首的辩护意见，经查，因现场未找到安全警示标志三角架及其残骸，不能证实郭某已尽安全警示义务放置了安全警示标志，又因是否摆放安全警示标志是本案划分主次要责任的重要依据之一，故摆放警示标志的相应事实应属于本案主要犯罪事实部分，现因郭某是否摆放安全警示标志的在案证据与郭某供述不能吻合，故不能认定其已如实供述犯罪事实，不符合自首的条件，该辩护意见不能成立，不予采纳。郭某违反交通运输管理法规，发生重大交通事故，致二人死亡，且负事故主要责任，情节特别恶劣，其行为已构成交通肇事罪，依法应予惩处。鉴于郭某犯罪后自动到案，当庭认罪态度较好，依法酌定对其从轻处罚。北京市顺义区人民法院作出如下判决：

被告人郭某犯交通肇事罪，判处有期徒刑三年六个月。

宣判后，郭某以量刑过重提出上诉。辩护人的辩护意见为：郭某有自首情节，应对其减轻处罚并适用缓刑。

北京市第三中级人民法院经审理认为：原审法院对本案定罪正确，审判程序合法，郭某主动投案，到案后已如实供述主要犯罪事实，对是否摆放安全警示标志部分的供述不阻碍对犯罪事实的整体性评价，虽供述中有些情节与现有证据不吻合，但不影响自首的成立，原判遗漏法定量刑情节，属于适用法律错误，导致量刑不当，故予以改判，但对郭某减轻处罚并适用缓刑的辩护意见缺乏法律依据，不予采纳。

北京市第三中级人民法院作出如下判决：

一、撤销北京市顺义区人民法院（2018）京0113刑初1062号刑事判决，即被告人郭某犯交通肇事罪，判处有期徒刑三年六个月。

二、上诉人郭某犯交通肇事罪，判处有期徒刑三年。

【法官后语】

本案中，一、二审法院之所以对郭某是否满足“如实供述”情节的认定存在分歧，主要原因在于对交通肇事罪中犯罪事实所指向的内容与肇事者供述的交通事故责任划分所依据内容之间关系的理解不同。就交通事故责任划分所依据的内容而言，其是判定交通事故中当事人责任过错有无或大小时所考量的引起事故发生的全部相关因素，包括交通规则的遵守情况、路况、车况、驾驶资格、酒驾等情形，是整体评价事故责任过错涉案因素的集合体。就犯罪事实而言，《最高人民法院关于处理自首和立功具体应用法律若干问题的解释》第一条规定，如实供述自己的罪行，是指犯罪嫌疑人自动投案后如实交代自己的主要犯罪事实。如何准确认定（主要）犯罪事实，可以从“质”和“量”两方面理解和把握。“质”可以理解为供述涉及的事实或情节对认定犯罪有决定意义、对量刑有重大影响；“量”可以参考所供述犯罪内容的多与少、作用及危害的大与小进行比例权衡，但不宜机械地以50%为临界点对“主要”的内容进行量化，需综合考量。司法实践中，行为人对某些行为、情节、证据（包含划分事故责任所依据的证据内容）的供述不准确、不属实、不吻合，只要其供述不妨碍对犯罪事实的整体性评价，即不影响对如实供述（主要）犯罪事实这一量刑情节的认定，是否“如实供述”的判断方向应以行为人“所知所为”为视角。上述二者之间的关系在证据层面上的体现为行为人所供述的涉案内容是还原事故经过、与现场勘验检查、监控实拍、证人证言等证据相佐证的直接证据，是事故责任划分所依据的证据之一，但不必然影响对事故责任划分结果的判定，也不能独立依之得出事故责任大小的判断结果。

具体到本案，事故的发生过程基本可以还原为：（1）郭某将故障车辆停靠在高速路边上；(2) 郭某未按规定摆放安全警示标志；(3) 范文明未安全驾驶车辆与前方车辆发生碰撞；(4) 郭某发生交通事故后未及时报警并履行有效救援义务；(5) 发生人员死亡后果。本案中，事故发生后郭某拨打报警电话和救援电话，承认其驾驶的货车在高速路上出现故障后停靠在路边，有同向行驶的车辆与其停在路边的车辆发生碰撞，此时郭某的供述已包含了本起事故中涉及的主体、主要行为、肇事过程及肇事后果，形成了以其为视角的对事故发生及现场情况的还原，且与在案证据相互印证，应视为对（主要）犯罪事实的如实供述。从事故责任划分角度看，事故认定书中认定郭某负主要责任是未按规定摆放安全警示标志和未及时报警，即无论认定郭某已摆放三角架（其供述已摆放三角架，但距离远小于法律规定的150米）或是认定其没有摆放三角架（因其供述不稳定，且无其他证据佐证，故不予认定），其行为均不符合《道路交通安全法》中规定的在高速公路上放置安全警示标志于车后150米的要求，故其对摆放安全警示标志摆放的有关供述不会影响此次事故责任的划分。从自首的价值判断上看，交通事故发生后，郭某主动拨打报警电话，并在现场等待处理，没有逃避法律上可能面临的处罚，体现其投案的主动性和自发性，且在讯问中始终承认系交通肇事者，其供述已够还原案发前后事故现场的基本情况，体现了较好的认罪态度，同时也没有浪费司法资源，使刑事侦查、诉讼程序顺利进行，符合自首制度的核心内涵，应在法律上予以积极评价，故应认定郭某有如实供述的情节，构成自首。但鉴于其造成二人死亡的危害结果以及无赔偿、谅解的量刑情节，减轻处罚并适用缓刑不足以体现罪责刑相适应，在无其他减轻处罚的新证据情况下，二审法院撤销一审判决，改判郭某刑期为有期徒刑三年。

编写人：北京市顺义区人民法院　王海龙

14

机动车辆所有人符合法律规定亦可构成交通肇事罪

——兰清某、张继某交通肇事案

【案件基本信息】

1. 裁判书字号

北京市石景山区人民法院（2019）京0107刑初329号刑事附带民事判决书

2. 案由：交通肇事罪

【基本案情】

2019年6月6日，被告人兰清某与被告人张继某、曲某某在北京市石景山区古城城泰街甲公寓底商乙拉面馆和八角东街丙歌厅内先后两次共同饮酒。当日19时许，被告人兰清某在没有取得驾驶资格且醉酒的情况下，经张继某同意后，驾驶被告人张继某所有的黑色小客车搭载张继某、曲某某沿石景山路由东向西行驶至古城西街南口时，违反信号灯指示闯红灯通过路口，与由北向南正常行走的被害人张某某、盛某某、祁某某发生碰撞，造成被害人张某某胸部损伤、颅脑损伤及胸椎、骨盆骨折，导致失血性休克而死亡；造成被害人盛某某颅脑损伤而死亡；造成祁某某左侧肱骨干骨折、皮肤擦伤、软组织损伤，经鉴定为轻伤二级。发生交通事故后被告人兰清某驾车逃离现场。被告人兰清某、张继某于当日向公安机关自动投案。民警在查获兰清某、张继某后对二人进行酒精检验，经鉴定，被告人兰清某血液内酒精含量为253.2mg/100mL，被告人张继某血液内酒精含量为239.3mg/100mL。经北京市公安局公安交通管理局石景山交通支队认定，被告人兰清某负事故的全部责任。

因被告人兰清某、张继某的行为，造成附带民事诉讼原告人祁某某经济损失医疗费100126.82元、护理费1980元、住院伙食补助费1200元、康复治疗费3000元，共计人民币106306.82元。

【案件焦点】

机动车辆所有人违反道路交通管理法规，发生重大事故致人死亡的，能否依据在案证据认定交通肇事罪。

【法院裁判要旨】

北京市石景山区人民法院经审理认为，被告人兰清某违反交通运输管理法规，驾驶机动车发生重大交通事故，致二人死亡，负事故全部责任，且交通肇事后逃逸，其行为已构成交通肇事罪，依法应予惩处。被告人张继某作为机动车辆所有人，在明知兰清某两次饮酒的情况下，违反交通运输管理法规将车辆交由兰清某驾驶，发生重大交通事故，其行为已构成交通肇事罪，依法应予惩处。由于兰清某、张继某的犯罪行为，给附带民事诉讼原告人祁某某造成的经济损失，兰清某、张继某依法应予赔偿。鉴于被告人兰清某犯罪以后自动投案，到案后如实供述犯罪事实，系自首，故对其依法从轻处罚。对于被告人兰清某的辩护人提出的兰清某案发后主动投案、如实供述罪行，系自首，具有认罪悔罪表现等辩护意见，与本院查明的事实及相关法律规定相符，本院予以采纳；对于辩护人提出的其他辩护意见，无事实及法律依据，本院不予采纳。对于被告人张继某的辩护人提出的张继某具有自首情节等辩护意见，经查：张继某虽系主动投案，但到案后未如实供述主要犯罪事实，不符合法律对于自首的相关规定，故对上述辩护意见，本院不予采纳。对于附带民事诉讼原告人祁某某提出的赔偿医疗费、护理费、住院伙食补助费的请求，符合法律规定且有相关单据予以证明，本院根据实际票据予以支持；对于祁某某提出的赔偿康复治疗费的请求，本院根据祁某某所受伤情酌予考虑。

北京市石景山区人民法院依据《中华人民共和国刑法》第一百三十三条、第六十七条第一款、第三十六条第一款、第六十一条之规定，作出如下判决：

一、被告人兰清某犯交通肇事罪，判处有期徒刑六年六个月。

二、被告人张继某犯交通肇事罪，判处有期徒刑四年。

三、被告人兰清某、张继某于本判决生效后十日内赔偿附带民事诉讼原告人祁某某医疗费、护理费、住院伙食补助费、康复治疗费等经济损失共计人民币十万六千三百零六元八角二分。

四、驳回附带民事诉讼原告人祁某某的其他诉讼请求。

【法官后语】

本案涉及机动车辆所有人违反交通运输管理法规，发生重大交通事故致人死亡，能否认定犯罪的问题。实践中，追究机动车辆所有人或其他交通参与人刑事责任的案件较少，厘清相关法律关系，对今后处理类似案件以及加强普法宣传、敦促机动车辆所有人及其他交通参与人提升法治意识和法治观念都具有非常重要的意义。以下从两个角度予以说明。

一、不宜直接依据司法解释认定机动车辆所有人为交通肇事罪的共犯

《刑法》第一百三十三条规定了交通肇事罪。《最高人民法院关于审理交通肇事刑事案件具体应用法律若干问题的解释》第五条第二款规定，交通肇事后，单位主管人员、机动车辆所有人、承包人或者乘车人指使肇事人逃逸，致使被害人因得不到救助而死亡的，以交通肇事罪的共犯论处。可见，该司法解释规定了机动车辆所有人亦可构成交通肇事罪，且在“指使”逃逸行为范围内成立共犯关系。

本案中，机动车辆所有人张继某同意兰清某在未取得机动车辆驾驶资格的情况下，酒后驾驶机动车上路行驶，违反了交通运输管理法规，交通肇事后未予阻拦或制止不法行为，未及时救助被害人，未能履行监督管理职责，为逃避法律追究，默许兰清某驾车离开，共同放任危害结果的发生，与兰清某具有同样的主观恶性和社会危害性，应对危害结果承担法律责任。张继某违反道路交通管理法规，发生重大交通事故致人死亡，其行为已构成交通肇事罪。

二、本案可理解为交通肇事罪与危险驾驶罪竞合，择一重罪处罚

《刑法修正案（八）》在交通肇事罪之后增加一条，明确规定了危险驾驶罪，其与交通肇事罪有着紧密的联系。危险驾驶罪则将违反交通运输管理法规的范围限缩规定为四种情形，只要行为人具有四种行为之一，即可构成危险驾驶罪。危险驾驶罪的四种行为均系违反道路运输管理法规的行为，而交通肇事罪中的道路运输管理法规范围较大，应涵盖了危险驾驶罪中的四种严重行为，行为人如危险驾驶发生重大交通事故，造成严重危害后果，就可能出现危险驾驶与交通肇事的竞合，依法应依照处罚较重的交通肇事罪定罪处罚。

本案中，张继某在明知兰清某无驾驶资格且饮酒的情况下，违反交通运输管理法规仍将车辆交予其驾驶，为兰清某的危险驾驶行为提供必要帮助，张继某构成危险驾驶罪的共犯。事故发生后，张继某默许兰清某肇事逃逸的行为对兰清某造成的严重后

果起到了推动作用，具有因果关系，对产生的严重后果亦应承担法律责任，从而产生交通肇事罪与危险驾驶罪的竞合，故对张继某应择一重罪以交通肇事罪定罪处罚。

编写人：北京市石景山区人民法院　范奇伟

15

没有充分证据证明主观上明知发生事故，肇事后驶离现场的，不能认定构成交通运输肇事后逃逸

——卢中某交通肇事案

【案件基本信息】

1. 裁判书字号

江苏省无锡市新吴区人民法院（2019）苏0214刑初34号刑事判决书

2. 案由：交通肇事

【基本案情】

2017年10月7日18时4分许，被告人卢中某驾驶灯光不合格的皖19/21×××号变型拖拉机在无锡市金城高架下复线由西向东行驶至设有方向指示交通信号灯控制的新华路路口，在金城东路由西向北方向左转弯信号灯为红灯亮状态下进入路口继续左转弯行驶时，遇陈步某驾驶未经公安机关交通管理部门登记的电动自行车在新华路直行机动车道内由南向北方向行驶至金城东路高架下复线路口，在新华路由南向西方向左转弯信号灯为红灯亮状态下进入路口左转弯行驶，变型拖拉机车头右侧与电动自行车车头左侧碰撞，致电动自行车向左侧倒地，陈步某跌地受伤。事故发生后，被告人卢中某驾车驶离现场；陈步某被送往医院救治。

2018年3月11日，被害人陈步某经抢救无效死亡。

2018年3月30日，经无锡市中西医结合医院司法鉴定所鉴定，被害人陈步某符合外伤性颅脑损伤死亡的特征。

2018年9月6日，无锡市公安局新吴分局交通警察大队作出锡公新（交）公交认字〔2017〕第001611号道路交通事故认定书，认定被告人卢中某驾驶机件不符合安全技术标准的机动车行经交叉路口疏忽大意、未注意观察路面动态且违反交通信号灯指示通行，并在事故发生后驾车离开现场，其违法行为是造成事故的直接原因，应负事故的主要责任；陈步某驾驶未经公安机关交通管理部门登记的电动自行车在直行机动车道内提前驶入路口通行，且未确保安全，其违法行为是造成事故发生的一定原因，应负事故的次要责任。

2018年9月18日，公安机关对本案立案侦查。同日，经公安机关电话通知，被告人卢中某至公安机关，但表示其当时并不知道发生了事故。

【案件焦点】

本案现有证据能否证明被告人卢中某主观上明知发生事故，进而判定其行为是否构成“交通运输肇事后逃逸”。

【法院裁判要旨】

江苏省无锡市新吴区人民法院经审理认为：被告人卢中某违反交通运输管理法规，因而发生重大事故，致人死亡，负事故的主要责任，其行为已构成交通肇事罪。公诉机关指控被告人卢中某犯交通肇事罪的事实清楚，证据确实、充分，指控的罪名成立，本院予以采纳。

本案中，控、辩双方的争议焦点在于：（一）被告人卢中某的行为是否构成“交通运输肇事后逃逸”；（二）被告人卢中某的行为是否构成自首。

（一）关于被告人卢中某的行为是否构成“交通运输肇事后逃逸”，现有证据如下：

1. 证人陈光某的证言笔录，证明2017年10月7日18时许，其驾驶电动自行车在金城东路高架下由东向西行驶至新华路路口，这时对向一辆类似农用车的蓝色货车向新华路北侧左转弯行驶至路口靠北侧，其听到“咣当”一声，货车没有停车继续向北行驶，其看到地上倒着一辆电动自行车和一个人，货车开到路口北侧好像减速了，其以为会停车，结果那车又向北走了，其立即用手机报警，并查看伤者，伤势严重，后救护车和其确认地址，其就走了。

2. 证人张家某的证言笔录，证明2017年10月7日18时许，其驾驶电瓶三轮车在新华路由南向北行驶，经过金城东路路口后在路口东北角听到声音，其回头看，见一辆电动自行车倒在路口北侧中间，一辆农用货车在由西向北左转弯行驶并已完成转弯，其返回查看伤者，发现伤势严重，后交警就到了。

3. 被告人卢中某的供述笔录，证明其快要转弯到新华路时好像听到车子有一声响，因为当时车窗都关上了，车子声音本来就响，其以为是车内安全帽撞到玻璃上的声音，稍微减速了一下就没有停车查看。其当时没有认为发生事故，要是发生事故其肯定要停车查看的，因为其车辆有保险。

4. 现场监控视频，证明案发地点监控所拍摄的现场情况，但因角度原因或树木遮挡，均无法反映事故现场和事故发生后被告人卢中某驾车驶离现场的情况。

综合上述证据，首先，现有证据不能证明被告人卢中某主观上知道发生了事故。(1) 路面监控视频未能反映二车发生碰撞的情况，亦无法反映事故发生后被告人卢中某驾车驶离现场的情况；(2) 暂无目击证人看到事故发生，仅证人陈光某称“货车开到路口北侧好像减速了”，其证言笔录中用了“好像”一词表示不确定；(3) 被告人卢中某在其到案后的前两次供述笔录中提到当时“好像听到车子有一声响”，也用了“好像”一词。

其次，亦无证据足以推定被告人卢中某应当知道发生了事故。(1) 肇事车辆系变型拖拉机，使用年限较长，车况不佳；(2) 经鉴定，本案系变型拖拉机车头右侧与电动自行车车头左侧碰撞，致电动自行车向左侧倒地造成，从二车碰撞痕迹来看，碰撞情况并不严重；(3) 事故发生后，被告人卢中某的行为并无明显异常，亦无藏匿、改装肇事车辆等情形。

综上，现有证据无法达到确实、充分的证明要求，不能排除合理怀疑，证明被告人卢中某在明知发生交通事故的情况下，为逃避法律追究而逃跑。由此，基于刑法的谦抑性，本着有利于被告人的原则，依法不能认定被告人卢中某“交通运输肇事后逃逸”。

（二）关于被告人卢中某的行为是否构成自首。

经查：2018 年 9 月 18 日，公安机关对本案立案侦查后，电话通知被告人卢中某接受调查，同日，被告人卢中某至公安机关，如实供述了案发当日的行驶轨迹，但表示其当时并不知道发生了事故。上述事实，有公安机关出具的刑事案件侦破经过、情况说明予以证实，与被告人卢中某的供述可相互印证，足以认定。本院认为，被告人卢中某犯罪后自动投案，如实供述自己的主要犯罪事实，并自愿认罪，依法应当认定为自首。

同时，被告人卢中某归案后赔偿被害人亲属的部分经济损失，酌情予以从轻处罚。

江苏省无锡市新吴区人民法院依照《中华人民共和国刑法》第一百三十三条、第六十七条第一款以及《最高人民法院关于处理自首和立功具体应用法律若干问题的解释》第一条之规定，经本院审判委员会讨论决定，判决如下：

被告人卢中某犯交通肇事罪，判处有期徒刑一年六个月。

判决已经发生法律效力。

【法官后语】

《刑法》第一百三十三条规定："违反交通运输管理法规，因而发生重大事故，致人重伤、死亡或者使公私财产遭受重大损失的，处三年以下有期徒刑或者拘役；交通运输肇事后逃逸或者有其他特别恶劣情节的，处三年以上七年以下有期徒刑；因逃逸致人死亡的，处七年以上有期徒刑。"

交通肇事罪其肇事的行为本身是过失犯罪，但交通运输肇事后逃逸这一法定加重情节，要求行为人交通肇事构成犯罪，并在发生事故后，为逃避法律追究而逃跑的行为在主观上有为逃避处罚而逃跑的故意。本案中，被告人及其辩护人以被告人主观上不明知发生事故为由，提出本案不构成交通运输肇事后逃逸的辩解（辩护）意见，需要进行重点审查。

本案中，客观事实为被告人驾驶的变型拖拉机与被害人驾驶的电动车发生碰撞后被告人驶离现场。现有证据为证人证言、被告人供述和监控视频，其中监控视频由于被树木遮挡，无法反映事故现场情况；证人证言的表述，也仅为发生碰撞后，货车"好像"减速了，又继续行驶；被告人供述称车子本身就响，其以为是安全帽碰撞车窗的声音，故稍微减速一下没有查看，存在一定的合理性。考虑到被告人驾驶的变型拖拉机使用年限较长，车况不佳，行驶中杂音较大，且碰撞痕迹不严重，结合发生事故后，被告人并无明显变速、改变行驶路线、逃匿、修整车辆等异常行为，无法证明被告人主观上明知发生事故，为逃避法律追究而逃跑，故依法未认定被告人"交通运输肇事后逃逸"。

编写人：江苏省无锡市新吴区人民法院　郑维和

16

交通肇事罪中多方事故责任的认定

——王某交通肇事案

【案件基本信息】

1. 裁判书字号

北京市朝阳区人民法院（2019）刑初字第99号刑事判决书

2. 案由：交通肇事罪

【基本案情】

被告人王某于2018年5月25日6时53分许，在北京市朝阳区三台山路与小红门路交叉口处，违反交通信号规定驾驶两轮摩托车（后乘杨某某）由东向西行驶，适遇胡某某驾驶小型普通客车由北向南驶来，胡某某车辆前部与王某车辆右侧接触，后胡某某车辆前部又与由北向南赵某某驾驶的自行车后部接触，造成赵某某、王某、杨某某受伤，三车损坏。后被害人赵某某于2018年5月30日经抢救无效死亡。经鉴定，赵某某符合颅脑损伤死亡；杨某某所受损伤属轻伤一级。经认定，被告人王某负事故主要责任，胡某某负次要责任，赵某某、杨某某无责任。被告人王某经电话传唤于2018年10月15日到案，并签署《认罪认罚具结书》。

【案件焦点】

交通肇事犯罪中，共同致死情况下多方交通事故的责任归属。

【法院裁判要旨】

北京市朝阳区人民法院经审理认为，对被告人王某的辩护人所提此次交通事故是两起事故而非一起，是胡某某没有尽到注意义务，导致第二起事故发生，王某不应当承担第二起事故的主要责任的辩护意见。经查，在案的道路交通事故认定书系公安交管部门在对诸多证据分析研判的基础上作出，认定王某负事故的主要责任，系因为王某驾驶与驾驶证载明的准驾车型不符的机动车且违反交通信号通行的违法行为，与本起交通事故的发生有因果关系，是事故发生的原因，即王某的行为与发生交通事故并最终导致被害人赵某某死亡的结果具有因果关系。虽然胡某某驾驶机动车超速行驶的违法行为，亦与本起交通事故的发生有因果关系，是事故发生的原因，但在没有王某在先违法行为的情况下，胡某某的超速行驶行为，系不能直接导致胡某某的车辆与赵某某的自行车接触，并最终导致赵某某死亡之结果的。本次事故系一起多方事故，在划分责任时不能仅看行为而忽略行为之间的联系，从赵某某的死亡结果来看，系由王某的过错导致其驾驶车辆与胡某某车辆接触，进而胡某某车辆又与赵某某所骑自行车接触的两个连续行为导致，该两个行为都是事故发生的原因。公安交管部门结合事故各方行为与整个事故之间的因果关系作出王某负主要责任，胡某某负次要责任，赵某某、杨某某无责任的认定是恰当的。故对辩护人的上述辩护意见不予采纳。被告人王某违反交通运输管理法规，驾驶车辆发生致一人死亡、一人轻伤一级的重大事故，负事故主要责任，其行为已构成交通肇事罪，应予惩处。

北京市朝阳区人民法院依照《中华人民共和国刑法》第一百三十三条、第六十七条第一款、第六十一条、第四十五条、第四十七条，《中华人民共和国刑事诉讼法》第十五条及《最高人民法院关于处理自首和立功具体应用法律若干问题的解释》第一条，《最高人民法院关于审理交通肇事刑事案件具体应用法律若干问题的解释》第一条、第二条之规定，作出如下判决：

被告人王某犯交通肇事罪，判处有期徒刑十个月。

【法官后语】

本案的处理重点在于判断事故系几方事故时应从整体性原则出发，根据刑法多因一果之因果关系理论进行多方事故的责任认定，并在此基础上判断承担刑事责任的责任方。具体到本案中有以下三点问题需要说明：

一、判断事故系几方事故应从整体性原则出发

与死者没有任何接触的一方也能够成为交通事故的责任方。本案被告人王某与死者赵某某之间并没有直接接触，系胡某某所驾车辆与赵某某接触最终导致赵某某死亡。但在判定事故时如得出王某与赵某某之死无关的结论显然有失公允，应根据

整体性原则将与事故发生的各方系统考察，在认定为多方事故的前提下进行各方的责任划分。

本案涉及多方主体，涉及多方责任认定，王某驾驶与驾驶证载明的准驾车型不符的机动车且违反交通信号通行的违法行为和胡某某的超速行驶行为都是事故发生导致赵某某死亡结果的原因，基于整体性原则，应考虑为一个整体，缺少任何一环都无法造成结果发生。

二、整体性原则基础上考虑各方责任划分

本次事故系一起多方事故，在划分责任时不能仅看行为而忽略行为之间的联系，王某违反交通信号通行的行为，导致胡某某的车辆躲避不及而与赵某某的自行车接触，造成赵某某死亡结果发生，没有王某的前者行为就没有赵某某的死亡结果，前者就是后者的条件，胡某某的开车撞人行为依赖于王某的先前行为，若没有王某先前违反交通信号通行，则胡某某开车不可能撞到被害人，因此该两个行为都是事故发生的原因，王某负主要责任，胡某某负次要责任，赵某某、杨某某无责任。

三、交通事故的直接责任方可以基于承担事故次要责任而不构成交通肇事罪

根据以上对王某的行为分析得知，胡某某的行为与赵某某的死亡结果之间同样存在因果关系，且是该次交通事故的直接责任方，但其承担事故次要责任。能否将死亡结果归责于胡某某，胡某某是否构成交通肇事罪，也是我们应当考虑的问题，而问题的关键在于过失的认定。过失以对结果有预见可能性为前提。

在司法实践中，应坚持从客观到主观，先确定法律法规及生活准则对一般人提出的客观要求和注意义务，然后再考察行为人的主观能动性，是否满足客观要求和注意义务的程度。具体到本案中有以下因素予以考虑：首先，胡某某行为的危险性较小，虽有超速行驶行为，但其系遵守交通信号通行，不能直接导致胡某某的车辆与赵某某的自行车接触，并最终导致赵某某死亡结果的发生；其次，胡某某行为客观环境复杂，难以知悉路边行人情况，本案发生时胡某某驾车由北向南驶来，适逢王某闯红灯由东向西行驶，胡某某的注意力在车辆前部驾驶机动车闯红灯的王某身上，为避免撞到王某紧急刹车并向路边方向打方向盘，与由北向南赵某某驾驶的自行车后部接触，在此情形下，司机注意力在路中央，司机对路边没有很高的注意义务，作为一般人的司机胡某某，没有预见的可能性。胡某某虽然具有客观违法行

为，但没有主观归责的可能性，应当认定为不负刑事责任。但这不意味着胡某某毫无责任，其应当与王某一道承担相应民事赔偿责任。

编写人：北京市朝阳区人民法院　魏颖　成雅楠

17

交通肇事罪中“禁止重复评价原则”的适用

——李某交通肇事案

【案件基本信息】

1. 裁判书字号

北京市朝阳区人民法院（2019）京0105刑初2862号刑事判决书

2. 案由：交通肇事罪

【基本案情】

2019年6月5日2时20分许，被告人李某酒后驾驶小型越野客车在北京市朝阳区东三环主路由北向南行驶至潘家园桥北侧时，将在主路行走的张某（男，24岁）撞倒，致张某“创伤性硬膜下血肿（右侧额颞顶）、创伤性硬膜外血肿（左顶）、脑疝、多发性大脑挫裂伤（双侧额叶）”，经刑事科学技术鉴定构成重伤二级。事故发生后被告人李某未停车保护现场，而是驾车逃逸，行至华威桥北侧红绿灯处时被事故目击者驾车追上，后报警。经检测，被告人李某血液中酒精含量为117.2mg/100mL，经公安交通管理部门认定，被告人李某负事故主要责任，张某负事故次要责任。2019年8月12日，被告人李某经公安机关电话通知后自动到案。

【案件焦点】

交通肇事犯罪案件中，交通事故责任认定书中认定醉酒驾驶情节系被告人承担主要责任的直接原因的，对该情节如何在犯罪构成要件中评价。

【法院裁判要旨】

北京市朝阳区人民法院经审理认为，被告人李某忽视交通安全，违反交通运输管理法规，酒后驾驶机动车发生交通事故后逃逸，造成一人重伤之后果，负事故主要责任，其行为触犯了刑法，已构成交通肇事罪，应予惩处。

北京市朝阳区人民法院依照《中华人民共和国刑法》第一百三十三条、第六十七条第一款、第六十一条、《最高人民法院关于审理交通肇事刑事案件具体应用法律若干问题的解释》第二条第二款第六项及《中华人民共和国刑事诉讼法》第十五条之规定，判决如下：

被告人李某犯交通肇事罪，判处有期徒刑六个月。

被告人李某未上诉，判决已生效。

【法官后语】

本案的难点在于，道路交通事故责任认定书中认定行为人因醉酒驾驶负事故主要责任，且事故致一人重伤，行为人事后逃逸，如何准确评价醉酒驾驶情节在犯罪构成中的作用，从而判断事后逃逸情节究竟是犯罪构成要件还是加重量刑情节，最终准确量刑。

《最高人民法院关于审理交通肇事刑事案件具体应用法律若干问题的解释》（以下简称《解释》）第二条第二款规定“交通肇事致一人以上重伤，负事故全部或者主要责任，并具有下列情形之一的，以交通肇事罪定罪处罚：（一）酒后、吸食毒品后驾驶机动车辆的……（六）为逃避法律追究逃离事故现场的。”本案中，李某醉酒后在城市快速路行驶，发生交通事故致一人重伤，后逃逸。该行为乍一看，符合交通肇事罪“承担事故主要责任 + 一人重伤 + 酒后驾车情节”的罪状描述，因而构成交通肇事罪。同时李某具有逃逸情节，那么基本思路是认为行为人李某量刑应当在三年以上有期徒刑。

但这种思路存在的问题是，对于案件的关键证据（道路交通事故责任认定书）的认定结论作机械承认，仅仅从形式层面采纳事故认定结论，而忽略了对事故责任认定过程进行实质判断，忽略了道路交通事故责任认定书上明确表述的“李某因醉酒驾车，负主要责任，被害人夜间出现在城市快速路中间，负次要责任”这一重要事实，从而对醉酒驾驶情节重复评价。

经询问办案交警及鉴定机构工作人员，该案中醉酒驾驶与事故发生之间是直接因果关系，因此醉酒驾驶是行为人李某负担主要责任的直接原因。本案正确的思路应该是，李某交通肇事致一人重伤，因有醉酒驾驶情节，故负事故主要责任，构成《解释》第二条第二款之大前提，因醉酒驾驶情节在大前提中已经评价完毕，故不再考虑。李某明知发生交通事故，在事故发生后未停车保护现场或报警，继续驾车离开现场，这一情节符合《解释》第二条第二款第六项之规定，交通肇事致一人重伤，负主要责任，且逃离现场，因此，李某的行为构成交通肇事罪，至此，逃逸情节也在犯罪构成要件中评价完毕，从而不再作为量刑升档的情节考虑。

禁止重复评价原则作为一项基本的刑法学原则，在我国刑法中体现为罪刑法定原则和罪责刑相适应原则。禁止重复评价，是指在定罪量刑过程中，禁止对同一犯罪构成事实进行两次以上的法律评价，是在定罪和量刑过程中应当严格遵循的规则，其实质就是罪责刑相适应原则。本案正是通过实质分析醉酒驾驶情节在犯罪构成中的地位，准确把握避免重复评价原则，再具体适用司法解释，得出逃逸情节是犯罪构成情节而非量刑升档情节的结论。交通肇事案件中，通常多个情节并存，审判人员应对全案证据做实质审查，结合法律规定，在正确理解法律原则的前提下，准确判断各个情节在犯罪构成和量刑情节中的位阶，最终做出合法合理的判决。

编写人：北京市朝阳区人民法院　习文

18

交通肇事后逃逸及自首认定

——曾亚某交通肇事案

【案件基本信息】

1. 裁判书字号

重庆市第一中级人民法院（2019）渝01刑终322号刑事裁定书

2. 案由：交通肇事罪

【基本案情】

2018 年 6 月 12 日 20 时 55 分许，被告人曾亚某驾驶车牌号为渝 CDW×××号小型客车，从重庆市铜梁区旧县街道岚槽出发往铜梁城区方向行驶，行驶至省道 207 线 72 公里 100 米处的西南水泥厂大门外路段时，因夜间行驶未注意观察道路情况，与路边行人蒲世某、杨东某发生碰撞，造成杨东某受伤、蒲世某受伤后死亡的交通事故。事故发生后，杨东某报警，警察到达现场时，曾亚某隐瞒自己驾车肇事的事实，让张永某为其顶替。次日，曾亚某主动到公安机关交代了其驾驶渝 CDW×××号小型客车肇事的犯罪事实。

【案件焦点】

曾亚某是否构成交通肇事逃逸，是否构成自首。

【法院裁判要旨】

重庆市铜梁区人民法院经审理认为：被告人曾亚某违反交通运输管理法规，驾驶车辆发生交通事故，致一人死亡，并承担事故全部责任，其行为已构成交通肇事罪。曾亚某让他人顶替其为肇事者，面对警察询问时隐匿自己肇事者身份，主观上具有逃避法律追究的目的，客观上其虽在事故现场，但隐匿自己肇事者身份，符合“为逃避法律追究而逃跑”的实质，系交通运输肇事后逃逸。曾亚某交通运输肇事逃逸后自动投案，如实供述自己罪行，应认定为自首。公诉机关指控的事实及罪名成立，但其未指控曾亚某的行为系交通运输肇事后逃逸，并将自首情节指控为坦白，情节认定不当，量刑建议不当，予以纠正。综合曾亚某犯罪事实、犯罪性质、情节和对社会的危害程度，决定对其适用缓刑。据此，依照《中华人民共和国刑法》第一百三十三条，第六十七条第一款，第七十二条第一款，第七十三条第二款、第三款之规定，判决如下：

被告人曾亚某犯交通肇事罪，判处有期徒刑三年，缓刑三年。

一审判决后，重庆市铜梁区人民检察院以曾亚某不构成交通运输肇事后逃逸；不构成自首，系坦白；原判适用法律错误，量刑畸重为由，提出抗诉。曾亚某以不构成交通运输肇事后逃逸为由提出上诉。

重庆市第一中级人民法院经审理认为，上诉人曾亚某驾驶机动车辆在道路上行驶时发生交通事故，致一人死亡，负事故全部责任，其行为构成交通肇事罪。事故发生后，曾亚某虽未离开现场，但为逃避法律追究，指使他人为其顶包，在民警询问时隐瞒其肇事者身份，妨碍交通管理部门及时查清事实、确定责任承担，符合交通运输肇事后逃逸的本质特征，应当认定为交通运输肇事后逃逸。对抗诉机关提出本案不是交通运输肇事后逃逸，原判适用法律错误的意见不予支持；对曾亚某提出本案不是交通运输肇事后逃逸的意见不予采纳。曾亚某在司法机关尚未掌握其犯罪事实时自动投案，并如实供述罪行，系自首。抗诉机关提出曾亚某不构成自首的意见不能成立，不予采纳。原判根据曾亚某犯罪的事实及情节，对曾亚某的量刑适当。对抗诉机关提出原判量刑畸重的意见不予采纳。原判决认定事实和适用法律正确，量刑适当，审判程序合法。依照《中华人民共和国刑事诉讼法》第二百三十六条第一款第一项之规定，裁定如下：

驳回抗诉、上诉，维持原判。

【法官后语】

被告人曾亚某的行为构成交通肇事逃逸，即曾亚某交通肇事后指使他人顶包、隐瞒肇事者身份，未实施救助的行为符合交通肇事逃逸的构成要件。

1. 曾亚某的行为成立交通肇事逃逸符合立法原意。我国《刑法》第一百三十三条规定，交通运输肇事后逃逸或者有其他特别恶劣情节的，处3年以上7年以下有期徒刑，可见《刑法》对“交通肇事逃逸”未做出明确解释。根据《最高人民法院关于审理交通肇事刑事案件具体应用法律若干问题的解释》规定，交通肇事逃逸，是指行为人在发生了构成交通肇事罪的交通事故后，为逃避法律追究而逃跑的行为。

《刑法》将逃逸规定为法定刑升格情节，是因为在发生交通肇事的场合，往往有被害人需要救助的情况存在，立法原意也是促使行为人积极救助被害人，以避免危害结果的进一步发生。为此，交通肇事逃逸的立法原意在于规制行为人违反“救助义务之履行”而并非“为逃避法律追究而逃跑”。本案中，事故发生后，曾亚某虽未离开现场，但为逃避法律追究，指使他人为其“顶包”，在民警询问时隐瞒其肇事者身份，妨碍交通管理部门及时查清事实、确定责任承担；曾亚某在有实际救助可能的情形下，未履行法定救助义务。曾亚某的行为符合交通运输肇事后逃逸的本质特征即立法原意，应当认定为交通运输肇事后逃逸。

2. 曾亚某的行为符合交通肇事逃逸的客观行为要件。《道路交通安全法》第七十条规定："在道路上发生交通事故，车辆驾驶人应当立即停车，保护现场；造成人身伤亡的，车辆驾驶人应当立即抢救受伤人员……"保护现场和救助受伤人员是行为人的法定义务，且法定义务的产生是由于行为人的先行行为所引起，所以积极履行救助义务的行为才是"交通肇事逃逸"的阻却事由。既然《刑法》将交通肇事逃逸作为法定刑升格情形的立法原意旨在约束行为人积极履行救助义务，那么虽未离开现场但找人"顶包"且并未进行任何救助的行为就应当认定为交通肇事逃逸的客观行为。本案中，曾亚某在事故发生后虽未离开现场，但指使他人为其"顶包"、在民警询问时隐瞒其肇事者身份的行为证实其并未实施救助被害人的客观行为。因此，曾亚某交通肇事后的行为符合交通肇事逃逸的客观行为要件。

3. 曾亚某的行为反映其交通肇事逃逸的"主观故意"。交通肇事逃逸的"主观故意"是行为人在交通肇事之后，对自身危害社会的行为及其危害后果所抱的心理态度。交通肇事后行为人应当实施保护现场和救助受伤人员的法定救助行为，本案中曾亚某指使他人"顶包"、隐瞒肇事者身份、不履行救助义务的行为证实其"故意"不救治被害伤者，应当认定为交通肇事逃逸，由此逃逸行为可推知曾亚某具有交通肇事逃逸的"主观故意"。

4. 曾亚某逃逸行为的成立不影响其自首情节认定。自首的成立条件包括：犯罪以后自动投案；如实供述自己的罪行。本案中，曾亚某虽然构成交通肇事逃逸，但曾亚某是在未被司法机关发觉，或者虽被发觉，但尚未受到司法机关的讯问、未被采取强制措施、未被群众扭送时，主动将自己置于公安机关的合法控制下接受调查、询问，并且如实交待了自己的主要犯罪事实，因此成立《刑法》规定的自首。曾亚某的逃逸行为不影响其自首情节的认定，逃逸行为成立仅仅是法定刑升格的根据，不能因为其有较大社会危害性的逃逸行为就否认其自首情节的认定。

编写人：重庆市第一中级人民法院　陈超

19

交通肇事致人死亡后逃逸的被告人应慎重适用缓刑

——周某某交通肇事案

【案件基本信息】

1. 裁判书字号

湖北省襄阳市中级人民法院（2020）鄂06刑终156号刑事裁定书

2. 案由：交通肇事罪

【基本案情】

2011年7月8日16时14分许，被告人周某某驾驶无牌黄色翻斗车逆向行驶至207国道襄城区欧庙镇黄龙观村路段时，与李某某驾驶的无牌正三轮摩托车相撞，致被害人李某某当场死亡，被告人周某某驾车逃离现场。后公安机关于2011年7月13日将其网上追逃，2019年9月11日周某某在其位于襄阳市樊城区某居委会的出租屋内被公安人员抓获。2019年9月12日，交警部门作出道路交通事故认定书，认定被告人周某某负此事故的全部责任。

2019年10月19日，被告人周某某及亲属与被害人近亲属就民事赔偿达成了赔偿协议，赔偿了被害人近亲属各项经济损失共计人民币20万元，并取得被害人近亲属谅解。后被害人近亲属反悔，双方于2019年12月20日再次达成和解，被告人家属又另行赔偿4.5万元，被害人近亲属重新出具谅解书，请求法院对被告人从轻处罚，可以适用缓刑。

【案件焦点】

本案被告人已经赔偿了被害人损失且取得了被害人谅解，被害人同意对被告人适用缓刑，同时被告人所在的社区矫正部门同意对被告人予以监管。本案应否对被告人适用缓刑。

【法院裁判要旨】

湖北省襄阳市襄城区人民法院经审理认为：被告人周某某违反交通运输管理法规，驾驶车辆发生重大交通事故，致一人死亡，且负事故全部责任，其行为构成交通肇事罪，且肇事后逃逸。公诉机关对其指控，事实清楚，证据确实、充分，指控罪名成立。被告人周某某到案后能如实供述其犯罪事实，其亲属赔偿了被害人近亲属全部经济损失，取得了被害人近亲属谅解，对其可从轻处罚。辩护人提出的被告人系初犯、偶犯，具有坦白情节，赔偿了被害人近亲属全部经济损失，自愿认罪，取得了被害人近亲属的谅解，对其可从轻处罚的辩护意见成立，予以采信，但请求判处被告人缓刑的量刑建议，综合考虑被告人犯罪的事实，犯罪的性质、情节和肇事后明知致被害人死亡仍逃逸多年，其犯罪后悔罪态度较差，社会影响恶劣，对其不宜适用缓刑。

湖北省襄阳市襄城区人民法院依照《中华人民共和国刑法》第一百三十三条、第六十七条第三款，《中华人民共和国刑事诉讼法》第二百八十八条第一款第二项、第二百九十条及《最高人民法院关于审理交通肇事刑事案件具体应用法律若干问题的解释》第三条、第二条第一款第一项，作出如下判决：

被告人周某某犯交通肇事罪，判处有期徒刑三年。

周某某持原审辩解提出上诉。

湖北省襄阳市中级人民法院经审理认为：周某某驾驶无牌证的机动车逆向行驶，交通肇事后不顾他人阻拦逃逸，逃逸后又隐匿、变卖肇事车辆，且外逃多年一直不主动归案，不宜认定周某某犯罪情节较轻，悔罪态度好，不符合判处缓刑的条件，原审以交通肇事罪判处其有期徒刑三年符合法律规定。故周某某的上诉理由不能成立，应予驳回。

湖北省襄阳市中级人民法院《中华人民共和国刑事诉讼法》第二百三十六条第一款第一项的规定，作出如下裁定：

驳回周某某的上诉，维持原判。

【法官后语】

本案是典型的交通肇事逃逸案件，按照《刑法》规定，应当在三年以上七年以下判处刑罚。本案的争议焦点为是否应当对被告人适用缓刑。《刑法》第七十二条规定："对于被判处拘役、三年以下有期徒刑的犯罪分子，同时符合下列条件的，可以宣告缓刑，对其中不满十八周岁的人、怀孕的妇女和已满七十五周岁的人，应当宣告缓刑：（一）犯罪情节较轻；（二）有悔罪表现；（三）没有再犯罪的危险；（四）宣告缓刑对所居住社区没有重大不良影响……"本案中，被告人周某某在交通肇事致人死亡后驾车逃离现场，逃逸后又隐匿、变卖肇事车辆，且外逃多年一直不主动归案，不宜认定周某某犯罪情节较轻，悔罪态度好。虽然被告人归案后对被害人近亲属进行了赔偿，并取得了被害人近亲属的谅解，出具了同意对被告人适用缓刑的谅解书，同时被告人所在的社区矫正部门也同意对被告人进行监管，但是交通肇事罪属危害公共安全的犯罪，其犯罪行为不仅损害了他人的身体健康、财产权利，而且对不特定的公众安全造成损害，不能仅以被害人的损失得到了弥补就将其作为对被告人适用刑罚的主要依据，还需对案件的整个过程进行综合评判，综合认定被告人是否有真诚的认罪悔罪表现、是否有再犯罪的危险。

交通肇事罪属过失犯罪，案发后，被告人拨打报警电话、积极抢救伤者是其应尽的责任，同时对被害人及被害人家属进行赔偿也是其应当承担的民事侵权后果。根据被告人在整个犯罪过程中的行为可以评价其行为的社会危险性，从而对其适用相应的刑罚，以做到罪责刑相适应。对于社会危害性较大、无真诚认罪悔罪表现的被告人适用缓刑，势必会有损司法公正。

编写人：湖北省襄阳市襄城区人民法院 张锐

20

交通肇事罪中被告人投案自首如何定罪

——王某某交通肇事案

【案件基本信息】

1. 裁判书字号

湖北省赤壁市人民法院（2019）鄂1281刑初351号刑事判决书

2. 案由：交通肇事罪

【基本案情】

2019年8月4日下午，被告人王某某驾驶鄂L19×××号正三轮摩托车由赤壁市区沿S214线往赤壁镇行驶，17时57分许行至车埠镇马土坡村二组路段时，将横过公路的行人（无名氏）撞伤。王某某送伤者到赤壁市人民医院抢救，后经抢救无效死亡。经湖北省通城县公安司法鉴定中心鉴定，被害人因严重颅脑损伤及胸部闭合性损伤而死亡。赤壁市公安局交通警察大队交通事故认定书认定王某某应负此次事故的全部责任。

被告人王某某案发后向公安机关主动投案，如实供述自己的犯罪事实。另查明，被告人王某某已支付被害人丧葬费用21830元。

【案件焦点】

交通肇事犯罪中，被告人王某某违反交通运输管理法规，发生重大交通事故，致人死亡后主动投案自首的，如何根据在案证据定罪量刑。

【法院裁判要旨】

湖北省赤壁市人民法院经审理认为，关于被告人王某某及其辩护人提出在事故发生后，被告人王某某积极履行救助义务，并主动投案自首，如实供述罪，请求本院对被告人从轻处罚的辩解意见。经查：根据证人唐水某的证言、交通事故认定书、现场勘查笔录及照片、司法鉴定意见书等证据证实，被告人王某某对交通事故致被害人死亡负全部责任，在事故发生后，有积极对被害人施救的行为。根据证人唐水某的证言、到案经过证实，被告人王某某主动向公安机关投案，如实供述所犯罪行，系自首，可依法予以从轻处罚。故公诉机关指控王某某交通肇事致人死亡的犯罪事实成立，本院对被告人及辩护人的辩解意见予以采纳。被告人王某某违反交通运输管理法规，致一人死亡，其行为已构成交通肇事罪，依法应予惩处。

湖北省赤壁市人民法院依照《中华人民共和国刑法》第一百三十三条、第六十七条第一款之规定，判决：被告人王某某犯交通肇事罪，判处有期徒刑一年。

【法官后语】

本案处理的重点主要在于被告人交通肇事致人死亡后又投案自首的，如何通过证据来定罪量刑的问题。《最高人民法院关于审理交通肇事刑事案件具体应用法律若干问题的解释》（以下简称《交通肇事解释》）第二条对交通肇事致一人死亡如何量刑作出了明确规定。根据《交通肇事解释》的规定，交通肇事致一人死亡，负全部责任的，处三年以下有期徒刑或者拘役。《刑法》第六十七条对于自首作出了明确规定。根据《刑法》的规定，犯罪以后自动投案，如实供述自己罪行的是自首。对于自首的犯罪分子，可以从轻或者减轻处罚。

具体到本案中：王某某在撞上横过公路的被害人后，立即将被害人送达赤壁市人民医院抢救，虽然被害人最终经抢救无效死亡，但是被告人积极履行了因撞伤他人而产生的救助义务，排除了《刑法》一百三十三条中规定的“因逃逸致人死亡”的情形，将本案的基准刑期定档在三年以下有期徒刑或者拘役。同时，结合被告人在案发后，向公安机关主动投案，如实供述自己的犯罪事实的行为，我们可以依法将其认定为刑法中的一般自首。

值得注意的是，根据《刑法》第六十七条的规定，刑法中的自首除一般自首外，还有准自首的认定。《刑法》第六十七条第二款即关于准自首的规定。在现实案例中，我们特别要注意以下几种准自首的情形：（1）没有自动投案，但犯罪分子如实交代办案机关未掌握的罪行，与办案机关已掌握的罪行属不同种罪行的；（2）没有自动投案，办案机关所掌握线索针对的犯罪事实不成立，在此范围外犯罪分子交代同种罪行的。另外，对于自首的犯罪分子，具体确定从轻、减轻还是免除处罚，应当根据罪行轻重，并考虑犯罪的事实、性质、情节和对于社会的危害程度，结合自动投案的动机、阶段、客观环境，交代犯罪事实的完整性以及悔罪表现等具体情节，依法决定是否从轻、减轻或者免除处罚以及从轻、减轻处罚的幅度。

编写人：湖北省赤壁市人民法院　李林晟

21

多人于景区飙车是否构成追逐竞驶型危险驾驶罪

——覃某等危险驾驶案

【案件基本信息】

1. 裁判书字号

福建省泉州市洛江区人民法院（2019）闽0504刑初99号刑事判决书

2. 案由：危险驾驶罪

【基本案情】

覃某、柯某、潘某、罗某、黄某、彭某、洪某、蔡某（未成年人，另案处理）等人均是某“机车联盟”微信群的成员。2018年5月15日20时许，覃某在该微信群提议、召集驾驶摩托车到泉州市洛江区马甲镇仙公山景区进行飙车并约定在景区新旧路口会合，上述人员纷纷响应。其中，柯某、潘某和罗某均无证驾驶无牌摩托车从安溪县城厢镇出发，三人在南安市仑苍镇镇区会合后驾驶摩托车在308省道上超速行驶、互相穿插追逐竞驶，直至覃某位于南安市贵峰的摩托车维修店。尔后，覃某驾驶一辆大功率二轮摩托车在前，柯某、潘某、罗某、黄某、蔡某各自无证驾驶无牌摩托车紧随其后从该维修店出发沿308省道以及310、304县道至仙公山景区新旧路口，沿途超速行驶、互相穿插追逐竞驶。同时，郭某（未成年人，另案处理）邀洪某一起参与飙车，二人无证驾驶一辆大功率二轮摩托车（先由郭某驾驶载着洪某，中途换成洪某驾驶载着郭某）从晋江市池店镇出发至约定地点。彭某与刘某（未成年人，另案处理）各自驾驶一辆大功率二轮摩托车载上两名女性朋友，从安溪县城关出发沿308、307省道和310、304县道至约定地点，途中二人驾车高速行驶、互相追逐竞驶。

当天22时许，上述九部摩托车会合后，由覃某制定以“比技术、压弯、满胎”的方式先从新旧路口追逐竞驶至景区观音殿停车场，再追逐竞驶至景区售票处停车场的飙车规则。随后，九部摩托车一同出发。在行驶途中，他们驾车沿途经过多个公交站点、居民小区、学校和宾馆等人流量较为密集的地方，在车流中反复并线、曲折穿插、大幅度超速行驶。经司法鉴定，各被告人驾驶摩托车在经过仙公山景区山门路段（限速30km/h）及某宾馆路段（限速20km/h）时，行驶速度均超过规定时速的50%以上。经群众报警，当晚，交警部门在仙公山景区主停车场扣押了7部大功率摩托车。

【案件焦点】

覃某等人的行为是否构成追逐竞驶型危险驾驶罪。

【法院裁判要旨】

福建省泉州市洛江区人民法院经审理认为：被告人覃某、柯某、潘某、罗某、黄某、彭某、洪某违反道路交通安全法规，出于竞技、追求刺激，驾驶机动车在道路上曲折穿行、追逐竞驶，情节恶劣，其行为均已构成危险驾驶罪。公诉机关指控成立。其中，被告人柯某、潘某、罗某、黄某系无证驾驶；被告人柯某、潘某、罗某、黄某、彭某、洪某驾驶的摩托车系无牌或假牌；被告人柯某、彭某、洪某驾驶的摩托车系改装或加装。七被告人虽不具有自首情节，但归案后如实供述自己的犯罪事实，均予以从轻处罚。

综上所述，福建省泉州市洛江区人民法院依照《中华人民共和国刑法》第一百三十三条之一第一款第一项、第二十五条第一款及第六十七条第三款的规定，作出如下判决：

一、被告人覃某犯危险驾驶罪，判处拘役二个月，并处罚金二千元；

二、被告人柯某犯危险驾驶罪，判处拘役一个月十五日，并处罚金二千元；

三、被告人潘某犯危险驾驶罪，判处拘役一个月十五日，并处罚金二千元；

四、被告人罗某犯危险驾驶罪，判处拘役一个月十五日，并处罚金二千元；

五、被告人黄某犯危险驾驶罪，判处拘役一个月十五日，并处罚金二千元；

六、被告人彭某犯危险驾驶罪，判处拘役一个月十五日，并处罚金二千元；

七、被告人洪某犯危险驾驶罪，判处拘役一个月十五日，并处罚金二千元。

一审判决后，七被告人均未上诉，本案现已生效。

【法官后语】

所谓“追逐竞驶”，俗语即“飙车”，是指以行驶速度和驾驶技术显示“胆识”和技术的另类体现自己“能力”的危险行为，是以（自身和他人）生命安全为代价的危险行为。

根据《刑法》第一百三十三条之一规定，追逐竞驶只有“情节恶劣”的才构成危险驾驶罪。囿于法律规定的抽象，立法条文未明确追逐竞驶的内涵外延，也没有具体列举或概括说明情节恶劣的情形，导致理论界对追逐竞驶的情节恶劣的判断标准持有不同看法，有的主张根据行为的危险性和危害后果综合评判，有的强调应考虑行为人的竞技心态、所处环境以及潜在危险性等因素。从司法实务角度观之，最高人民法院是以指导案例的形式树立了认定追逐竞驶情节恶劣的裁判准则，其在第32号指导案例《张某某、金某危险驾驶案》裁判要点的第二点中指明：“追逐竞驶虽未造成人员伤亡或财产损失，但综合考虑超过限速、闯红灯、强行超车、抗拒交通执法等严重违反道路交通安全法的行为，足以威胁他人生命、财产安全的，属于危险驾驶罪中‘情节恶劣’的情形”。笔者认为，对追逐竞驶情节恶劣的认定应坚持主客观相统一原则，具体可从以下几方面加以判断：

一是主体。包括行为人人数、主观心态、动机等。逻辑上讲，追逐竞驶的人数越多，威胁他人生命、财产安全的程度就越高。出于寻求刺激、逞强好胜等动机以及事先有预谋的飙车或多次追逐竞驶、无证驾驶等，均能某从种角度反映出行为人的主观恶性。

二是车辆。相对驾驶性能合格的车辆而言，驾驶报废的、非法改装的大功率的、技术性能存在安全隐患等机动车具有更大的杀伤力。

三是时间、地点。人流量、车流量等交通状况随着时间、地点的不同而变化，追逐竞驶的时间、空间要素与情节恶劣程度相关，一般来说，交通在高峰期以及主干道、人行道或狭窄的道路上追逐竞驶的危险性相对更高。

四是速度。虽然追逐竞驶型危险驾驶罪不强制要求为超速行驶，但不容否认的是，速度的高低与行为危险性的大小成正比关系，越是高速、超速行驶，其行为的危险性就越大。

五是后果。追逐竞驶造成人员死伤等重大后果，同时构成其他犯罪的，根据《刑法》第一百三十三条之一第三款规定应依照处罚较重的罪名定罪处罚。在未造成人员伤亡或财产损失但存在其他危害结果的（如闯红灯、频繁并线、逆行、抗拒交通执法等），均可综合认定为情节恶劣的表现。

本案中，覃某等9人（包括2名未成年人）事先预谋并参与飙车，人数较多，其中柯某等4被告人系无证驾驶；柯某等3被告人驾驶的摩托车系改装或加装，除覃某驾驶的摩托车持有合法的牌照外，其余摩托车均系无牌或假牌，车辆安全性能存在较大隐患；追逐竞驶的地点是仙公山景区，景区内道路狭窄，限速20～30km/h，沿途经过多个公交站点、居民小区、学校和宾馆等人流量较为密集的地方，7被告人驾车行驶速度均超过规定时速的50%以上，且途中反复并线、曲折穿插；会合前除洪某外，其余6被告人另存在其他飙车记录。综上，本案虽未造成人员伤亡或财产损失，但综合前述五方面内容考量，法院认定覃某等人追逐竞驶的行为构成情节恶劣，并以危险驾驶罪对7被告人判处拘役一个月十五日至二个月不等的刑罚。

编写人：福建省泉州市洛江区人民法院　林前枢

22

醉驾行为与交通肇事行为交叉持续状态下的被告人罪数认定

——李某交通肇事、危险驾驶案

【案件基本信息】

1. 裁判书字号

北京市昌平区人民法院（2019）京0114刑初774号刑事判决书

2. 案由：交通肇事罪、危险驾驶罪

【基本案情】

2019年6月28日凌晨，被告人李某酒后驾驶轻型普通货车由西向东行使至北京市昌平区南雁路0公里+200米处时，将同方向骑行自行车的陈某某（男，殁年51岁）连人带车撞出，造成陈某某受伤，两车损坏。事故发生后，被告人李某驾驶肇事车辆将陈某某送往昌平区南口医院进行抢救，后欲筹钱，继续驾驶肇事车辆从南口医院行驶至南口镇西李庄（二队）家中、又从家中行驶至南口镇檀峪村其亲戚家、后驾车返回南口医院，向已在医院出警的民警主动交代其肇事行为。陈某某经抢救无效于当日死亡。经检测，被告人李某血液中酒精含量为143.1mg/100mL。经认定，被告人李某承担事故全部责任，陈某某无责任。

【案件焦点】

在醉驾行为与交通肇事行为交叉持续状态下，被告人构成一罪还是数罪。

【法院裁判要旨】

北京市昌平区人民法院经审理认为，被告人李某违反交通运输管理法规，驾驶机动车在道路上发生重大事故，致一人死亡，负事故全部责任；发生事故后仍在道路上醉酒驾驶机动车，其行为分别构成交通肇事罪、危险驾驶罪，依法应予惩处。北京市昌平区人民检察院指控被告人李某犯交通肇事罪、危险驾驶罪的事实清楚，证据确实、充分，罪名成立。辩护人认为被告人李某具有自首、认罪等从轻处罚情节的辩护意见，予以采纳。鉴于被告人李某犯罪后主动投案，如实供述所犯交通肇事、危险驾驶罪行，系自首；自愿认罪；案发后给付被害人家属部分经济赔偿，依法予以从轻处罚。

北京市昌平区人民法院依照《中华人民共和国刑法》第一百三十三条、第一百三十三条之一第一款第二项、第六十九条、第六十七条第一款、第五十二条、第五十三条、第六十一条，作出如下判决：

被告人李某犯交通肇事罪，判处有期徒刑一年六个月；犯危险驾驶罪，判处拘役二个月，罚金人民币五千元；数罪并罚，决定执行有期徒刑一年六个月，罚金人民币五千元。

该判决于宣判后生效。

【法官后语】

本案在被告人的罪数适用上，主要有以下三种不同观点：

第一种观点认为，应当按照吸收关系以交通肇事罪一罪对李某判处刑罚。理由是，从李某从路边摊饮酒后离开到发生交通事故、送医、离开医院、返回医院，其醉酒驾驶机动车行为一直处于持续状态，根据道路交通事故认定书，李某的醉驾行为是其发生交通事故的全部原因，因此，一个醉驾行为产生交通肇事和危险驾驶两个后果，按照重行为吸收轻行为，即交通肇事吸收危险驾驶，应当以交通肇事罪一罪论处。

第二种观点认为，应当适用紧急避险的违法阻却事由以交通肇事罪一罪对李某判处刑罚。理由是，李某自醉驾发生交通事故后，其继续开车将伤者送医抢救、回家筹钱、返回医院等行为均是出于救人目的，为抢救被害人使其生命健康权免受正在发生的危险，不得已在凌晨、雨夜继续醉酒驾驶机动车，继而损害另一相对较小法益，且避险行为未超过必要限度，符合紧急避险的认定条件，故对其交通肇事后实施的危险驾驶行为不应追究刑事责任，应当以交通肇事罪一罪论处。

第三种观点认为，应当以交通肇事罪、危险驾驶罪两个罪名对李某实行数罪并罚。理由是，李某在发生交通事故之前的醉驾行为被交通肇事行为吸收，应当以交通肇事罪一罪评价；其发生交通事故后，尤其在将伤者送至医院抢救又再次开车离开、返回医院的行为，应单独以危险驾驶罪评价，与交通肇事罪实行数罪并罚。

结合本案的证据呈现情况，法院在裁判中同意第三种观点。理由如下：

李某的醉驾行为主要包括三个阶段，第一阶段：从饮酒后到发生交通事故期间；第二阶段：从发生交通事故后到送伤者去医院抢救；第三阶段：为筹钱从医院离开到返回医院。对其醉驾行为的法律适用，应分阶段予以评价。

首先，在刑法理论上关于罪数问题，按照犯罪构成观点，基于一个犯意实施一个行为，成立一个罪名；基于数个犯意实施数个行为，成立数个罪名。但由于犯罪现象较为复杂，即使是数罪，也要区分并罚问题，即数罪并不必然导致数罪并罚，因为侵犯数个刑法保护法益的数个行为有时会存在事实上的密切关联或重合，适用数罪并罚将导致量刑不当，如果能以一罪论处实现量刑合理化，就不必实行数罪并罚。

其次，我国《刑法》总则中没有规定数罪的区分标准与并罚标准，分则条文规定也缺乏统一性。例如，根据分则条文，实施危险驾驶行为，以暴力、威胁方法阻碍公安机关依法检查，构成妨害公务等其他罪犯的，依照数罪并罚进行处罚；再如，实施醉酒驾驶行为，过失造成他人伤亡或者重大财产损失，构成交通肇事罪的，以交通肇事罪一罪论处。

最后，关于本案，李某的数个危险驾驶行为符合数个犯罪构成（交通肇事罪、危险驾驶罪），且均具有刑事可罚性。

一方面，李某在实施数个危险驾驶行为中，其主观心态在故意和过失之间发生变化。交通肇事是过失犯罪，危险驾驶是故意犯罪。本案以机动车撞人为节点，在此之前，李某虽意识到饮酒开车违反交通运输管理法规，但轻信能够避免发生交通肇事结果，主观上为过失；在此之后，李某继续酒驾上路，对违反交通运输管理法规仍属明知故犯，主观上即为故意，所幸危险驾驶未发生实质性损害后果。

另一方面，只应对李某第三阶段的醉驾行为以危险驾驶罪独立评价。在第一阶段，李某因危险驾驶行为发生交通肇事结果，应以交通肇事罪一罪论处，对此均无争议。在第二阶段，李某由于交通肇事这一先前行为使他人生命处于危险状态，随即产生救助伤者的法定作为义务，在夜晚、雨天、交通不便等不利时空条件下，其选择继续酒驾将被害人送至附近医院急救，符合紧急避险的法律构成要件，成立该阶段危险驾驶行为的违法性阻却事由。在第三阶段，在医生、护士已经着手实施抢救，被害人的生命安全不会因为得不到专业救护而发生紧急危险，而医院也不会因紧急状态下付费不足而停止抢救，且李某在完全可以通过借打电话等方式完成联系家属的情况下，其为筹款继续酒驾上路，行驶距离约20公里、时间约30分钟，在此期间，被告人血液酒精含量基本不变，加之因车祸产生的恐惧、紧张等不利因素，行车安全性继续降低，对公共交通运输安全造成更大威胁，无论从主观心态、客观行为还是社会危害性方面考虑，均具有刑事可罚性。

综上，当醉驾行为引发交通肇事结果，符合交通肇事罪构成要件后，行为人为救助伤者又实施数个醉驾行为，在交通肇事行为和危险驾驶行为交叉持续状态下，罪数上应适用一罪还是数罪，应充分考虑数个醉驾行为发生的时空条件，结合重行为吸收轻行为、紧急避险等刑法理论予以综合裁判，确保罪责刑相适应。

编写人：北京市昌平区人民法院　于广丹

23

醉驾案件中如何适用紧急避险制度

——陈某勇被诉危险驾驶案

【案件基本信息】

1. 裁判书字号

江苏省江阴市人民法院（2019）苏0281刑初1113号刑事裁定书

2. 案由：危险驾驶罪

【基本案情】

2018年12月7日，被告人陈某勇邀请朋友王某等人到暂住地江阴市徐霞客镇某村某号吃晚饭，其间被告人陈某勇及妻子刘某均饮用了红酒。当晚22时许，王某等人陆续离开。23时许，被告人陈某勇与刘某欲上楼休息时，刘某突然倒地昏迷不醒伴口吐白沫，被告人陈某勇随即让女儿拨打120求救。120接线员反馈陈某勇所在的徐霞客镇附近没有急救车辆，要从其他乡镇调车，具体到达时间不能确定。被告人陈某勇随即驾驶号牌为苏B25×××小型轿车从暂住地出发，途经峭花路、博爱路，将刘某送至江阴市峭岐医院抢救。被告人陈某勇到医院后，与跟随江阴市交警大队徐霞客中队民警前来调查的协警发生冲突，被当场查获。归案后，被告人陈某勇如实供述了上述事实。经江阴市公安局物证鉴定室鉴定，被告人陈某勇血液中检出乙醇成分，含量为223mg/100mL。

【案件焦点】

被告人陈某勇为送其昏迷的妻子就医而醉酒驾驶机动车的行为是否构成紧急避险。

【法院裁判要旨】

江苏省江阴市人民法院经审理认为，被告人陈某勇为送其昏迷的妻子就医而醉酒驾驶机动车，属于不得已采取的紧急避险行为，不应承担刑事责任。判决宣告以前，公诉机关江苏省江阴市人民检察院以法律政策发生变化为由向江阴法院要求撤回起诉，江阴法院经审查，依照《最高人民法院关于适用〈中华人民共和国刑事诉讼法〉的解释》第二百四十二条之规定，作出如下裁定：

准许江阴市人民检察院撤回起诉。

【法官后语】

紧急避险是《刑法》明文规定的免责事由之一，《刑法》第二十一条第一款规定："为了使国家、公共利益、本人或者他人的人身、财产和其他权利免受正在发生的危险，不得已采取紧急避险行为，造成损害的，不负刑事责任。"

本案中陈某勇的行为能否认定为紧急避险应当从以下几个方面进行判断：

1. 有无正在发生的危险或受到严重威胁的法益。本案中被告人陈某勇的妻子刘某昏迷不醒并伴有口吐白沫等症状，其生命健康权显然正受到生理或病理性疾病的威胁，属于他人人身权利正在遭受的危险，且危险的状态一直在持续并未结束，符合紧急避险的时间要求。如果危险已经结束，受到侵害的法益已经产生损失，则不存在"避险"的可能。

2. 危险是否具有突发紧迫性和不可预测性。不可预测性要求危险的发生必须是行为人事先无法预测的，没有过于自信或疏忽大意的过失存在的空间。突发紧迫性则要求行为人是突然进入一种紧迫的状态中，避险行为的实行迫在眉睫，只有极度短暂的时间留给行为人进行法益权衡的判断。本案中，被告人陈某勇的妻子此前无基础性疾病，案发当日夫妻与亲朋小聚，其间表现均无异样，在临休息前突发昏迷不醒，且伴有口吐白沫的症状，较之其他和缓的病情或慢性疾病，都更为凶险和紧急，直接有威胁生命的可能，抢救时间对于刘某来说非常重要和宝贵，此种情形对于任何不具备医学知识的良善第三人来说，都是不可预测和极度紧迫的，刘某经医治后无碍的后续结果不影响危险发生时紧迫性的认定。

3. 避险行为是否是"不得已"而作出。由于紧急避险具有牺牲其他法益或损害无辜第三人合法权益的属性，所以司法实践中对紧急避险的适用有着严格的限制，其中"不得已"是关键的限定条件。本案被告人陈某勇在妻子昏迷倒地后，除自己呼唤施救外，第一时间让女儿拨打120求救，急救中心回复附近无急救车需调派。后继续拨打数次催促，仍被告知无法确定到达时间。且被告人一家租住在农村，不仅远离城镇规划道路，具体的路名门牌模糊，从其他乡镇去往的路线也较复杂。被告人陈某勇面临的是妻子身体情况紧急、性命堪忧，向120求救无果、沟通失败，深夜周围没有其他人，自己有车也是家中唯一会开车的人，在此情形下，被告人陈某勇不顾酒后不能驾车的刑事禁止性规定而选择私力救济，为送昏迷的妻子至医院抢救而醉酒后驾驶机动车。综合上述情形，符合“无其他可期待的可能性”，可以成立紧急避险中的“不得已”。

4. 紧急避险没有超出必要的限度带来不必要的损害。首先，由于《刑法》条文中“造成损害的”表述，司法实践中普遍认为紧急避险必须有无辜第三人的合法权益作为避险的对象，作为受到危险的法益的衡量参照。而在没有造成事故的危险驾驶中并没有具化的无辜第三人，侵害的直接法益是公共安全，而且是抽象的危险犯，即只要对公共安全有潜在的危险即可入罪。此时虽没有具体受到损害的无辜第三人法益，但危险驾驶罪所指向的法益必然受到了侵害，具备我国《刑法》紧急避险的前提条件，可以在危险驾驶行为范畴内以紧急避险作为出罪适用。其次，虽然难以对具体的个体生命权与抽象的、不确定的公共安全作出“孰轻孰重”的量化比较，但被告人陈某勇紧急避险的行为最终并未造成其他危害，没有带来其他不必要的实质损害，可以认为避险行为没有超出必要的限度。陈某勇到达医院后与协警发生肢体冲突的行为不能放在同一法律关系中评价，也不能作为其超出必要限度的依据。如果被告人陈某勇在驾驶过程中因醉酒后判断力、控制力、反应速度的下降而撞伤他人，造成人员伤亡的，则应认定避险行为超出了必要限度，不能免除其刑事责任。

综上，适用紧急避险作为出罪事由应当从危险的种类、发生的原因、紧迫程度、有无其他期待可能性、避险的限度等来综合认定，本案被告人陈某勇为送昏迷的妻子就医而醉酒后驾驶机动车的行为可以认定为紧急避险，不应承担刑事责任。

编写人：江苏省江阴市人民法院　方燕燕　庞宠

24

危险驾驶罪在没有道路监控的情况下，应结合被告人供述、证人证言、案发现场情况等证据进行认定

——胡某危险驾驶、妨害作证案

【案件基本信息】

1. 裁判书字号

江苏省常州市中级人民法院（2019）苏04刑终394号刑事裁定书

2. 案由：危险驾驶罪、妨害作证罪

【基本案情】

2019年4月10日17时许，被告人胡某驾驶号牌为苏DZ6×××的小型普通客车，搭载李国某、周国某等人前往某农家乐吃饭，席间被告人胡某喝了白酒。当晚20时许，被告人胡某提前离开包厢，并独自驾驶号牌为苏DZ6×××的小型普通客车离开饭店，在沿常州市金坛区白塔管庄村前管庄村村道由北向南行驶时，车辆向右侧路边侧翻，发生交通事故。朱双某下班路过事故地点，遂拨打报警电话。常州市公安局金坛分局交通警察大队金城中队接报警后，民警处警至现场，发现苏DZ6×××小型普通客车处于发动状态，被告人胡某侧躺在驾驶位。因被告人胡某身上有酒味，民警遂对其进行呼气酒精含量测试，并于当晚21时40分许将其带至金坛区中医医院进行抽血，后将其带至常州市公安局金坛分局金城派出所接受调查。其间，被告人胡某通过微信与李国某联系，并指使李国某冒充当晚驾驶司机，遭到李国某拒绝。后被告人胡某又找到其前妻袁某，袁某明确表示愿意冒充当晚驾驶司机向公安机关做虚假证言。2019年5月5日、2019年5月6日，被告人胡某和袁某先后两次就如何向公安机关提供虚假证言商议统一口径。2019年5月7日，袁某在常州市公安局金坛分局金城派出所接受民警询问时，为包庇被告人胡某作了自己系案

发当晚驾驶司机的虚假证言。被告人胡某在接受民警讯问时，亦称案发当晚系袁某驾驶车辆。经侦查，公安机关发现袁某所作的其是案发当晚驾驶司机的证言为虚假证言。经鉴定，被告人胡某血样中乙醇含量为 256.3 毫克/100 毫升。

【案件焦点】

1. 顶包人主动联系被顶包人，被顶包人未明确表示反对，是否构成妨害作证罪。2. 侦查阶段非法证据排除的调查程序如何启动，非法证据排除规则如何适用。3. 在没有道路监控的情况下，如何认定醉酒驾驶。

【法院裁判要旨】

江苏省常州市金坛区人民法院审理认为：危险驾驶罪是指在道路上驾驶机动车追逐竞驶，情节恶劣，或者在道路上醉酒驾驶机动车等，危害公共安全的行为。本案中，被告人胡某在案发当晚晚饭结束前独自提前离开饭店，没有同桌吃饭人员陪同，也没有叫人代为驾驶。执法记录仪视频证实被告人胡某在案发现场言语、举止正常。民警处警到现场后，车内只有被告人胡某一人侧躺在驾驶位。在接受民警询问时，被告人胡某承认是自己开的车，后虽然予以否认，但在民警再次询问并告知有高清监控时，被告人胡某又再次承认是自己开的车，并陈述了当晚自己先行离开饭店的相关情况。被告人胡某案发当晚在派出所接受调查时，向民警陈述当晚驾驶司机是李国某，并通过微信与李国某联系，指使李国某冒充驾驶司机。从被告人胡某与李国某的微信聊天记录看，被告人胡某对当晚驾驶司机的情况明知。因此，公诉机关指控被告人胡某犯危险驾驶罪，罪名成立，应予采纳。被告人胡某提出的公诉机关指控的危险驾驶罪不成立的辩解及其辩护人提出的被告人胡某不构成危险驾驶犯罪的辩护意见，理由不能成立，本院均不予采纳。

对于被告人胡某提出的妨害作证是袁某主动联系的，不是其找的袁某，公诉机关指控的妨害作证罪不成立的辩解及其辩护人提出的“顶包”是袁某个人行为，与被告人胡某无关，被告人胡某对于行为的辩解，不构成妨害作证罪的辩护意见。本案中，袁某在得知被告人胡某因酒驾被查后，虽先提出由其冒充案发当晚驾驶司机，但被告人胡某当时并未表示反对。后被告人胡某又主动联系袁某，并就如何向公安机关作虚假证言与袁某共同商议统一口径。2019 年 5 月 7 日，被告人胡某与袁某到公安机关均作了袁某是当晚驾驶司机的笔录材料，后因公安机关调查而被发现。被告人胡某的行为已经危害了国家司法机关诉讼活动的正常进行，符合妨害作证罪的构成要件。公诉机关指控被告人胡某犯妨害作证罪，罪名成立。被告人胡某提出的上述辩解及其辩护人提出的上述辩护意见，理由不能成立，一审法院不予采纳。

对于被告人胡某提出的非法证据排除申请，一审法院依法召开了庭前会议，并在本案庭审中依法启动了非法证据排除的调查。公诉机关为证实侦查机关取证行为的合法性，提供了被告人胡某入所健康检查表、审查起诉阶段的讯问笔录、同监室人员向春某的证言笔录、2019 年 5 月 10 日及 5 月 15 日讯问笔录的同步录音录像等证据材料。入所健康检查表证实被告人胡某在 2019 年 5 月 9 日 23 时 30 分许被金坛区看守所收押体检时，其体表无明显外伤，说明被告人胡某在当日未遭受刑讯逼供。被告人胡某在审查起诉阶段的讯问笔录中，亦明确陈述其没有受过刑讯逼供。在该份笔录中，被告人胡某对 2019 年 5 月 10 日在金坛看守所所作的讯问笔录提出异议，但亦供述 2019 年 5 月 10 日的笔录是其自己陈述。同监室人员向春某的证言笔录证实被告人胡某与其一同关押在看守所 301 监室，聊天时被告人胡某没有说过受到刑讯逼供及诱供的情况。2019 年 5 月 10 日、15 日的讯问笔录是由汤柳某、黄某两名侦查人员在金坛看守所提讯室制作完成，并制作了同步录音录像。同步录音录像证实侦查人员讯问过程连续、完整，笔录内容系被告人胡某自己供述形成，并且在笔录制作完成后，侦查人员均将笔录交由被告人胡某确认、签名并按捺手印。因此，本案侦查人员不存在非法取证的行为，被告人胡某在侦查阶段所作的供述不属于非法证据，不应当予以排除。被告人胡某提出的排除非法证据的申请及理由不能成立，一审法院不予采纳。

江苏省常州市金坛区人民法院依照《中华人民共和国刑法》第一百三十三条之一第一款第二项，第三百零七条第一款，第六十七条第三款，第六十九条第一款、第三款，第五十二条之规定，判决如下：

被告人胡某犯危险驾驶罪，判处拘役四个月，并处罚金人民币三千元；犯妨害作证罪，判处拘役三个月。决定执行拘役六个月，并处罚金人民币三千元。

宣判后，胡某提起上诉。

江苏省常州市人民法院同意一审法院裁判意见，依照《中华人民共和国刑事诉讼法》第二百三十六条第一款第一项之规定，裁定如下：

驳回上诉，维持原判。

【法官后语】

《刑法》第一百三十三条之一规定："在道路上驾驶机动车，有下列情形之一的，处拘役，并处罚金……（二）醉酒驾驶机动车的……"本案重点在于在没有道路监控及现场目击者等直接证据的情况下，如何认定被告人构成危险驾驶罪。

结合本案的几项主要证据，第一，与胡某同桌吃饭人员的证人证言证实晚饭结束前，胡某提前一人独自离开，没有同桌吃饭人员陪同，当晚通话记录等证实胡某没有叫人代开。第二，现场执法记录仪视频证实胡某说话、行走、举止行为正常，说明其当时并非处于严重醉酒状态。胡某先承认是自己开的车，后又否认自己开车，说明其当时思维、认知能力正常。后胡某在民警向出示其驾驶车辆的监控截图（注：为去饭店时的截图）时，再次承认当晚是自己开的车，并陈述当晚自己吃不消想先走，所以和其他人说了下，就自己先行独自离开饭店。第三，从案发现场情况来看，民警处警到现场后，车内只有胡某一人且在驾驶位置。车辆当时虽然发生侧翻，但损坏并不严重，也无人员受伤，如果有人同行或开车，应当第一时间报警处理，不会将胡某留下而离开现场。第四，从案发后胡某与李某的聊天记录来看，胡某不仅在当晚做笔录时陈述是李国某开车，而且在调查期间微信联系李国某让其"顶包"，"我就说是你开错路"说明胡某当时明知不是李国某驾驶的车辆，其在之后笔录中所作的不记得当晚是谁开车的供述明显与事实不符。

因此，尽管本案事发路段没有道路监控，但根据被告人胡某的有罪供述，结合查证属实的证人证言、案发现场执法记录仪视频、现场情况、被告人通话记录、微信聊天记录等证据，且证据已经形成完整的证据锁链，共同证实了被告人胡某在案发当晚饮酒后独自驾车提前离开饭店，行驶过程中车辆侧翻，发生交通事故的相关事实。

编写人：江苏省常州市金坛区人民法院　张照鹏　姚佳璐

25

危险驾驶罪中被告人醉驾后二次饮酒行为性质的认定

——邱某危险驾驶案

【案件基本信息】

1. 裁定书字号

北京市第三中级人民法院（2019）京03刑终937号刑事裁定书

2. 案由：危险驾驶罪

【基本案情】

2019年6月5日12时许，被告人邱某与张某、武某在本市通州区宋庄镇小堡村魁元艺术餐厅吃饭饮酒，其间，被告人邱某单独饮用啤酒4瓶，与武某共同饮用啤酒5瓶，14时30分许，被告人邱某等人离开餐厅；当日14时38分许，被告人邱某驾驶白色小型普通客车在北京市通州区宋庄镇邢各庄村北口掉头时，与通州交通支队台湖大队民警王某驾驶的警用普通二轮摩托车相撞，造成王某受伤，两车损坏；事故发生后，被告人邱某在现场向处警民警杨宇出示驾驶证、行驶证后，趁现场人员救助伤员时弃车逃逸，并主动约洪志某等人于当日17时许再次饮酒，后于当日23时许在北京市通州区宋庄镇怡达电器公司门口被民警抓获；经抽血检测，被告人邱某被查获时血液中酒精含量为222.2mg/100ml；经认定，被告人邱某负事故的全部责任；经鉴定，王某所受损伤程度属轻伤二级。

【案件焦点】

1. 本案中如何认定被告人邱某醉驾发生交通事故离开现场及二次饮酒的目的是否是逃避法律追究；2. 如果能够认定其主观目的是逃避法律追究，那么被告人邱某构成危险驾驶罪的依据是什么。

【法院裁判要旨】

北京市通州区人民法院经审理认为，首先，有证据证实被告人邱某确于案发前大量饮用啤酒，且饮酒后数十分钟内即发生交通事故，其次，被告人邱某在发生交通事故后几分钟内在未通知民警的情况下即离开现场、拒绝接听办案机关电话、在心率过速的情况下仍于案发当晚大量饮酒，足见其系为了逃避法律追究而逃离现场并再次饮酒，最后，民警对交通事故的处置属于依法检查，被告人邱某虽未在接受检查时当场饮酒，但其逃离现场并在短时间内再次饮酒的行为，符合相关规范性文件的制定目的。根据《最高人民法院、最高人民检察院、公安部关于办理醉酒驾驶机动车刑事案件适用法律若干问题的意见》第六条第二款规定：犯罪嫌疑人在公安机关依法检查时，为逃避法律追究，在呼气酒精含量检验或者抽取血液前又饮酒，经检验其血液酒精含量达到醉酒标准的，应当认定为醉酒。被告人邱某的行为属于醉酒驾驶机动车，构成危险驾驶罪。

北京市通州区人民法院依照《中华人民共和国刑法》第一百三十三条之一第一款第二项、第六十一条、第四十二条、第四十四条、第五十二条、第五十三条之规定，判决如下：

被告人邱某犯危险驾驶罪，判处拘役五个月，并处罚金人民币三千元。

邱某持原审辩解提起上诉，并提出非法证据排除申请，认为公安机关办案程序存在违法，其血样有可能被替换或受到影响等。

北京市第三中级人民法院经审理认为，邱某大量饮酒后驾驶机动车上路，再结合其驾车发生交通事故后的相关行为表现及到案后血液酒精含量检验结果，应认定属醉酒驾车，其行为已构成危险驾驶罪，依法应予惩处。邱某醉酒驾驶机动车造成交通事故，经认定其负事故全部责任且致一人轻伤二级之后果，可酌予以从重处罚。原审法院根据邱某犯罪的事实、犯罪的性质、情节及对于社会的危害程度所作出的判决，定罪及适用法律正确，量刑适当，审判程序合法，应予维持。北京市第三中级人民法院依照《中华人民共和国刑事诉讼法》第二百三十六条第一款第一项之规定，裁定如下：

驳回邱某的上诉，维持原判。

【法官后语】

醉驾类危险驾驶案是基层法院较为常见的案件，通常认定被告人构成危险驾驶罪的依据即为案发时被告人血液中的酒精浓度，酒精浓度超过80mg/100ml以上则达到“醉酒”的标准，应当以危险驾驶罪定罪处罚。本案的特殊之处在于被告人在案发的14时许并未进行酒精浓度测试，被抓获时是第二次大量饮酒之后的当晚23时许，此时的血液酒精浓度虽为222.2mg/100ml，但能否以此认定其案发时达到醉酒标准并认定为危险驾驶罪？被告人声称自己没有饮酒只是将酒泼到了身后，而根据在案的相关证据，证人证言与监控录像能够证明其在案发前确有饮酒，但无法具体确定被告人具体饮酒的数量，辩护人据此提出侦查实验的申请，但由于人体机体代谢功能等因素不同、身体及心理情况发生变化等而导致血液中的酒精含量消解速度不同，无法得出案发时血液酒精含量的精准结论，故本案进行侦查实验确无必要。

《最高人民法院、最高人民检察院、公安部关于办理醉酒驾驶机动车刑事案件适用法律若干问题的意见》第六条第二款规定：犯罪嫌疑人在公安机关依法检查时，为逃避法律追究，在呼气酒精含量检验或者抽取血液前又饮酒，经检验其血液酒精含量达到醉酒标准的，应当认定为醉酒。本条规定与本案情况基本一致，但被告人及辩护人辩称第二次饮酒并不是为了逃避法律追究，提交了乡镇卫生所出具的心率过速的诊断证明，证明被告人当时离开事故现场是因为感到心脏不适到卫生所就诊。这份诊断证明虽然在一定层面上佐证了被告人在案发时出现心率过速的问题，但事实上更成为佐证其逃避法律处罚的有力证据。证据显示被告人在就诊之后多次拒接公安机关的电话，并主动邀约他人再次大量饮酒，如被告人所说其作为一个在心脏不适时会急于离开事故现场去就诊而来不及向民警说明的、十分注重自己身体健康的成年人，却在发生事故后的几个小时之内、在自己心脏不适之后主动找他人大量饮酒，这个逻辑明显是不合常理的，充分说明被告人是故意逃避法律追究。

本案中被告人与辩护人试图以刑事证据门槛要求较高为突破点，否认被告人的行为构成犯罪，但刑事证据的判断更需要结合全案事实综合进行判断，被告人的主观心态并不取决于其事后辩解，而需要结合案发当时的具体情况进行推断。醉酒驾驶作为刑事犯罪被纳入《刑法》处罚的范畴之内，是由于实践中因酒驾引发的不良后果确实给社会及人民生命财产安全带来了危害，其目的在于规范交通秩序，遏制不良风气，像本案中被告人一样试图通过再次饮酒或摄入其他含酒精类物品以阻挠执法机关测量酒精含量的案例不在少数，确实对侦查机关的取证造成了困难，如果放任这种逃避处罚的恶劣行径，就违背了立法的本意，也有损法律的尊严，将会产生不良示范效应，不利于对社会安全和公众利益的保护，被告人理应对其事后毁灭证据、妨碍司法的不当行为承担不利后果，也正是《最高人民法院、最高人民检察院、公安部关于办理醉酒驾驶机动车刑事案件适用法律若干问题的意见》中第六条规定内容的立法本意。本案的正确处理实现了法律效果与社会效果的统一，也是人民法院始终坚持依法严惩危险驾驶犯罪的重要体现。

编写人：北京市通州区人民法院　张慧宁

26

危险驾驶罪疑罪从无原则的适用标准

——林某某危险驾驶、寻衅滋事案

【案件基本信息】

1. 裁判书字号

福建省厦门市中级人民法院（2019）闽02刑终610号刑事裁定书

2. 案由：危险驾驶罪、寻衅滋事罪

【基本案情】

2018年5月23日5时许，被告人林某某饮酒后驾驶闽DQ8×××轻型普通货车，行驶至厦门市集美区灌口镇三社村东蔡社一堆场门口时，因迟延开大门之事与保安徐某甲发生口角纠纷，在持木棍追打徐某甲、黄某某、徐某乙等人未果后，持铁棍无故打砸被害人徐某乙位于该堆场内的427号办公室的门窗以及其停放在该处闽DCI×××皮卡车，事后，被告人林某某即回到其位于堆场内的暂住处休息。约20分钟后，被告人林某某在其暂住处内被赶至现场的民警抓获，并被缴获木棍、铁棍等作案工具。经鉴定，被损坏闽DCI×××皮卡车直接损失为人民币5694元；

公安民警在对被告人林某某依法采取强制措施时，因发现其浑身酒气，遂对被告人林某某进行抽血检测，经司法鉴定，被告人林某某血液中酒精含量为85mg/100mL。

【案件焦点】

非现场查获的被告人，在酒精含量达到危险驾驶罪定罪标准时，是否能按照疑罪从无原则宣告无罪。

【法院裁判要旨】

福建省厦门市集美区人民法院经审理认为：关于指控被告人林受某的行为构成危险驾驶罪是否成立的问题。公诉机关认为被告人林受某在道路上醉酒驾驶机动车，其行为已构成危险驾驶罪。被告人林受某及其辩护人提出辩解、辩护意见认为指控被告人林受某犯危险驾驶罪的证据不足，被告人林受某辩称其在饮酒后寻衅滋事，事后回到住处又喝了约半斤白酒才被公安机关抓获归案。综合全案，现有证据不足以认定被告人林受某具有醉酒驾驶机动车的行为，指控被告人林受某的行为构成危险驾驶罪证据不足。经查，首先，根据被告人林受某的供述，结合本案的证人证言、被害人陈述，被告人林受某饮酒后驾驶闽DQ8×××轻型普通货车来到案发地并于2018年5月23日早上5时35分左右实施了寻衅滋事犯罪，而后，被告人林受某驾驶该车回到其自己在堆场内的暂住处。其次，根据公安机关出具的到案经过、当事人血样提取登记表，被告人林受某直至2018年5月23日6时左右才到案，在其后的办案过程中，公安机关根据现场呼气式酒精测试，发现其有酒后驾车的嫌疑，将其送至厦门市第一医院杏林分院，对其提取血样并进行酒精含量检测，证实其血液中酒精含量达到醉驾的标准。从上述过程可以看出，从本案寻衅滋事结束（5时40分左右）到被告人林受某被公安机关抓获归案（6时左右）的时间内，不排除被告人林受某辩称的其在案发地附近自己的暂住处内饮酒并造成酒精达到危险驾驶罪定罪标准的可能性。现有证据仅能证实被告人林受某具有饮酒后驾驶机动车的行为。故公诉机关当庭出示的证据并没有形成完整的证据锁链证实被告人林受某具有醉酒驾驶机动车的情节，指控被告人林受某犯危险驾驶罪不能成立。但指控被告人林某某犯寻衅滋事罪的事实清楚、证据确实充分，足以认定。

福建省厦门市集美区人民法院依照《中华人民共和国刑法》第二百九十三条第一款第三项、第六十四条、第六十七条第三款、第六十九条，《中华人民共和国行政处罚法》第二十八条第一款[①]，作出如下判决：

一、被告人林某某犯寻衅滋事罪，判处有期徒刑一年。

二、暂存于公安机关的木棍4根、铁棍1根、石头1块均予以没收。

宣判后，林某某提出上诉。

福建省厦门市中级人民法院经审理认为：一审法院定罪准确，量刑适当，审判程序合法，裁定驳回上诉，维持原判。

【法官后语】

本案争议的焦点在于危险驾驶罪是否可以认定。对于非现场查获的被告人，在发现其酒精含量达到危险驾驶罪定罪标准时，是否能按照疑罪从无原则宣告无罪？本案合议庭最终认定公诉机关指控被告人犯危险驾驶罪的证据不足，不能成立危险驾驶罪。在危险驾驶罪的定罪标准方面，除了一般犯罪都要具备的主客观要件相统一之外，还要坚持疑罪从无原则，排除合理怀疑。林某某辩称其在驾车饮酒后寻衅滋事，事后回到住处又喝了约半斤白酒才被公安机关抓获归案。经查，从被告人寻衅滋事结束（5时40分左右）到被告人被公安机关抓获归案（6时左右）的时间内，不排除林某某辩称的其在案发地附近自己的暂住处内饮酒并造成酒精达到危险驾驶罪定罪标准的可能性。现有证据仅能证实林某某具有饮酒后驾驶机动车的行为，不能证明其具有醉酒驾驶机动车的行为，其之所以醉酒，不排除是在驾车后，回到住处喝酒导致的情形。故公诉机关当庭出示的证据并没有形成完整的证据锁链证实被告人林受某具有醉酒驾驶机动车的情节，指控被告人林受某犯危险驾驶罪不能成立。

本案是在坚持疑罪从无原则下，在不能排除合理怀疑的情况时，坚持做出无罪判决。疑罪从无，就是在刑事司法中出现既不能排除犯罪嫌疑又不能证明有罪的两难情况时，从法律上推定为无罪的一种处理方式。疑罪从无原则不仅是人权保障原则的内在要求，也是在秩序和自由之间价值选择的结果，更是程序法治原则的重要体现。一项好的制度原则并不能保证百分之百不放过一个坏人，但一定要保证百分之百不冤枉一个好人。

编写人：福建省厦门市集美区人民法院　付福临

---

① 对应2021年修订后的《中华人民共和国行政处罚法》第三十五条。

27

责任事故罪中事故调查报告的证据审查及工程转包关系中涉案人员的刑事认定

——张献某等重大责任事故案

【案件基本信息】

1. 裁判书字号

广东省广州市中级人民法院（2019）粤01刑终1347号刑事裁定书

2. 案由：重大责任事故罪

【基本案情】

2016年3月，位于广州市海珠区沥滘振兴大街××号的甲总部基地B区项目工程（以下简称B区工程）开工建设。该项目工程的建设单位为乙第四航务工程局有限公司（以下简称乙四航局）；施工单位亦为乙四航局，并具体由乙四航局总承包分公司实施；监理单位为丙工程建设监理有限公司（以下简称丙监理公司）。乙四航局总承包分公司指派不具备资质的被告人詹欣某作为B区工程的项目经理，指派被告人孙红某作为该工程负责安全生产的副经理。2016年9月，乙四航局违法将B区工程项目中的土建工程分包给丁三局集团有限公司（以下简称丁三局）承建，但有关工程项目的塔吊等部分仍实际由乙四航局负责。同年12月，乙四航局承包分公司与北京戊工程装备服务股份公司（以下简称北京戊公司）签订《甲总部基地B区项目塔吊租赁合同》，由北京戊公司负责B区工程塔吊的安装、顶升及施工。北京戊公司在B区工程现场安装了型号为MC型450t. m的塔吊作为1号塔吊（以下简称事故塔吊）进行施工，并指派被告人张献某作为项目负责人，指派被告人周某为施工现场安全员。2016年6月30日，事故塔吊在B区工程项目工地首次安装使用，截至2017年7月21日，事故塔吊共进行了三次顶升作业，共完114

个标准节的安装。

2017年7月22日7时许，北京戊公司组织安拆工人陈某、王恩某、欧某、卢友某、刘某、塔吊司机陈政某上塔进行第四次顶升作业，并委派龚国某作为顶升作业的技术指导。其中，龚国某、陈政某、卢友某血液中均有酒精成分（经鉴定，龚国某血液内乙醇成分为64.5mg/100ml、陈政某血液内乙醇成分为34.9mg/100ml、卢友某血液内乙醇成分为8.9mg/100ml）。乙四航局总承包分公司未安排人员履行施工前的安全技术交底职责，北京戊公司也未针对该型塔吊进行有针对性的安全教育培训和技术交底。丙监理公司指派被告人王安某进行现场监督，履行旁站职责。同日中午13时许，为加快施工进度，北京戊公司未进行安全和技术交底即增派褚欧某、张某（经鉴定，张某血液内乙醇成分为149.7mg/100ml、褚欧某血液内乙醇成分为5.1mg/100ml）上塔施工。同日18时许，塔吊发生坍塌，致欧某、卢友某、刘某、陈政某、龚国某、褚欧某、张某当场死亡（经鉴定，符合巨大外力作用致生命重要器官严重损伤死亡），王恩某、陈某受伤（经鉴定，王恩某损伤程度为重伤二级，陈某损伤程度为轻伤一级）。被告人王安某提前脱岗，故发生时未在现场履行旁站职责。

经调查，甲总部基地B区项目“7·22”塔吊坍塌事故是一起较大生产安全责任事故。事故的直接原因为部分顶升人员违规饮酒后作业，未佩戴安全带；在塔吊右顶升销轴未插到正常工作位置，并处于非正常受力状态下，顶升人员继续进行塔吊顶升作业，顶升过程中顶升摆梁内外腹板销轴孔发生严重屈曲变形，右顶升爬梯首先从右顶升销轴端部滑落；右顶升销轴和右换步销轴同时失去对内塔身荷载的支撑作用，塔身荷载连同冲击荷载全部由左爬梯与左顶升销轴和左换步销轴承担，最终导致内塔身滑落，塔臂发生翻转解体，塔吊倾覆坍塌。事故的间接原因包括：事故塔吊安装顶升单位北京戊公司安全生产管理不力，未能及时消除生产安全事故隐患；事故塔吊承租使用单位乙四航局总承包分公司没有认真履行安全生产主体责任，对事故塔吊安装顶升单位监督管理不力；工程监理单位丙监理公司履行监理责任不严格，未按照法律法规实施监理。

【案件焦点】

1. 本案关键证据是广州市人民政府组织多部门成立的“甲总部基地B区项目

7·22塔吊坍塌较大事故调查组”出具的《调查报告》《技术原因分析报告》，该份证据是否符合证据合法性、真实性、关联性的审查要求；2. 工程转包关系中承包单位、转包单位、施工单位、监理单位涉案人员的刑事责任如何认定。

【法院裁判要旨】

广东省广州市海珠区人民法院经审理认为：被告人张献某、周某、詹欣某、孙红某、王安某无视国家法律，在生产、作业中违反有关规定，因而发生重大伤亡事故，其行为均已构成重大责任事故罪，依法应予惩处。依照《中华人民共和国刑法》第一百三十四条第一款、第六十七条第三款之规定，判决如下：

一、被告人张献某犯重大责任事故罪，判处有期徒刑二年。

二、被告人周某犯重大责任事故罪，判处有期徒刑二年。

三、被告人詹欣某犯重大责任事故罪，判处有期徒刑一年九个月。

四、被告人孙红某犯重大责任事故罪，判处有期徒刑一年九个月。

五、被告人王安某犯重大责任事故罪，判处有期徒刑一年九个月。

一审宣判后，在法定期限内，被告人孙红某、王安某提出上诉，后被告人孙红某撤回上诉。广东省广州市中级人民法院于2019年12月26日裁定驳回被告人王安某的上诉，现判决已发生法律效力。

【法官后语】

本案的焦点在于如何认定事故调查报告的证据效力和主体工程违法承包单位后的刑事责任范围问题。本案由广州市人民政府组织多部门成立的“甲总部基地B区项目7·22塔吊坍塌较大事故调查组”出具的《调查报告》、《技术原因分析报告》是全案核心证据，该证据的采信与否，将直接决定本案各被告人的指控罪名是否成立。另涉案主体工程被承包单位乙四航局违法转包给中建三局，北京戊公司作为施工单位、丙监理公司作为监理单位，指控的系乙四航局中层领导被告人詹欣某、孙红某，施工单位中层领导及现场安全员、监理单位监理员，上述人员在本案中的刑事责任应如何界定区分。

法庭经审查后认为上述《调查报告》《技术原因分析报告》符合证据合法性、真实性、关联性的要求，可予采纳；乙四航局、北京戊公司、丙监理公司在责任分工上应作为塔吊的第一责任单位，被指控的五名被告人应作为直接责任人员承担相应刑事责任。理由如下：

一、本案中的《调查报告》及《技术原因分析报告》实质是安全事故责任调查报告，对其证据效力的刑事司法认定应从出具主体的法律效力、报告的法律性质、报告的形成过程三个方面予以审查

（1）从报告的法律效力考虑，根据《安全生产法》和《生产安全事故报告和调查处理条例》第三条、第十九条规定，造成10人以下死亡的较大生产安全事故由市级人民政府负责调查。《调查报告》是市政府组织的调查组，包括市监察委、市安全监管局、市住房城乡建设委、市公安局、市质监局、市总工会等相关人员组成，并邀请了市人民检察院派员、参与事故调查工作，该份调查报告第一时间依法定职权作出，是对“7·22”事故原因和事故责任认定的最终结论，权威性和公正性不容置疑。此外，根据《生产安全事故报告和调查处理条例》第二十七条规定，“7·22”事故聘请了建筑施工、特种设备安全、工程机械等方面专家参与事故调查工作，委托广州市特种承压设备检测研究院检测，经分析研究作出《技术原因分析报告》，是处理生产安全事故的法定必经程序，完全合法有效。

（2）从报告的法律性质考虑，市政府组织多部门出具的《调查报告》《技术原因分析报告》实质是国家公文，其证据效力优于其他书证，除有相反证据足以推翻外，应当直接采信。

（3）从报告的形成过程来看，市政府组织多部门出具的《调查报告》《技术原因分析报告》是在现场勘验、调查取证、检测鉴定、模拟试验、专家论证的基础上形成的，调查主体系由多个部门，包括公安司法机关联合组成，并非单一的行政机关，其对证人调查询问并制作的《询问笔录》，是形成报告的必要前提，不同于单一行政机关独立收集的言词证据。

综上，从证据的法律效力、法律性质、形成过程等综合分析，甲总部基地B区项目“7·22”塔吊坍塌较大事故调查组出具的《调查报告》《技术原因分析报告》符合证据合法性、真实性、关联性的要求，其依据的《询问笔录》合法有效，应予采纳。

二、责任事故罪并不要求被告人在事故当时一定在场，其刑事责任的界定应当根据其具体职责而赋予的“注意义务”违反程度予以确定

本案判决的被告人除塔吊安全员被告人周某外，其他被告人均不在现场，不在

事故现场是多数被告人辩解其不构成犯罪的主要理由。但“现场性”并非重大责任事故罪的必要条件，其缘由在于“现场性”将在司法实践中导致一线劳动者与管理者之间的责任倒置。在一般的生产、作业过程中，施工现场的劳动者虽然要付出直接的劳动，但对于安全生产设备的配备以及安全规章制度的建立往往拥有较少的发言权。如果在重大责任事故罪中要求“现场性”，则一旦出现责任事故，一线劳动者往往因为在“现场”而被追究刑事责任。相对而言，生产、作业单位的管理人员虽然不用直接参与现场施工，但对施工现场的安全生产措施往往具有决定权，倘若因其不具备“现场性”，而免予追究法律责任，将造成实质上的不合理。

此外，按照实践中工程施工单位的一般工作方式，依据离“现场”由远及近的标准，可以将工程施工单位的内部人员分为以下几个层级：第一阶层是极少在现场的企业高层管理人员；第二阶层是偶尔在现场进行检查、监督和指导的企业中层领导者；第三阶层是直接在现场的工人和现场指挥者。就上述层级人员的责任认定而言，基础在于“责任”，即“因特定义务而产生的责任”，责任事故的产生就是违反了相应的注意义务。这种“注意义务”的审查标准，具体应按照三个维度予以裁判。一是有无完善的安全生产规章制度；二是有无配备必要的安全生产设施设备；三是安全生产规章制度的落实。对于已经有完善安全生产规章制度，已配备必要的安全生产设施设备，因现场施工工人严重违反规定而造成事故的，其事故认定主要责任人应以现场人员为主要考量范围。对于没有完善安全生产规章制度，或没有严格遵守安全生产规章制度，或没有配备必要的安全生产设施设备，有上述其中之一的，就应当将对施工具有监督、指导责任的人员作为主要责任人员，通常这些都是企业的中层或者高层领导者。

就本案而言，“7·22”塔吊坍塌较大事故，是在事故塔吊工程分包、安装顶升、承租使用、工程监理、事故预防、安全监管过程中各种违反安全管理规定的行为和因素综合，现场顶升作业工人各种违章冒险作业造成的。

涉及的甲总部基地B区项目工地，开发单位为乙四航局，该单位在明知自身主业为港口与航道承包等，极少涉及房屋土建工程领域情况下，非法将甲总部基地B区土建工程分包给中建三局，与中建三局签订土建工程施工合同后，为了提升企业业绩和资质，培养其管理团队，又违法将主合同分解为《钢结构及零星分包工程施工合同》《土建工程商品混凝土购销合同》《土建工程钢筋购销合同》《土建工程塔式起重机租赁合同》《土建工程施工劳务分包合同》五个分合同，除钢结构部分仍由中建三局组织实施外，其余主体劳务、钢筋、混凝土和塔吊设备四个部分均由乙四航局另行与分供方签订分包采购合同并直接付款，由中建三局协助其进行管理。也就是说，涉案塔吊的主要责任为乙四航局，而非中建三局。

根据《甲总部基地B区项目塔式起重机租赁合同》《起重设备安全管理协议书》《安全生产协议书》《甲总部基地B区塔式起重机服务合同》等相关书证，起重设备，即涉案塔吊的实际总包单位为乙四航局有限公司，分包单位为北京戊公司，由乙四航局负责对施工生产安全进行监督、管理、检查，并由乙四航局主管安全人员对北京戊公司入场人员进行入场安全教育，乙四航局的现场安全员进行现场监控；北京戊公司则要求在塔吊作业前必须由其安全员和技术员对作业人员在现场进行安全技术交底，制订安全施工方案，并征得乙四航局安全部门同意，严禁出现未经教育和考核的人员上岗。另根据《建设工程委托监理合同》和相关中标通知书，自2014年1月20日起乙四航局委托丙监理公司对甲总部基地B区工程全过程监理。

此外，依据广州市海珠区建设工程质量安全监督站出具的《关于塔吊顶升的有关说明》，可认定涉案塔吊在使用过程中，如需要顶升，顶升方案应由承包单位北京正和工程装备服务有限公司编制、审核、审批后报总承包单位乙四航局审核、审批，再由监理单位丙监理公司审查、审核。

综上，可确认涉案塔吊安全生产的第一责任单位应为乙四航局、北京戊公司和丙监理公司，刑事责任的追责应严格按照其实际责任范围予以审查。

而就上述单位具体责任人的审查而言，五被告人除现场安全员周某外，其他均为上述第一责任单位的中层领导者，均受各自单位高层领导指派具体负责涉案塔吊工地的现场检查、监督和指导。依据《调查报告》，涉案塔吊工地日常施工安排、组织保障、技术交底、安全监督、安全监理等涉及现场检查、监督、指导等方面的制度设立、落实上存在不健全、流于形式的明显漏洞或问题。被告人张献某对事故塔吊的日常施工安排、安全交底及全过程的管理完全流于形式。被告人周某作为现场安全员未及时排查制止在顶升安装作业中有饮酒的指挥人员、塔吊司机及部分安拆人员违规冒险作业，也未能及时排查并组织消除承重销轴无法插入正常工作位置的事故隐患。被告人詹欣某在执业资格证书专业类别仅为港口和航道工程情况下，仍作为乙四航局派驻甲总部基地B区土建、房建等非港口、航道工程的项目经理。被告人王安某在仅有建筑施工工程师，无监理员岗位证书，不具备监理资格的情况下，仍接受公司委派作为专职安全员上岗。被告人孙红某没有健全和落实安全生产责任制和项目安全生产规章制度，未有效落实安全施工技术交底工作，没有认真审核《塔吊附着、顶升专项施工方案》，对塔吊顶升作业没有进行有效的现场组织，对项目施工技术安全交底以及安全管理方面混乱局面的形成负有直接责任。综上，涉及的五被告人均在各有直接责任义务的前提下，违背了相应的注意义务，违反了相关规章规定，应作为直接责任人，承担"7·22"塔吊坍塌较大事故的刑事责任。

编写人：广东省广州市海珠区人民法院　周征远

二、破坏社会主义市场经济秩序罪

（一）生产、销售伪劣商品罪

28

持证超范围经营烟草的行为不应构成非法经营罪

——陈恒甲、陈恒乙销售伪劣产品案

【案件基本信息】

1. 裁判书字号

湖北省襄阳铁路运输法院（2019）鄂7102刑初28号刑事判决书

2. 案由：销售伪劣产品罪

【基本案情】

被告人陈恒甲、陈恒乙共同经营深圳市罗湖区甲广场的乙商行，并持有深圳市罗湖区烟草专卖局颁发的烟草专卖零售许可证。2019年3月4日，武汉铁路公安局襄阳公安处在利顺商行内、被告人租用的仓库内、被告人使用的粤BP8×××、粤B2××××车辆内查获了卷烟3081条（价值人民币734483元），经鉴定为假冒注册商标且伪劣卷烟。

【案件焦点】

被告人持有合法有效的《烟草专卖零售许可证》超范围经营，是否构成非法经营罪；被告人在进烟时对卷烟并没有认真辨明真伪，是否具有倒卖伪劣卷烟的主观故意。

【法院裁判要旨】

湖北省襄阳铁路运输法院经审理认为，被告人陈恒甲、陈恒乙在销售卷烟过程中，明知是伪劣卷烟而准备予以销售，其行为已构成销售伪劣产品罪，且系共同犯罪。公诉机关指控罪名成立，本院予以支持。被告人陈恒甲、陈恒乙已经着手实行犯罪，但由于意志以外的原因而未得逞，是犯罪未遂，可以比照既遂犯减轻处罚。被告人陈恒甲、陈恒乙当庭自愿认罪，且自愿签署认罪认罚具结书，可以依法从宽处理。二人曾因犯罪被人民法院判决，可酌情从重处罚。关于被告人陈恒甲、陈恒乙的辩护人提出二人具有犯罪未遂、认罪认罚等情节，可依法减轻或酌情从轻处罚的辩护意见，经查属实，本院予以采纳。根据被告人陈恒甲、陈恒乙的犯罪情节和社会危害性，以及归案后的悔罪表现，符合适用缓刑的条件，可以对其适用缓刑。

湖北省襄阳铁路运输法院依照《中华人民共和国刑法》第一百四十条、第二十三条、第二十五条第一款、第七十二条、第六十四条及《最高人民法院、最高人民检察院关于办理非法生产、销售烟草专卖品等刑事案件具体应用法律若干问题的解释》第一条第一款、第二条第一款的规定，作出如下判决：

一、被告人陈恒甲犯销售伪劣产品罪，判处有期徒刑三年，缓刑五年，并处罚金人民币 555000 元。

二、被告人陈恒乙犯销售伪劣产品罪，判处有期徒刑三年，缓刑五年，并处罚金人民币 555000 元。

三、禁止被告人陈恒甲、陈恒乙在缓刑考验期限内从事卷烟销售及相关活动。

四、涉案香烟 3081 条予以没收，由扣押机关依法处理；扣押在武汉铁路公安局襄阳公安处的人民币 604660 元、港币 32930 元，予以发还；随案移送的快批终端机 1 部、手机 2 部、刻录机 2 部、硬盘 1 个、笔记本电脑 2 台，予以没收；随案移送的笔记本、送货单、光盘作为在案证据，存档备查。没收的财物和罚金一律上缴国库。

【法官后语】

该案在侦查阶段被列为公安部督办案件，侦查机关在被告人的经营场所、仓库、汽车内查获大量国产烟、外烟和伪劣卷烟共计2万余条，并以涉嫌犯非法经营罪将二被告羁押，后以该罪名移送审查起诉。鉴于该案案情复杂、社会影响较大，襄阳铁路运输法院在审查起诉阶段提前介入，与公诉机关一起审查现有证据材料，对案件定性进行把关。通过审查发现，二被告长期从事烟草经营行业，以“深圳市罗湖区某某便利店”的名义开展经营活动，该店有罗湖区烟草专卖局颁发的合法有效的《烟草专卖零售许可证》。二被告在审查起诉阶段还曾提出，其每日买进卖出的卷烟量较大，对卷烟并没有认真辨明真伪，故没有倒卖伪劣卷烟的主观故意，对伪劣卷烟部分不应认定为销售伪劣产品罪。

1. 关于被告人是否构成非法经营罪的问题。根据《最高人民法院、最高人民检察院关于办理非法生产、销售烟草专卖品等刑事案件具体应用法律若干问题的解释》规定，违反国家烟草专卖管理法律法规，未经烟草专卖行政主管部门许可，无烟草专卖生产企业许可证、烟草专卖批发企业许可证、特种烟草专卖经营企业许可证、烟草专卖零售许可证等许可证明，非法经营烟草专卖品，情节严重的，以非法经营罪定罪处罚。从此规定可以看出，“违反法律规定”“未经主管部门许可”“无许可证”“经营烟草”“情节严重”五个条件是构成非法经营罪的并列要件，缺一不可。本案被告人虽然“违反法律规定”“未经主管部门许可”，但其具有合法有效的专卖许可证，若认定非法经营罪缺少必要的要件。另外，从刑罚的谦抑性来看，只有在没有可以代替刑罚的其他适当方法存在的条件下，才能将某种违反法律秩序的行为设定成犯罪行为。而在本案中，被告人持有专卖许可证而超范围经营烟草买卖，可以由所在地烟草主管部门依照行政法律法规进行行政处罚，并非必须适用刑罚不可，这也符合刑罚谦抑性的要求。2011年，《最高人民法院关于被告人李明华非法经营请示一案的批复》中指出，“有烟草专卖零售许可证，但多次实施批发业务，而且从非指定烟草专卖部门进货的行为，属于超范围和地域经营的情形，不宜按照非法经营罪处理，应由相关主管部门进行处理”，此亦印证了本案被告人合法持证而超范围经营的行为不应构成非法经营罪。法院将该审查意见通报公诉机关，获得公诉机关认可，该案仅以销售伪劣产品罪一个罪名提起起诉。

2. 关于被告人是否具有销售伪劣香烟主观故意的问题。被告人在审查起诉阶段提出其不具有销售伪劣香烟的主观故意，法院在提前介入后也进行了认真审查。需要指出的是，判定被告人主观故意需要进行刑事推定，即根据已知的基础事实来推断出一个未知的事实。这其中的基础事实就是推定的根基，必须证据充分、合理合法，并排除其他例外和或然性。本案中，首先，二被告人从2009年开始即从事卷烟经营，从业时间长达20年，其父辈、同辈其他成员均有多人亦从事该经营，被告人应具有丰富的和常人无法比拟的从业经验，辨别香烟真伪就是其应有的行业经验之一；其次，伪劣卷烟的供货商与被告人长期合作，流水量巨大，关系密切，同属一个利益链，没有必要向被告人隐瞒伪劣卷烟的事实；最后，被告人将伪劣卷烟按远低于市场价的价格销售，而对正品国产卷烟则按正常价格销售，反映出其明知是伪劣烟而予以售卖的主观动机。因此，基于前述稳定的、排除或然性的基础事实，可以推定被告人在经营中应当知道香烟的真伪，并按照真伪的不同分开售卖，其提出的没有销售伪劣香烟主观故意的意见不能成立。在充分证据搭建的基础事实面前，被告人最终在进入审理阶段后主动认罪，并自愿签署了认罪认罚具结书，使该案得以顺利审结。

编写人：湖北省襄阳铁路运输法院　张磊

29

假药是否实际售出不影响销售假药罪既遂的认定

——杨海某、陈某销售假药案

【案件基本信息】

1. 裁判书字号

江苏省盐城市中级人民法院（2019）苏09刑终313号刑事裁定书

2. 案由：销售假药罪

【基本案情】

被告人杨海某于2018年4月的一天，向他人购买假冒上海甲公司生产的乙牌人血白蛋白15瓶，后与射阳县黄沙港镇医生陈某商议，由被告人陈某在其卫生院私下销售，并将15瓶人血白蛋白存放于该卫生院药房冰柜内。两被告人约定，被告人陈某每销售1瓶人血白蛋白得款50元。2018年6月27日，射阳县市场监督管理局在对射阳县黄沙港镇卫生院进行执法检查时，在药房冰柜内查获上述15瓶人血白蛋白。经上海公司认定，射阳县市场监督管理局查获的人血白蛋白不是该公司生产的产品。经上海市食品药品检验所检验：送检的人血白蛋白未检出蛋白质，不符合国家药品标准所规定的人血白蛋白含量应为标示量的95.0%～110.0%的要求。

【案件焦点】

本案中被告人杨海某、陈某销售的假药没有实际售出成交，两被告人的行为是否构成销售假药罪的既遂。

【法院裁判要旨】

江苏省盐城市射阳县人民法院认为经审理认为，被告人杨海某、陈某明知是假药而销售，其行为均已构成销售假药罪，依法应予刑事处罚。公诉机关指控被告人杨海某、陈某犯销售假药罪的事实清楚，证据确实、充分，指控的罪名正确，法院予以支持。

被告人杨海某与陈某共同故意实施销售假药行为，是共同犯罪。被告人杨海某、陈某销售的假药属于血液制品，被告人陈某系医疗机构工作人员，均酌情从重处罚。被告人杨海某、陈某辩解其事先不知涉案药品是假药且未售出。经查，被告人杨海某向不具有资质的销售者购买假冒的人血白蛋白后，与在医院工作的医生被告人陈某共谋将假冒的人血白蛋白放置于医院药房冰柜内，欲对外销售，且不能提供该药品合法有效的来历证明，被告人杨海某、陈某的上述行为符合销售假药罪的构成要件。被告人杨海某向不具有资质的销售者购买假药，与被告人陈某共谋对外销售，且不能提供药品合法有效的来历证明，应认定行为人主观明知，因此，两被告人辩解事先不知涉案药品是假药，理由不能成立。现有证据足以证实两被告人系准备用于销售而购买涉案假药，应当认定为犯罪既遂，但量刑时可以酌情从轻处罚。综上，上述辩解意见与所查明的事实不符，理由不能成立，法院不予采纳。遂判决如下：

一、被告人杨海某犯销售假药罪，判处有期徒刑一年，并处罚金人民币三万元；

二、被告人陈某犯销售假药罪，判处有期徒刑一年一个月，并处罚金人民币三万元。

被告人陈某不服一审判决提起上诉。

江苏省盐城市中级人民法院经审理认为：涉案人血白蛋白系杨海某为准备销售而购买，陈某作为医疗机构工作人员，明知杨海某准备销售的涉案人血白蛋白是假药，仍答应销售并储存，其行为构成销售假药罪，是否实际销售不影响犯罪既遂的认定。上诉人陈某、原审被告人杨海某明知是假药而销售，其行为均已构成销售假药罪，且系共同犯罪。原审被告人杨海某、上诉人陈某销售的假药属于血液制品，且上诉人陈某系医疗机构工作人员销售假药，均应酌情从重处罚。故上诉人及其辩护人的相关上诉理由及辩护意见不能成立，法院不予采纳。遂判决：驳回上诉，维持原判。

【法官后语】

药品安全问题直接关系到广大人民群众生命和健康安全，关系国家药品监督管理秩序，也影响着经济发展和社会稳定。在司法实践中，销售假药行为人经常以假药未实际售出成交为由，主张未达到既遂标准，意图减轻刑事处罚。本案中被告人杨海某、陈某销售的假药没有实际售出成交，对两被告人的行为是否构成销售假药罪的既遂存在争议。上述问题的如何认定，关乎本案定罪量刑的准确，更关系对此类犯罪的依法治理的效果。

笔者认为，行为人只要实施了销售假药的行为，使假药进入销售环节，不论假药是否实际售出成交，即应认定构成销售假药罪的既遂。具体分析如下：

一、从文义解释的角度分析

《汉语大词典》对“销售”的释义为：“销售，指的是卖出（商品）”；百度百科中，对“销售”解释为：“指以出售、租赁或其他任何方式向第三方提供产品或服务的行为”；从《刑法》条文的语义看，销售指的是有偿转让的行为，类似于贩卖、出售，其核心在于商品与货币的交换。[①] 由此可以看出，销售行为是卖出商品的过程，其追求的是售出商品的结果，一个完整的销售过程包括：卖售商品、交易协商、售出商品等流程。销售行为追求的是商品售出的结果，但不能因为没有实现

① 曾一珩：《销售假药既遂的认定》，载《中国检察官》2019 年第 8 期。

该结果，而否认销售者之前所实施的卖售商品、交易协商等销售行为，即使购销双方没有完成款物交付的结果，但销售者实际上已经实施了销售商品的行为。销售假药罪在《刑法》中表述为“生产、销售假药的，处……”将法条中的“销售”仅理解为售出假药是不合理的，只要行为人着手实施了卖售假药行为，使假药进入销售环节，不论假药是否实际售出，都应当认定行为人实施了销售假药的行为，构成销售假药罪既遂。在本案中，被告人杨海某购进15瓶人血白蛋白假药，交由被告人陈某存放于某卫生院药房冰柜内私下销售，并约定陈某每售出一瓶获利50元，显然两被告人已经开始着手假药的销售，虽然假药尚未卖出，但不能因此否认两人销售假药的行为，两被告人已经构成销售假药罪既遂。

二、从立法目的的角度分析

1997年《刑法》第一百四十一条规定：“生产、销售假药，足以严重危害人体健康的，处……”在司法实践中，假药和人体健康遭到损害之间的因果关系难以证明，使得许多生产、销售假药的行为不能进入刑事诉讼阶段，只能按照行政处罚论处，在一定程度上放纵了生产、销售假药的行为。面对日益严重的假药犯罪形势，传统刑法的事后被动惩罚，一方面已经不能完全有效遏制假药犯罪的态势，另一方面也难以对其起到防患于未然的效果。为顺应有效打击犯罪形势，更加有效认定销售假药罪，我国《刑法》也适时作出调整，2011年《刑法修正案（八）》对此条文进行了修改，规定：“生产、销售假药的，处……”该条文为解决司法实践中假药和生命健康受损之间因果关系证明困难，取消了“足以危害人体健康”，降低了证明难度，将生产、销售假药罪由具体危险犯转化为抽象危险犯。对于抽象危险犯，法官只需要以一般的社会生活经验为根据，判断构成要件行为是否具有发生实际损害及法益侵害的危险即可。[①] 在本案中，一名被告人购进假药，另一名被告人以医生身份在医院贩卖，虽然假药没有售出成交，未造成实际的损害结果，但两被告人在医院销售假药的行为存在给他人身体健康造成损害的危险，构成销售假药罪既遂。

此外，销售假药罪具有严重的社会危害性，不仅破坏了国家药品监督管理秩序，还影响着国家的经济发展，同时对人民群众的生命、健康权利构成威胁。如果

---

① 张军：《抽象危险犯研究》，武汉大学2015年博士学位论文。

将本罪既遂规定得过于狭窄，将假药未售出的情况认定为未遂的话，会有悖于从严惩处假药犯罪的立法目的，放纵了犯罪。

三、从法益侵害的角度分析

“犯罪是对法所保护的利益或价值造成侵害或引起危险”,[①] 可见，犯罪必须对法益造成侵害，不具有法益侵害的行为不可能构成犯罪。法益是指刑法保护的利益，判断一个行为是否具有法益侵害性，就是要看该行为是否侵害了法益或具有侵害法益的危险。那么《刑法》分则条文中每一个罪所要保护的合法权益是否受到侵害，就应当成为认定犯罪既遂的根本标准。[②] 就销售假药罪侵害的法益而言，一般认为，销售假药罪侵害的是复杂客体，所侵犯的客体包括两种，一种是不特定多数人的身体健康和生命安全，另一种是国家对于药品市场的监督管理秩序，也就是说销售假药侵害的是生命健康和经济秩序两种法益。销售假药行为是否应以这两种法益同时受到侵害作为犯罪行为既遂的标准呢？答案显然是否定的。只要销售假药的行为使国家药品监督管理秩序或人民群众生命、健康权利两者之一受到侵害，就应构成本罪的既遂。本案中，两被告人合谋将假药放置乡镇卫生院药房内私下进行销售，表明被告人已经实施了销售假药的行为，虽然假药没有实际售出，未对他人的生命、健康权利造成实质损害，但该行为已经侵害了国家对药品监督管理制度，应成立犯罪既遂。

编写人：江苏省盐城市射阳县人民法院　孙栋　王京广

① 张明楷：《新刑法与法益侵害说》，载《法学研究》2000 年第 1 期。
② 邹世发：《销售假药罪既遂标准的认定》，载《法治论坛》2015 年第 38 期。

30

危害药品安全刑事案件改判缓刑时禁止令的适用

——陈某某销售假药案

【案件基本信息】

1. 裁判书字号

浙江省温州市中级人民法院（2018）浙03刑终674号刑事判决书

2. 案由：销售假药罪

【基本案情】

2016年9月，被告人陈某某向他人购买无中文标识和《进口药品注册证》的“Lignospan standard”注射剂3盒（每盒10支），后在平阳县萧江镇某路××号其经营的“平阳某诊所”内予以销售。2017年4月21日上午，上述注射剂2盒（每盒10支）被平阳县市场监督管理局萧江分局工作人员查获。经认定，该注射剂标明了主要成分、适用症、用法，给药方式为皮下注射，符合药品特征，但无《进口药品注册证》，应按假药论处。案发后，被告人陈某某于2017年5月19日到平阳县公安局投案。

【案件焦点】

危害药品安全刑事案件改判缓刑时禁止令的适用问题。

【法院裁判要旨】

浙江省温州市平阳县人民法院审理认为，被告人陈某某明知是假药而予以销售，其行为已构成销售假药罪。鉴于被告人陈某某犯罪后能自首，依法予以从轻处罚，以销售假药罪判处被告人陈某某拘役三个月，并处罚金人民币10000元；涉案药品，予以没收。

一审宣判后，陈某某提出上诉，以涉案药品仅是未经批准进口，相较销售危害人体健康的假药，社会危害性较小，且涉案假药仅 20～30 支，犯罪情节显著轻微，社会危害不大等为由，请求改判无罪。

浙江省温州市中级人民法院审理认为，陈某某具有自首情节，涉案药品仅是未经批准进口，相较销售危害人体健康的假药，行为危害性较小，综合考虑其犯罪性质、事实与情节，可对其适用缓刑，并判处禁止令。据此依照《中华人民共和国刑法》和《中华人民共和国刑事诉讼法》的相关规定，改判判处被告人陈某某拘役三个月，缓刑三个月，并处罚金人民币 10000 元；禁止陈某某在缓刑考验期限内从事药品生产、销售及相关活动。

【法官后语】

依照《最高人民法院关于适用〈中华人民共和国刑事诉讼法〉的解释》第三百二十五条第一款的规定，审理被告人或者其法定代理人、辩护人、近亲属提出上诉的案件，原判没有对被告人宣告禁止令的，不得增加宣告；原判宣告禁止令的，不得增加内容、延长期限。依照《最高人民法院、最高人民检察院关于办理危害药品安全刑事案件适用法律若干问题的解释》第十一条的规定，对于危害药品安全刑事案件的犯罪分子适用缓刑的，应当同时宣告禁止令，禁止犯罪分子在缓刑考验期内从事药品生产、销售及相关活动。根据上述司法解释的规定，对危害药品安全刑事案件的被告人二审改判缓刑时，应否同时判处禁止令？

我们认为，《最高人民法院、最高人民检察院关于办理危害药品安全刑事案件适用法律若干问题的解释》与《最高人民法院关于适用〈中华人民共和国刑事诉讼法〉的解释》第三百二十五条第一款的规定并不存在本质的冲突，对危害药品安全刑事案件的被告人应当判处禁止令，同时，判处禁止令的期限，不应超出原判实刑期限。具体理由如下：

一、两个司法解释不存在本质的冲突

任何一项原则都有其特定的适用条件、适用范围和限制，不可能存在一种绝对原则放之四海皆准，不受任何条件限制。罪刑相适应是刑法的基本原则，上诉不加刑是刑事二审诉讼的基本原则。在只有被告人一方上诉的刑事二审程序中，罪刑相适应的一般原则应让位于上诉不加刑这个二审的特殊原则。因为，在这两种相互冲突的原则中，权衡二者价值和利益的轻重后，虽然上诉不加刑可能使那些重罪轻判的上诉案件被告人“占了便宜”，但它促使被告人毫无顾虑地上诉，切实保障了被告人的上诉权，使上级法院行使审判监督职能纠正错判，防止今后可能发生的潜在错判，这种利益和价值更重要，且上诉不加刑只适用于个别案件，不会损害到罪刑相适应在刑事诉讼中的整体效力。这种利益和价值的判断反映的不是这两项原则的对立性。反之，上诉不加刑原则与罪刑相适应原则的终极目的都是实现对公民的权利保障。上诉不加刑原则是罪责刑相适应原则在程序上的保证和体现，罪责刑相适应原则是上诉不加刑原则在个案中实现刑罚法规妥当性的体现。两项原则只是立足点不同，但最终殊途同归。

二、从立法原旨出发，应当适用禁止令

禁止令具有限制罪犯一定自由的属性，在一定程度上体现了惩罚性的内容；同时，它是根据犯罪行为和行为人的具体情况而采取的个别化监管措施，有利于强化监管，在保障社区利益的同时有效矫正行为人，从而弥补非监禁刑潜在的缺陷，消减社区矫正面临的一些负面效果。从立法精神看，禁止令的主要目的在于强化对被告人的有效监管，促进其教育矫正，防止其再次危害社会。这是基于刑事禁止令作为配合社区刑罚起辅助预防作用的强制性约束措施这一基本属性所决定的。立法对于适用缓刑的危害药品安全刑事案件的被告人，同时宣告禁止令，正是为了强化此类案件中禁止令的特殊预防功能，通过切断此类案件被告人再犯的外部条件以实现预防再犯的目的。因此，对于危害药品安全刑事案件的被告人，二审改判适用缓刑的，应当同时适用禁止令的规定。唯此，才能够有效弥补我国现有自由刑管束性不足的缺陷，有针对性地对犯罪人进行再犯预防，不违背该司法解释的立法原旨。

同时，对于危害药品安全刑事案件的被告人一审判处实刑，实刑是对被告人人身自由最大程度上的限制，当然涵盖了刑期内禁止令的限制内涵。二审改判缓刑，同时适用禁止令的相关规定，不仅没有违背上诉不加刑原则，而且符合被告人的上诉利益。因为不能适用禁止令，反而容易导致实践中缓刑改判无法实现，实质上损害了被告人的上诉利益，违背了上诉不加刑原则适用的初衷。

三、以保护被告人的人权为视角，禁止令期限不应当突破原判实刑的范围

上诉不加刑的基本价值在于既赋予被告人启动纠错机制的权利，使被告人通过行使这项权利可能获得对自己有利的结果，又不会因为自己启动了纠错机制后，而使自己获得更加不利的结果。依照上诉不加刑原则，原判没有对被告人宣告禁止令

的，不得增加宣告；原判宣告禁止令的，不得增加内容、延长期限。部分观点认为，对于危害药品安全刑事案件的被告人，二审改判缓刑的，应当同时宣告禁止令，禁止令的期限不受原判实刑期限的限制。该观点主要是基于二审改判缓刑，即使禁止令的期限超出了原判实刑的期限，亦不损害被告人的上诉利益。

我们认为，改判缓刑本身是对被告人启动纠错机制的正向回应，而超出原实刑期限的禁止令实质上已经使得被告人因为自己启动了纠错机制后，延长了实刑期限范围内规制的禁止令期限，使得被告人获得更加不利的结果。将启动纠错机制产生的整体利益，与由此产生的对被告人不利的后果进行比较，由此得出未损害被告人上诉利益的结论缺乏妥当性。换言之，这种比较更多是裁判者对上诉人不利益的判断，而非被告人基于自己权利的支配和处置，是对上诉不加刑原则的误读。只有从根本上消除被告人因担心加重刑罚而不愿或不敢提出上诉的思想顾虑，保障被告人依法享有的上诉权，才能确保上诉制度不致成为虚设，更好地实现刑事诉讼的目的。

编写人：浙江省温州市中级人民法院　占长斌

31

草莓是否属于“果树”及使用禁用农药的认定

——陈某生产、销售有毒、有害食品案

【案件基本信息】

1. 裁判书字号

江苏省无锡市滨湖区人民法院（2019）苏 0211 刑初 299 号刑事判决书

2. 案由：生产、销售有毒、有害食品罪

【基本案情】

2008 年以来，被告人陈某租赁了无锡市滨湖区某加油站后的土地用于从事草莓种植、销售经营活动。2018 年 10 月，被告人陈某在明知“克百威”属于在草莓

种植过程中禁用农药的情况下，仍在其种植的18个草莓大棚中以熏烟的方式使用“克百威”。2018年12月18日，原无锡市滨湖区农林局对被告人陈某种植的草莓进行风险性检测抽检过程中，显示其种植的草莓样品存在“克百威”残留。2019年1月4日，该局立案调查，并于当日由执法工作人员对被告人陈某种植的草莓、草莓植株、土壤进行监督抽检。经检测，被告人陈某所种植的草莓中检测出“克百威”成分，种植的草莓植株、土壤中均被检出“克百威”成分。后该局将该案移送公安机关，无锡市公安局滨湖分局于同年1月11日对被告人陈某涉嫌生产、销售有毒、有害食品案立案侦查，并于次日对被告人陈某种植的全部18个大棚的草莓土壤分别进行取样送检。经检测，有10个大棚的草莓样品中检出含有“克百威”成分，其中4个大棚的草莓样品中检测出的“克百威”含量不符合《食品安全国家标准　食品中农药最大残留限量》要求，检测结论为不合格；另外有5个大棚的土壤中也检测出有“克百威”残留。2018年1月11日，原无锡市滨湖区农林局向被告人陈某送达了责令停止销售农产品通知书，但在此之前，被告人陈某已将其种植的部分草莓销售给他人。

【案件焦点】

本案的争议焦点在于被告人陈某种植的草莓是否属于《禁止和限制使用农药名录》中“克百威”被禁止使用的“果树”，从而如何认定陈某在本案中主观方面。

【法院裁判要旨】

江苏省无锡市滨湖区人民法院认为，对于被告人陈某的辩护人提出的“被告人陈某不具有完全认知能力”的辩护意见，经查，根据被告人陈某的供述、及证人证言等证据，足以证实被告人陈某对于在种植草莓过程中“克百威”系禁用农药是明知的，故被告人陈某的辩护人就此提出的辩护意见，不予采纳；被告人陈某使用的“克百威”系种植草莓过程中的禁用农药，其危害性不能简单以农药最大残留限量的标准来判断，至于其未造成严重危害后果，仅属于不需要对其加重处罚的情况，不能因此对其从轻处罚，故对于辩护人就此提出的辩护意见，不予采纳。被告人陈某明知“克百威”系种植草莓过程中的禁用农药，仍在种植草莓的过程中使用“克百威”并将草莓销售给他人，其行为已构成生产、销售有毒、有害食品罪。

江苏省无锡市滨湖区人民法院依照《中华人民共和国刑法》第一百四十四条，

第六十七条第三款，第七十二条第一款、第三款，第七十三条第二款、第三款之规定，做出如下判决：

被告人陈某犯生产、销售有毒、有害食品罪，判处有期徒刑一年，缓刑二年，并处罚金人民币一万二千元。

案件宣判后，被告人陈某及其辩护人未提出上诉，无锡市滨湖区人民检察院未提出抗诉。

【法官后语】

根据《最高人民法院、最高人民检察院关于办理危害食品安全刑事案件适用法律若干问题的解释》第九条第二款规定：“在食用农产品种植、养殖、销售、运输、贮存等过程中，使用禁用农药、兽药等禁用物质或者其他有毒、有害物质的，适用前款的规定定罪处罚。”即以生产、销售有毒、有害食品罪定罪处罚。同时本案涉及的“克百威”根据《禁止和限制使用农药名录》的规定属于在“果树”等产品类别上禁用的农药，虽然经咨询原农林局的执法人员，草莓系多年生草本植物属于上述规定的“果树”的范畴，但基于被告人陈某的文化程度和认知水平，由此直接推断被告人陈某的主观明知并不恰当。但是在本案中，被告人陈某自述由于长年从事草莓种植，其对“克百威”在草莓种植中系禁用农药是明知的，且根据证人证言也证实了在草莓种植行业中一般都知道“克百威”系禁用农药，故根据上述证据可以证实被告人陈某即使不知道草莓是否是“果树”的情况下，其实际上对于“克百威”系禁用农药是明知的。综上所述，被告人陈某的主观故意可以通过证据证实，虽然其对于“克百威”为何在草莓种植过程中系禁用农药的原因和过程并不完全了解得一清二楚，但该情况并不影响其主观故意。

值得注意的是，上述司法解释中同时还规定了生产、销售“含有严重超出标准限量的农药残留”的食品，属于生产、销售不符合食品安全标准的食品，以生产、销售不符合卫生标准的食品罪定罪处罚，且在本案中出现了被告人陈某种植、销售的草莓中部分被检出不符合《食品安全国家标准　食品中农药最大残留限量》中对于“克百威”残留标准的规定。从表面上来看，被告人陈某的行为属于同时触犯了两个不同的罪名，但实际上从立法本意和目的来看，禁用农药应当是不包括在该“农药残留”的范畴之内的，在本案过程中应当区分是否系禁用农药再决定适用何种法律规范对被告人定罪处罚，以正确适用法律，并充分做到罪责刑相适应。

编写人：江苏省无锡市滨湖区人民法院　严子浩

（二）走私罪

32

走私国家禁止进出口货物罪中走私货物数量的认定

——刘某、黄某、林某、赵某走私国家禁止进出口的货物案

【案件基本信息】

1. 裁定书字号

广西壮族自治区崇左市中级人民法院（2020）桂14刑终34号刑事裁定书

2. 案由：走私国家禁止进出口的货物罪

【基本案情】

2018年春节前后，“阿牛”（另案处理）等人为在广西中越边境走私国家禁止进口的动物肉类入境，叫被告人刘某帮联系人员实施保障货物走私入境并安全运送到交货地点，防止中途被有关部门查扣（以下简称“保货”），刘某经联系后，与被告人黄某合谋冻品入境后的“保货”事宜。从2018年4月29日开始，刘某、黄某等人通过广西中越边境界河河岸边非法经营码头走私冻肉入境、“保货”，以运往南宁等地交货。2018年5月初，刘某、黄某等人又叫林某联系其他码头出货，于是林某找到陈某，陈某、许某等人（均另案处理）在广西中越边境界河边私设码头，陈某等人也同意为林某等人走私冻肉入境。同年6月15日，许某等人安排改装的10辆依维柯牌客车帮助刘某、黄某、林某等人运输非法入境的冻牛肚前往南宁。当日12时许，公安民警在边境公路沿线巡逻将其中两辆车查获，查扣走私入境的

冻牛肚共计3.84吨。截至同年6月28日，刘某、黄某、赵某、林某等人先后帮助走私老板从越南走私国家禁止进口的冻牛肉、牛肠、牛肚、鸡爪、猪脚等动物肉类、内脏非法入境49柜，每柜冻肉1200件左右，重量为26~28吨不等，以每柜26吨计，共计1274吨。

【案件焦点】

对未能扣押的走私货物，如何根据在案证据定罪量刑。

【法院裁判要旨】

广西壮族自治区崇左市大新县人民法院经审理认为，关于公诉机关提供的书证从许某处扣押的笔记本及散页、邹某和刘某雪的银行账户交易明细、电子数据即手机存储的微信聊天记录等证据，被告人刘某及其辩护人、被告人黄某、林某、赵某的辩护人均提出异议，认为这些证据不能直接证实本案被告人走私的冻肉数量，不能作为认定案件事实依据的意见。经查，公安机关在侦查阶段现场抓获另案处理的许某时，依法从其驾驶的私家车上查扣用于记录走私活动的数据及开支情况的笔记本及散页，许某对该书证系自己记录并无异议，并经核实、确认所记载的详细内容等情况；从银行调取证人邹某、刘某雪在提供账户为被告人黄某代收保货费用时的银行账户交易明细，记载保货费用到账及支取情况；公安机关在抓获另案处理的许某、梁某、许某胜及被告人刘某、黄某、林某、赵某时，依法查扣各自携带的手机共11部，并经各被告人等人进行指认、拍照，随后依法对相关电子数据即手机存储介质进行固定并提取、刻录封存，在法庭质证阶段，公诉机关直接操作被告人使用的手机进行播放手机内存存储的微信聊天记录信息。上述证据足以证明被告人走私货物种类、数量。综上，广西壮族自治区崇左市大新县人民法院依照《中华人民共和国刑法》第一百五十一条第三款、第二十五条第一款、第二十六条第一款和第四款、第二十七条、第六十七条第三款、第五十二条、第五十三条第一款、第六十四条以及《最高人民法院、最高人民检察院关于办理走私刑事案件适用法律若干问题的解释》第十一条第二款第一项的规定，作出如下判决：

一、被告人刘某犯走私国家禁止进出口的货物罪，判处有期徒刑十年零三个月，并处罚金人民币25万元；

二、被告人黄某犯走私国家禁止进出口的货物罪，判处有期徒刑十年，并处罚金人民币24万元；

三、被告人林某犯走私国家禁止进出口的货物罪，判处有期徒刑八年，并处罚金人民币18万元；

四、被告人赵某犯走私国家禁止进出口的货物罪，判处有期徒刑七年零六个月，并处罚金人民币17万元；

五、依法扣押被告人刘某作案时联络使用的甲牌手机和乙牌手机各一部、丙牌手机二部及被告人黄某作案时联络使用的丁牌手机一部，予以没收，上缴国库；

六、追缴各被告人犯罪所得的赃款人民币47000元（其中，刘某3000元、黄某40000元、林某3000元、赵某1000元），予以没收，上缴国库。

刘某、黄某持原审辩解提起上诉。

广西壮族自治区崇左市中级人民法院经审理认为：关于走私数量的问题，原判均已详细分析，本院持赞同观点，不再赘述。另外，经查，许某账本中记录的有关黄某等人在52号码头出货的情况与黄某所使用的刘某雪、邹某的银行账户流水基本吻合，结合各上诉人的微信聊天记录，可以确认刘某、黄某等人走私国家禁止进口的货物共49柜的事实，每柜货物的重量，原判根据存疑对被告人有利原则，按每柜最低26吨计重，总重量为1274吨，该数量符合本案事实，本院予以确认，上诉人及辩护人对此异议意见不成立，不予采纳。

广西壮族自治区崇左市中级人民法院依照《中华人民共和国刑事诉讼法》第二百三十六条第一款第一项、第二百四十四条的规定，作出如下裁定：

驳回上诉，维持原判。

【法官后语】

本案处理的重点问题在于2018年4月29日至同年6月28日实施的走私活动已经偷运成功，并没有被侦查机关当场查获，也没有扣押到走私偷运的冻品，能否认定上述的走私行为？

上述的走私事实有书证笔记本、银行账户交易明细、电子数据即被告人刘某与“阿牛”等人的微信聊天记录、证人赵某建的证言及被告人黄某、林某等的供述，且上述被告人的供述与同案人许某、梁某、许某胜的供述之间相互吻合，足以认定刘某、黄某、林某等人于2018年4月底开始陆续在广西中越边境界河河岸边非法经营码头走私国家禁止进口的货物入境，其间，还于2018年5月16日开始出货，截至同年6月15日，许某等人私设的码头就为刘某、黄某、林某等人出货18柜，虽许某被抓捕后，许某经营的码头没有再出货，但刘某、黄某、林某等人仍继续在其他码头继续从事走私活动。结合各被告人的手机微信聊天记录能够显示、记录不同时间交流、确认的不同货柜柜号，还显示走私的货物入境交付后，通过银行账户转账并发送转账凭证确认已支付相应的保货费用情况，足以证实被告人先后走私国家禁止进口的货物共49柜，被告人黄某、林某的供述，同案人梁某、许某胜等的供述及电子数据综合证实走私的冻肉每柜装有1200件左右，重量为26～28吨不等，以每柜26吨计，重量为1274吨。综上，上述被告人的供述、同案人的供述、相关书证及电子数据相互吻合，相互印证，已经形成完整的证明体系，足以认定被告人走私冻品的犯罪事实及走私冻品的数量，故对于2018年4月29日至同年6月28日事实的走私犯罪事实均应认定。

走私国家禁止进出口的货物案件中涉案走私货物的数量对于核定被告人走私的犯罪数量及金额和量刑十分关键，走私数量和金额的多少决定着罪与非罪、是否适用重刑等重大问题。审理走私国家禁止进出口的货物案件中，走私货物只是认定行为人犯罪的证明体系中的一个环节，但是不是必须环节。在被告人多次走私国家禁止进出口的货物案件中，走私既遂部分没有被侦查机关当场查获、扣押涉案走私货物，主要有其他相关证据能够予以证实，仍然可以认定行为人的走私犯罪行为。

编写人：广西壮族自治区崇左市大新县人民法院　潘姿屹

（三）妨害对公司、企业的管理秩序罪

33

拆迁诈骗中拆迁员收受钱款的行为认定

——安卫某非国家工作人员受贿案

【案件基本信息】

1. 裁判书字号

北京市第三中级人民法院（2019）京03刑终194号刑事裁定书

2. 案由：非国家工作人员受贿罪

【基本案情】

2009年1月，北京市顺义区第七届中国花卉博览会主展馆南门“边角地”以及主展馆西路“边角地”环境整治项目开始启动。同年4月，甲公司与北京市顺义区市政管理委员会签订《委托拆迁合同》，负责该项目的拆迁工作。合同签订前，甲公司已经介入工作。安卫某系甲公司拆迁员，负责边角地项目中乙水泥制品厂等企业的拆迁工作，包括对被拆迁人情况进行调查、核定，如实填写拆迁入户调查表等表格，编制拆迁补偿方案、预分方案及相关工作方案，与被拆迁人协商并签订合法有效的《拆迁补偿协议书》等。

在边角地项目正式公开之前，安卫某将拆迁消息告知桂某，并出资人民币约40万元与桂某共同在水泥制品厂院内建设彩钢房，安卫某仅出资，未参与实际建设。后安卫某利用其负责水泥制品厂拆迁工作的职务便利，在明知丙评估有限公司为桂某出具的《北京市房屋价格评估结果通知单》中有虚假成分的情况下仍予以认可，并依据该通知单为桂某和顺义区后沙峪地区火神营村委会书写了拆迁补偿款分割协

议、确定了桂某获得拆迁补偿款的金额。后桂某给予安卫某人民币 148 万元，安卫某将上述钱款用于购买股票。安卫某于 2017 年 8 月 8 日到案。

【案件焦点】

在骗取拆迁款的案件中，拆迁员安卫某的身份以及其收受拆迁户钱款的行为如何定性。

【法院裁判要旨】

北京市顺义区人民法院经审理认为，对于被告人安卫某的行为不构成犯罪的辩解和辩护意见。首先，本案中，安卫某作为拆迁员实际参与了边角地项目并具体负责桂某房屋的拆迁工作，负有入户调查、协商谈判、签订补偿协议等职责，这些职权与桂某获取拆迁款息息相关，属于“利用职务之便”。其次，安卫某作为拆迁员，其明知评估价格有虚增部分，仍视而不见，使桂某获得了非法收益，安卫某的职务行为与为桂某谋取利益具有相关性。最后，安卫某与桂某建房并非用于生产经营，而是为了日后获得拆迁补偿，不属于正常的市场经济活动，安卫某给予桂某的 40 万元不属于出资合作或投资，亦不应获得合法收益，桂某给予安卫某的钱款并非投资获利，本质上是贿赂款。综上，安卫某的行为构成非国家工作人员受贿罪，被告人及辩护人的无罪辩护意见不予采纳。

被告人安卫某身为非国家工作人员，利用职务便利，非法收受他人财物，为他人谋取利益，数额巨大，其行为已构成非国家工作人员受贿罪，应予惩处。

北京市顺义区人民法院《中华人民共和国刑法》第一百六十三条第一款①、第六十七条第三款、第六十一条、第四十五条、第四十七条、第六十四条，作出如下

---

① 2020 年修正后的《中华人民共和国刑法》第一百六十三条规定：“公司、企业或者其他单位的工作人员，利用职务上的便利，索取他人财物或者非法收受他人财物，为他人谋取利益，数额较大的，处三年以下有期徒刑或者拘役，并处罚金；数额巨大或者有其他严重情节的，处三年以上十年以下有期徒刑，并处罚金；数额特别巨大或者有其他特别严重情节的，处十年以上有期徒刑或者无期徒刑，并处罚金。公司、企业或者其他单位的工作人员在经济往来中，利用职务上的便利，违反国家规定，收受各种名义的回扣、手续费，归个人所有的，依照前款的规定处罚。国有公司、企业或者其他国有单位中从事公务的人员和国有公司、企业或者其他国有单位委派到非国有公司、企业以及其他单位从事公务的人员有前两款行为的，依照本法第三百八十五条、第三百八十六条的规定定罪处罚。”

判决：

一、被告人安卫某犯非国家工作人员受贿罪，判处有期徒刑五年；

二、随案移送的人民币十万元予以没收，在案冻结的丁证券股份有限公司账户中没收人民币九十八万元，余款解除冻结。

安卫某持原审辩解提起上诉。

北京市第三中级人民法院经审理认为，上诉人安卫某作为非国家工作人员，利用职务便利，非法收受他人财物，为他人谋取利益，数额巨大，其行为已构成非国家工作人员受贿罪，依法应予惩处。一审法院判决认定上诉人安卫某犯非国家工作人员受贿罪的事实清楚，证据确实、充分，定罪及适用法律正确，量刑适当，审判程序合法，应予维持。

北京市第三中级人民法院依照《中华人民共和国刑事诉讼法》第二百三十六条第一款第一项的规定，作出如下裁定：

驳回安卫某的上诉，维持原判。

【法官后语】

在骗取拆迁款的案件中，拆迁员的身份及行为如何认定是审判实践面临的难题。具体认定时，应把握以下重点问题：

一、通过从事的工作性质判断是否符合贪污罪的主体要求

关于贪污罪的犯罪主体，《刑法》第三百八十二条规定为国家工作人员以及“受国家机关、国有公司、企业、事业单位、人民团体委托管理、经营国有财产的人员”。其中，国家工作人员核心要件为“从事公务”。《全国法院审理经济犯罪案件工作座谈会纪要》规定，“从事公务，是指代表国家机关、国有公司、企业、事业单位、人民团体等履行组织、领导、监督、管理等职责”。因此，公务应当包含职权内容，既要有管理性，即组织、领导、监督、管理、协调等活动，又要有国家代表性，即这种活动代表国家权力，而一般劳务或者技术服务不存在职权内容，不属于从事公务。另外，适用《刑法》第三百八十二条第二款时应明确委托内容为管理、经营国有资产。

本案中，拆迁事项由政府审批、决定，甲公司作为自然人投资公司接受政府委托完成事务性拆迁工作，并无相关权限，换句话说，这种委托关系中不含公权力的

转化或授予，拆迁公司仅提供劳务或特定服务，其性质与政府下设机构拆迁办存在明显差别。安卫某依据《委托拆迁合同》进行入户调查等，都是其作为拆迁公司员工的分内工作，工作内容并非管理公共事务，因此，安卫某的行为不属于“从事公务”。另外，《委托拆迁合同》以完成入户调查等特定拆迁事务为委托内容，拆迁公司并不经营、管理拆迁款项，拆迁款实际由政府审核、决定和发放，因此，安卫某亦不属于“受委托管理、经营国有财产的人员”。综上，安卫某不符合贪污罪的主体要求，不构成贪污罪。

二、存在犯意联络是认定诈骗共犯的逻辑起点

根据我国刑法规定及刑法理论，成立共同犯罪需具备共同犯罪故意，而共同犯罪故意的有无取决于行为人与其他犯罪行为人之间是否存在犯意联络。我们认为，实践中认定拆迁员与被拆迁人之间成立诈骗共犯应当慎重，应严格把握成立诈骗共犯的逻辑起点：双方就骗取拆迁款存在意思联络，即拆迁员应对他人骗取拆迁款的事实明知，且双方均已经认识到共同实施诈骗行为，并借以形成了共同故意的主观沟通和思想联系。如果拆迁员与被拆迁人之间缺少这种犯意联络，就无法进入共同犯罪的评价领域，不能认定为诈骗共犯。

本案中，诈骗对象仅为评估报告虚增部分，该部分由被拆迁人桂某单独找到评估公司人员照顾后增加，是否存在虚增部分、如何虚增以及虚增数额安卫某均不明知，也未参与。换言之，就虚增部分安卫某和被拆迁人之间并无主观上的沟通和联系，不存在骗取拆迁款的意思联络，因此安卫某不具有诈骗的共同故意。进一步分析其主观方面，安卫某曾供述桂某肯定会给其钱，因为其是拆迁公司的，在拆迁方面制约着对方，其认识到不投钱而收对方钱是受贿，如果投钱就算是投资回报，不算是犯罪。可以看出，安卫某虽对行为性质存在认识错误，但其主观上具有受贿故意，且已经认识到所收钱款与自己拆迁员职务相关，结合其不参与经营管理、不担风险等情节，可以确定安卫某出资系掩饰受贿的一种方式。综上，安卫某不构成诈骗共犯。

三、是否利用职务之便是认定受贿犯罪的关键

由于受贿型犯罪体现出“权钱交易”的本质特征，因此是否利用职务上的便利是认定受贿犯罪的关键。“利用职务上的便利”要求行为人利用了自己职责、职权或者以职责为基础的便利条件，需要注意的是，实践中应考虑“利用职务上的便

利”在不同罪名中含义的相对性，而在“权钱交易”的受贿型犯罪中，不宜对职务内容和利用职权的方式把握过严，应更加强调收受财物与职务行为的对价关系，重点考察职务行为对行贿人利益的实际影响力、制约力。

本案中，安卫某实际参与了桂某所建房屋拆迁工作，且具有入户调查、协商谈判、签订补偿协议等职责，即便拆迁款由政府审核后发放，但安卫某履行职务的行为也是桂某获得拆迁款必不可少的环节，因此，安卫某的职务实际对桂某获得拆迁款存在影响力，可以认定安卫某利用了职务上的便利。结合安卫某获取钱款的主观心态以及桂某实际获得拆迁款的事实，安卫某收取职务相对人的财物，侵害了公司的管理活动和职务行为的廉洁性，构成非国家工作人员受贿罪。

编写人：北京市顺义区人民法院　朱进博文

（四）破坏金融管理秩序罪

34

购买假币罪中犯罪数额的认定

——杨建某购买假币案

【案件基本信息】

1. 裁判书字号

河南省周口市中级人民法院（2019）豫16刑终670号刑事判决书

2. 案由：购买假币罪

【基本案情】

2019年5月，被告人杨建某通过微信与孔令某认识，孔令某向杨建某介绍购买假币，并将其称为假币的两张百元人民币交给杨建某，让杨建某去试用。杨建某将其中一张顺利存入其银行账户。之后，二人商定由杨建某出资5万元人民币购买40万元假币，由于杨建某没有那么多现金，因此由杨建某出资20000元，孔令某帮助垫付出资30000元合伙购买假币。2019年5月24日，孔令某将杨建某骗至周口市某公园内进行交易。杨建某到达周口市川汇区后，把20000元现金交给了孔令某，孔令某告知杨建某替其垫付的30000元已经交给卖假币的朋友了。孔令某的朋友将装有假币的蓝色手提箱打开让杨建某看了一眼，然后将箱子交给杨建某，并让杨建某赶快离开。杨建某接到手提箱后就坐出租车回家，到家后，被告人杨建某发现箱内装的是21捆冥币。随即到侦查机关报警，并如实供述犯罪事实。经查，被告人杨建某购买的21捆假币中，只有每捆上下各一张打印假币，中间均是冥币。经中国人民银行鉴定，杨建某购买的假币中涉案假人民币42张，金额4200元，属打印假币。

【案件焦点】

1. 本案犯罪数额的认定；2. 法院改变公诉机关提出的关于犯罪数额等量刑情节时，是否有引导辩护的义务，未引导是否属于程序违法。

【法院裁判要旨】

河南省川汇区人民法院经审理认为：被告人杨建某明知假币而予以购买，数额特别巨大，其行为已构成购买假币罪，公诉机关指控罪名成立，公诉机指控犯罪数额较大不当，不予支持。被告人杨建某购买的假币只有小部分是打印假币，绝大部分系冥币，该部分由于意志以外原因未得逞，属于犯罪未遂；被告人杨建某案发后主动到侦查机关报案，如实供述犯罪事实，系自首，依法可以减轻处罚。

河南省川汇区人民法院依照《中华人民共和国刑法》第一百七十一条、第二十三条、第五十二条、第五十三条、第六十七条、第六十四条之规定，作出如下判决：

被告人杨建某犯购买假币罪，判处有期徒刑三年三个月，并处罚金人民币50000元。

河南省周口市中级人民法院经审理认为，杨建某的行为构成购买假币罪，原判认定杨建某犯购买假币罪，定罪准确。因冥币不具有流通性和兑换性，杨建某在犯罪中获取的冥币面额不能计算在购买假币的数额中，本案应认定上诉人杨建某购买假币的数额为4200元，属于“数额较大”。原判认定上诉人购买假币的犯罪数额属于“数额特别巨大”属于适用法律不当，依法应予改判。此外，就不就犯罪数额问题（犯罪数额问题是量刑情节问题，不是罪名改变问题）进行辩护，是被告人、辩护人独立行使辩护权的自己处分行为，法院不应当依职权主义进行干涉，原审程序合法，上诉人的辩护人提出原审程序违法的意见不能成立。

河南省周口市中级人民法院依照《中华人民共和国刑法》第一百七十一条、第五十二条、第五十三条、第六十七条、第七十二条、第七十三条，《中华人民共和国刑事诉讼法》第二百三十六条第一款第二项之规定，作出如下判决：

一、维持周口市川汇区人民法院（2019）豫1602刑初68号刑事判决的定罪及附加刑部分；

二、撤销周口市川汇区人民法院（2019）豫1602刑初68号刑事判决的量刑部分；

三、上诉人（原审被告人）杨建某犯购买假币罪，判处有期徒刑三年，缓刑三年，并处罚金人民币50000元。

【法官后语】

《刑法》中存在着大量的数额犯，这是中国特色罪量立法模式的体现。犯罪数额标准的设置固然能够分流大量轻微违法行为，有利于我国刑事司法有效地应对犯罪，但同时也造成了一些刑法理论建构和司法实务处理案件上的困惑，数额犯的未遂、既遂问题便是其中之一。

具体到本案，核心的焦点问题是犯罪数额的认定问题，被告人杨建某在购买假币的犯罪中，获取假币4200元（经鉴定的数额），获取冥币“数额”39万余元。一审法院认定为“数额特别巨大”，其中，冥币是由于意志以外原因未得逞，是犯罪未遂。杨建某购买假币的行为被拆解为购买假币和购买冥币两种行为，这种将单一犯罪行为拆分为复数行为进行刑罚裁量的方式是否合适，值得探讨。

在最高人民法院第62号指导案例中，核心的行为事实是：被告人意图以签订房屋买卖合同的方式实施数额为100万元的合同诈骗行为，而实际上被告人仅先期获得了30万元，尔后在进一步骗取余款70万元时案发。对于该案处理，最高人民法院认为应当将被告人的两次行为分开评价，已经骗得的30万元属于诈骗数额巨大的既遂行为，尚未骗得的属于诈骗数额特别巨大的未遂行为，并在此基础上进行刑罚裁量。而本案的核心事实是购买假币的犯罪行为是一次实现，不是通过复数行为实现的。很显然，本案核心事实与指导案例的核心事实是有根本区别的，因此，最高人民法院第62号指导案例的裁判要旨是否适合本案需要进一步分析。

首先，对于单一刑事行为，把它拆分开来，一个行为既被评价为既遂又被评价为未遂，这在法理逻辑上是混乱的。

其次，对于数额犯，我国刑法都设定了基础数额和加重数额，当行为人的犯罪是通过一次行为实现时，由于意志以外的原因没有完全实现被告人所追求的结果，即犯罪设定的数额目标时，是否可以基础数额的实现与否作为支点来整体判定被告人是构成既遂还是未遂，进而决定被告人刑罚裁量。设定三个案例：第一个案例为甲在一次犯罪中获取假币5000元、获取冥币“10亿元”。以基础数额是否实现为支点判断既遂未遂，显然，甲的犯罪数额达到了基础数额，构成数额较大既遂，量刑在3年以下。进一步假设，如果甲获取假币为6万，冥币“10亿元”，其达到的基础数额便是加重的第一档数额即数额巨大，便构成数额巨大既遂。第二个案例为乙在一次犯罪中获取假币2300元、获取冥币“10亿元”。也以基础数额是否实现为支点判断既遂未遂，显然，乙的犯罪数额未达到基础数额，构成未遂，量刑在三年以下，未遂从轻。第三个案例为丙在一次犯罪中获取的全部为冥币或白纸，获取冥币10亿或白纸若干捆。同样，仍以基础数额是否实现为支点判断既遂未遂，显然，丙的行为未达到基础数额，构成未遂，未遂从轻。上述三起案例，如果不按照基础数额的实现与否去整体把握既遂未遂，就会出现认定这三起案件的犯罪数额都是数额特别巨大，进而按数额特别巨大去适用《刑法》，其量刑基本都会在10年以上或无期。显然这种结果与普通公众对刑罚的预期认识相违背，社会效果也会很糟糕，更会造成量刑失衡。这也从另一方面说明了单一实行犯罪是不能拆分为复数犯罪去评价、去刑罚裁量的。

编写人：河南省周口市中级人民法院　贾清　李新磊

35

高利转贷罪中被告人“过桥”贷款行为的认定

——莫立某受贿、高利转贷案

【案件基本信息】

1. 裁判书字号

广西壮族自治区柳州市中级人民法院（2019）桂02刑终550号刑事裁定书

2. 案由：受贿罪、高利转贷罪

【基本案情】

2014年至2017年期间，被告人莫立某以其本人或者他人名义从银行贷款，并以高于银行贷款的利率转贷他人牟利，违法所得共计人民币364072.7元。具体事实如下：

1. 2014年年初，被告人莫立某从丁锦某处借款30万元转借给曾某。同年3月14日，莫立某以房屋装修的名义向三江农信社贷款60万元（银行贷款1），后将其中的30万元归还丁锦某，以此获得银行贷款与借款给曾某之间的利息差，获取违法所得1316.66元。

2. 2014年3月26日，被告人莫立某将银行贷款1中的12万元，以高于银行贷款的利率转借给莫应某，以此获得银行贷款与借款给莫应某之间的利息差，获取违法所得16319.86元。

3. 2015年3月30日，被告人莫立某以房屋装修的名义向三江农信社贷款80万元（银行贷款2），同年4月2日，被告人莫立某将其中的16万元以高于银行贷款的利率转借给张某，以此获得银行贷款与借款给张某之间的利息差，获取违法所得35578.89元。

4. 2015年3月，罗辉某、莫某共同向莫立某借款100万元。同年3月26日，莫立某将从丁锦某处借得100万元转借给罗辉某、莫某。同年6月30日，莫立某让莫某以房屋装修的名义，并以莫立某名下房产作为抵押，向三江农信社申请150万元的贷款（银行贷款3），莫立某于同年7月20日将其中的80万元，及同年4月3日将银行贷款2中的20.27万元归还给丁锦某。被告人莫立某获得银行贷款与借款给罗辉某、莫某之间的利息差，获取违法所得5576.4元。

5. 因周某欠被告人莫立某150万元，所以，二人商量由周某找人去向银行贷款150万元给莫立某。周某以潘友某的名义向三江农信社申请150万元的贷款，并以莫立某名下房产作为抵押（银行贷款4）。同月21日，莫立某将其中的15万元以高于银行贷款的利率转借给潘友某，获取违法所得33597.64元；同月28日将其中的40万元以高于银行贷款的利率转借给莫某，以此获得银行贷款与借款给潘友某、莫某之间的利息差，获取违法所得8462元。

6. 2014年年初，刘春某向莫立某借款50万元。同年1月11日，莫立某将从丁锦某处借得的50万元开始借给刘春某。同年6月5日，被告人莫立某从柳州银行贷款130万元（银行贷款5），同日将其中部分钱款为抵押，以曾柳某的名义向柳州银行贷款58万元（银行贷款6）。2014年6月5日，被告人莫立某将银行贷款6归还丁锦某的借款。银行贷款6到期后莫立某银行贷款2、3、4陆续归还从而保证贷款给刘春某。被告人莫立某通过银行贷款与借款给刘春某之间的利息差，违法所得共计263221.25元。

莫立某受贿相关事实略。

【案件焦点】

高利转贷罪中被告人“过桥”贷款行为，即行为人高利转贷给他人的钱，不是直接用金融机构的信贷资金，而是来自其向第三人的借款，被告人再使用银行贷款归还给第三人，是否能够认定为高利转贷罪。

【法院裁判要旨】

广西壮族自治区柳州市柳北区人民法院经审理认为：对于“过桥”部分不应认定为高利转贷的辩护意见，经查，为了能及时地放贷给他人，被告人莫立某有部分借款是先向丁锦某借款后转借给他人，再向银行申请贷款，将银行贷款归还丁锦某，莫立某正是通过此种“过桥”的方法获得银行贷款与借款给他人之间的利息差，是以合法的形式掩盖非法的目的，最终是为了套取金融机构信贷资金以获得非法利益。

广西壮族自治区柳州市柳北区人民法院依法作出判决：

一、被告人莫立某犯受贿罪，判处有期徒刑四年，并处罚金人民币30万元；犯高利转贷罪，判处有期徒刑一年六个月，并处罚金人民币40万元，决定执行有期徒刑五年，并处罚金人民币70万元。

二、被告人莫立某的亲属代其退出的赃款人民币940474.96元和手表一块，依法予以没收，上缴国库；尚未退出的赃款人民币523597.74元，继续予以追缴。

莫立某及其辩护人在二审中提出：对原判认定的第4、5、6起事实不能认定高利转贷。

广西壮族自治区柳州市中级人民法院经审理认为，关于第4、5、6起高利转贷事实不能认定为高利转贷的辩护意见。其一，莫立某的供述和证人周某等人的证言证实，第4、5、6起高利转贷事实中借款人罗辉某、莫某、刘春某等均是直接向莫立某借款。虽然莫立某先是找丁锦某等人借款来转借，但是其能够确保归还丁锦某等人的钱款是基于其能用本人的房产作为抵押等手段向银行的贷款，实际上其高利转贷的资金来源就是银行贷款。其二，从银行贷款材料等书证证实莫立某高利转贷的资金均有清晰对应的银行贷款。其三，莫立某高利转贷是一个长期的、持续性的行为，无论借款贷款先后问题，还是直接用银行钱款还是先用他人钱款再间接用银行钱款，抑或用其本人名义还是他人名义贷款，实际上均是莫立某掩盖其为了转贷牟利，套取银行信贷资金高利转贷他人，获取违法所得的犯罪行为。

广西壮族自治区柳州市中级人民法院裁定：驳回上诉，维持原判。

【法官后语】

高利转贷罪是指违反国家规定，以转贷牟利为目的，套取金融机构信贷资金高利转贷他人，违法所得数额较大的行为。行为人通过虚构贷款用途向金融机构贷款，然后将金融机构的信贷资金高利转贷给他人，从而获取高利转贷所得利息与其应支付给金融机构贷款的利息差。

但是实际司法实践中，行为人为了逃避侦查，其高利转贷的行为方式进行诸多变化，从而掩饰自己高利转贷的事实。本案争议的焦点在于：行为人高利转贷给他人的钱，不是直接用金融机构的信贷资金，而是来自其向第三人的借款，被告人再使用银行贷款归还给第三人，是否能够认定为高利转贷罪。综合本案证据，笔者认为莫立某的行为能够认定为高利转贷罪。主要理由如下：

1. 被告人虽然不直接以自己名义向金融机构贷款，而是通过他人向金融机构贷款，但是信贷资金实际为被告人控制使用。被告人正是基于实际控制的金融机构的信贷资金才能高利转贷给他人。本案争议的第四起高利转贷事实中，被告人莫立某就是让莫某以房屋装修的名义向银行贷款，并以自己名下的房产作为抵押获得银行的贷款。客观上，该银行贷款资金来源于第三人莫某的名下的贷款而不是被告人名下的贷款。但是该银行贷款实际上由莫立某控制使用。第五起争议的高利转贷事实中，同样是莫立某是让周某找人以第三人潘友某的名义向银行贷款，莫立某也以自己名下的房屋作为抵押，该银行贷款也是莫立某实际控制使用。本案争议的第六起高利转贷事实同样如此，莫立某是以第三人曾柳某的名义向银行贷款，实际上莫立某控制使用该贷款。

2. 被告人高利转贷给他人的钱不是直接来自金融机构的信贷资金，而是来自被告人向第三人借的钱。本案第一起高利转贷事实中，莫立某高利转贷给曾某的钱不是直接来源于银行贷款，而是来源于被告人向丁锦某的借款30万元；本案争议的第四起事实中，被告人莫立某高利转贷给罗辉某、莫某的100万元也不是直接来源于银行的贷款，而是来源于被告人向丁锦某的借款100万元。第六起事实中，被告人莫立某高利转贷给刘春某的50万元也不是直接来源于银行的贷款，而是来源于其向丁锦某处的借款50万元。

3. 被告人实际控制使用的金融机构的信贷资金不是用于直接高利转贷给他人，而是用于归还被告人向第三人的借款，进而保障被告人能够持续从第三人处获得借款高利转贷给他人，获取利息差。本案中，第一起高利转贷事实中，被告人莫立某就是将银行贷款用于归还给丁锦某，从而保证其能从丁锦某处获得借款高利转贷给曾某。本案争议的第四起、第六起高利转贷事实中被告人莫立某都是采取相同的行为方式掩盖其犯罪事实。

综上，被告人正是通过采取以上三大部分中的其中一种或者几种相结合实行高利转贷的事实，即被告人通过先向第三人借款然后转贷给他人，行为人再通过以自己的名义或者第四人名义向银行贷款，实际上控制使用该银行贷款，再用银行贷款归还给第三人，以此获得银行贷款与借款给他人的利息差。本案中，莫立某高利转贷是一个长期的、持续性的行为，无论借款贷款先后问题，还是直接用银行钱款还是先用他人钱款再间接用银行钱款，抑或用其本人名义还是他人名义贷款，实际上均是莫立某掩盖其为了转贷牟利，套取银行信贷资金高利转贷他人，获取违法所得的犯罪行为，构成高利转贷罪。

编写人：广西壮族自治区柳州市中级人民法院　朱程路

36

骗取贷款罪中因果关系的认定

——刘延某骗取贷款案

【案件基本信息】

1. 裁判书字号

山东省东营经济技术开发区人民法院（2019）鲁0591刑初68号刑事判决书

2. 案由：骗取贷款罪

【基本案情】

2015年10月，甲公司经股东会决议向乙银行东营分行申请综合授信4000万元。被告人刘延某安排该公司财务人员虚构甲公司与东营市丙汽车销售服务有限公司采购合同，提供与实际盈亏不符的资产负债表、损益表、现金流量表，以甲公司作为借款人向乙银行东营分行申请贷款人民币4000万元，约定借款用途为购买液力变矩器，贷款期限自2015年10月30日至2017年10月27日。2015年10月30日乙银行东营分行向甲公司账户发放贷款4000万元，在没有真实交易的情况下，被告人刘延某安排他人利用甲公司和东营市丙汽车销售服务有限公司的账户多次转账，最后汇至甲公司银行账户。

山东丁实业有限公司、东营戊木业有限公司、刘延某及其配偶吴某为该笔贷款提供最高额连带保证担保。甲公司以其位于东营经济开发区北一路×号×幢×××号（东房权证东营区字第201×××号）房产及土地在最高本金余额3000万元及相应利息、罚息范围内提供抵押担保。

上述贷款，甲公司于2015年12月21日向乙银行东营分行偿还800万元，于2016年6月21日偿还800万元。

贷款到期后，甲公司及相关担保人未按约定还款，乙银行东营分行向东营市中级人民法院提起诉讼。2017年10月20日东营市中级人民法院作出（2017）鲁05民初264号民事判决书，确认该笔贷款本金2400万元未偿还。

【案件焦点】

骗取贷款罪中因果关系的认定。

【法院裁判要旨】

山东省东营经济技术开发区人民法院经审理认为，公诉机关所指控的甲公司在乙银行东营分行两笔800万元的贷款，在己银行东营分行2000万元、1000万元贷款，庚公司在己银行东营分行1500万元贷款，不能排除系由己银行、乙银行工作人员从中帮助甲公司、庚公司协调联系利津广源沥青有限责任公司、山东任化工有限公司、岳宗某拆借资金先行偿还银行贷款，银行再为甲公司、庚公司发放新的贷款用以偿还所拆借的资金。根据公诉机关提交的证据，上述贷款发放后，甲公司、庚公司实际上也分别用于偿还了其向上述公司、个人的借款。本院认为，在案证据不能排除在办理上述贷款过程中，甲公司、庚公司虚构采购合同、提供与实际盈亏不符的资产负债表、损益表、现金流量表的行为与信贷资金的发放无刑法上直接因果关系的合理怀疑。故对公诉机关关于甲公司在乙银行两笔800万元的贷款、在己银行2000万元、1000万元贷款，庚公司在己银行1500万元贷款构成骗取贷款罪的指控，证据不足，不予认定。

关于被告人刘延某的辩护人提出的甲公司在乙银行东营分行4000万元贷款有房产及土地抵押担保，情节显著轻微的辩护意见。经审理认为，被告单位甲公司采用欺骗手段从银行取得贷款4000万元，至今尚有2400万元贷款本金未偿还，不属于情节显著轻微的情形，该辩护意见不予采纳，但该笔贷款具有不动产抵押担保，在量刑时予以酌情考虑。

山东省东营经济技术开发区人民法院依照《中华人民共和国刑法》第一百七

十五条之一[①]、第三十条、第三十一条、第五十二条、第六十七条第一款、第七十二条，《中华人民共和国刑事诉讼法》第二百条第三项、第二百零一条之规定，经院审判委员会讨论决定，作出如下判决：

一、被告单位山东庚石油装备有限公司无罪。

二、被告单位东营市甲动力传动设备有限公司犯骗取贷款罪，判处罚金人民币二十万元。

三、被告人刘延某犯骗取贷款罪，判处有期徒刑一年三个月，缓刑二年，并处罚金人民币十五万元。

【法官后语】

本案系发回重审案件，重审过程中有以下几个程序和实体方面的问题：

1. 认罪认罚案件中对公诉机关量刑建议的采纳与调整

案件发回重审后，本案开庭审理前，刘延某在公诉机关签署认罪认罚具结书，公诉机关建议对其判处有期徒刑三年，缓刑五年，并处罚金人民币20万元。庭审过程中刘延某及其辩护人均认可公诉机关的量刑建议。

修改后的《刑事诉讼法》第二百零一条规定中所指的“被告人的行为不构成犯罪”应该包括公诉机关部分指控不成立的情形。本案中，法院认为公诉机关指控的部分犯罪事实不成立，遂书面建议公诉机关调整其量刑建议，公诉机关重新出具了量刑建议书，法院依法征求了被告人及其辩护人的意见，遂作出了上述判决。

2. 关于认罪认罚案件中证人出庭作证问题

本案审理过程中，刘延某当庭对公诉机关出示的证人岳某某的证言提出了异议，其异议内容直接影响骗取贷款罪的认定。公诉机关未对该证人证言作进一步核实。经向被告人及其辩护人释明，被告人及辩护人亦均不申请证人岳某某出庭作证。

在认罪认罚的案件中，特别是被告人及其辩护人对公诉机关的量刑建议均表示

---

① 2020年修正后的《中华人民共和国刑法》第一百七十五条之一第一款规定：“以欺骗手段取得银行或者其他金融机构贷款、票据承兑、信用证、保函等，给银行或者其他金融机构造成重大损失的，处三年以下有期徒刑或者拘役，并处或者单处罚金；给银行或者其他金融机构造成特别重大损失或者有其他特别严重情节的，处三年以上七年以下有期徒刑，并处罚金。”

“满意”的情况下，为了减少与公诉机关的对抗，避免公诉机关撤回基于被告人认罪认罚所出具的量刑建议，被告人及辩护人往往既认可公诉机关的指控和量刑建议，同时又对案件事实的部分细节提出辩解、辩护意见，而对其相应的辩解及辩护意见，亦不提出相关申请事项，表示由法院依法处理。在此情形下，为全面贯彻落实认罪认罚从宽制度，人民法院应坚持证据裁判原则，以准确认定案件事实，正确定罪量刑。在控辩双方均不申请证人出庭的情况下，人民法院为查明案件事实，应依法通知证人出庭。

3. 骗取贷款罪中因果关系的认定

骗取贷款罪不仅要求行为人有欺骗的行为，并且要求欺骗行为与取得贷款之间存在因果关系。

本案中，公诉机关所指控的甲公司在乙银行东营分行两笔800万元的贷款，在己银行东营分行2000万元、1000万元贷款，庚公司在己银行东营分行1500万元贷款，结合在案的证人刘某某、宋某某、岳某某的证言，不能排除系由己银行、乙银行工作人员从中帮助甲公司、庚公司协调联系利津广源沥青有限责任公司、山东任化工有限公司、岳某某拆借资金先行偿还银行贷款，银行再为甲公司、庚公司发放新的贷款用以偿还所拆借的资金。根据公诉机关提交的证据，上述贷款发放后，甲公司、庚公司实际上也分别用于偿还了其向上述公司、个人的借款。在案证据不能排除在办理上述贷款过程中，甲公司、庚公司虚构采购合同、提供与实际盈亏不符的资产负债表、损益表、现金流量表的行为与信贷资金的发放无刑法上直接因果关系的合理怀疑，故对相应指控未予认定。

排除合理怀疑是案件事实的证明标准，在不能排除合理怀疑的情况下，应坚持“存疑时有利于被告人”的原则。

编写人：山东省东营经济技术开发区人民法院　王华

37

合同诈骗行为中符合金融诈骗犯罪构成的应以金融诈骗罪论处

——王某贷款诈骗案

【案件基本信息】

1. 裁判书字号

云南省昆明市中级人民法院（2019）云01刑终913号刑事裁定书

2. 案由：贷款诈骗罪

【基本案情】

2018年7月至9月，被告人王某伙同潘某某等人（另案处理）向需要贷款的客户虚构可以通过贷款购车的方式贷到款，即被告人王某等人出购车的首付款，以客户的名义在甲金融有限公司虚构要买车的情况并办理了贷款买车事宜。被告人王某等人通过客户在与甲金融有限公司就九辆车签订贷款合同，放款成功并从4S店提车后，将这九辆车通过二手车贩卖市场出售变现，后拒不归还贷款，贷款共计人民币762593.57元。2018年10月17日被告人王某被公安民警抓获归案。庭审中公诉人提出对被告人王某应当以合同诈骗罪追究其刑事责任。被告人王某辩解称不是其贷的款，是客户贷的款，自己没有实施诈骗。

【案件焦点】

1. 公诉机关指控被告人王某的犯罪行为应定性为合同诈骗罪还是贷款诈骗罪；2. 被告人王某不是签订贷款合同的相对方，其是否要承担相应的刑事责任。

【法院裁判要旨】

云南省昆明市五华区人民法院经审理认为：被告人王某以非法占有为目的，通过他人使用虚假的经济合同，诈骗金融机构的贷款，数额达人民币 762593.57 元，数额特别巨大，其行为已构成贷款诈骗罪，应予惩处。公诉机关指控的事实成立。对于公诉机关指控本案被告人王某实施的犯罪行为构成合同诈骗罪的公诉意见，本院认为合同诈骗罪和贷款诈骗罪各自评价指标的侧重点不同，侵犯的客体不尽相同。贷款诈骗罪侵犯的客体是双重客体，包括金融机构对贷款的所有权以及国家金融管理制度，且该罪的犯罪对象系银行或者其他金融机构的贷款。在诈骗类犯罪中被害人或被害单位被骗财物应该是行为人获得的财物，要求作为犯罪对象的财物具有同一性。根据本案审理查明的事实，被告人王某的犯罪行为侵害的对象系金融机构的贷款，其犯罪行为侵犯的客体是金融机构对贷款的所有权和国家金融管理制度，从这个角度来考虑，贷款诈骗罪能充分评价被告人的犯罪行为。故对被告人王某应以贷款诈骗罪追究其刑事责任。对于被告人王某的辩解与经审理查明的事实不符，不予采纳。对于辩护人所提本案所涉贷款并未被被告人占有，不能将贷款未收回的损失归责于被告人王某，对被告人王某减轻处罚的辩护意见，本院认为被告人王某伙同他人提交贷款事宜、垫付首付并参与车辆交易与甲金融有限公司贷款逾期无法收回之间有因果关系，被告人王某需要承担相关的刑事责任，故对该项辩护意见不予采纳。据此，本院依照《中华人民共和国刑法》第一百九十三条、第四十七条、第五十二条、第五十三条、第六十四条之规定，判决如下：

一、被告人王某犯贷款诈骗罪，判处有期徒刑十年，并处罚金人民币 10 万元。

二、涉案赃款继续追缴发还被害单位。

一审宣判后，原审被告人王某不服，提出上诉称：其不知道客户和中介的目的，不知道打到其账上的钱是卖车的赃款，打到其账上的钱有一部分已退还给中介，认为一审判决量刑过重，请求二审法院予以改判，对其减轻处罚。

云南省昆明市中级人民法院经审理认为：王某以非法占有为目的，通过他人使用虚假的经济合同，诈骗金融机构的贷款，数额达人民币 762593.57 元，数额特别巨大，其行为符合贷款诈骗罪的构成要件，应以贷款诈骗罪追究其刑事责任。关于上诉人王某所提的上诉理由，与经审理查明的事实不符，不予采纳。原审判决是根据上诉人王某的犯罪性质、情节、危害后果、认罪、悔罪表现作出的，并无不当。综上，一审判决认定事实清楚，证据确实、充分，定性准确，量刑适当，依法应予维持。据此，依照《中华人民共和国刑事诉讼法》第二百三十六条第一款第一项之规定，裁定如下：

驳回上诉，维持原判。

【法官后语】

1. 公诉机关指控的被告人王某的犯罪行为应定性为合同诈骗罪还是贷款诈骗罪。

一审、二审法院均认为被告人王某的犯罪行为应定性为贷款诈骗罪。

根据我国《刑法》规定，合同诈骗罪是指以非法占有为目的，在签订、履行合同过程中，骗取对方当事人财物，数额较大的行为。贷款诈骗是指以非法占有为目的，诈骗银行或者其他金融机构的贷款，数额较大的行为。贷款诈骗罪中有利用合同的情形时，贷款诈骗罪和合同诈骗罪在客观行为方式上就有相似的地方，存在法条竞合关系。就本案而言，被害单位是因为与客户签订的虚假车辆贷款合同而陷入错误认识，进而作出财产处分并发放贷款，这种情况下既符合合同诈骗罪的构成要求也符合贷款诈骗罪的构成要件。但两罪评价指标的侧重点不同，侵犯的客体不尽相同。合同诈骗罪的客体是复杂客体，即国家对经济合同的管理秩序和公私财产的所有权。贷款诈骗罪侵犯的客体是双重客体，包括金融机构对贷款的所有权以及国家金融管理制度，且该罪的犯罪对象系银行或者其他金融机构的贷款。在诈骗类犯罪中被害人或被害单位被骗财物应该是行为人获得的财物，要求作为犯罪对象的财物具有同一性。根据上述审理查明的事实，被告人王某的犯罪对象系金融机构的贷款，其犯罪行为侵犯的客体是金融机构对贷款的所有权和国家金融管理制度，从这个角度来考虑，贷款诈骗罪能充分评价被告人的犯罪行为。

在司法实践中，合同诈骗行为，如果符合金融诈骗犯罪的犯罪构成要件，原则上应以金融诈骗罪论处。这是法条竞合关系（一个犯罪行为同时触犯数个具有包容关系的具体犯罪条文，依法只适用其中一个法条定罪量刑的情况）在司法实践中的具体体现。当然，如果金融诈骗犯罪当中没有利用合同，那就不存在法条竞合关系。

2. 本案的被告人王某辩解称不是其贷的款，是客户贷的款，并想借此逃避刑事处罚。这本质上涉及间接正犯的刑事责任认定问题。

行为人通过强制或者欺骗手段支配直接实施者，从而支配构成要件实现的就是间接正犯。间接正犯必须对被利用者所造成的法益侵害结果承担责任，这是我国刑法关于间接正犯的规定。具体到本案当中，被告人王某伙同他人向需要贷款的客户虚构可以通过贷款购车的方式贷到款，即被告人王某等人出购车的首付款，以客户的名义在甲金融有限公司虚构要买车的情况并办理了贷款买车事宜。被告人王某等人通过客户在与甲金融有限公司就辆车签订贷款合同，放款成功并从4S店提车后，将车通过二手车贩卖市场出售变现，并拒不归还贷款。被告人王某利用他人缺乏故意的行为（此处缺乏故意的行为包括他人的过失行为甚至是他人不知情的行为）实施了犯罪行为，造成了甲金融有限公司的贷款损失，符合间接正犯的构成要件。故被告人王某需要对上述结果承担刑事责任。

3. 关于本案量刑幅度的考量。一种观点认为，目前，贷款诈骗罪的量刑幅度没有相关的司法解释，但贷款诈骗罪和集资诈骗罪都属于《刑法》分则第三章破坏社会主义市场经济秩序罪第五节金融诈骗罪下面的罪名。且本案涉及合同诈骗和贷款诈骗罪法条竞合关系，根据罪刑相适应的原则和云南省关于集资诈骗罪和合同诈骗罪的“数额特别巨大”的认定标准都是100万元以上。故本案涉案金额达人民币762593.57元，应认定为“数额巨大”。

另一种观点认为，根据2001年《全国法院审理金融犯罪案件工作座谈会议纪要》“金融诈骗犯罪定罪量刑的数额标准和犯罪数额的计算：金融诈骗的数额不仅是定罪的重要标准，也是量刑的主要依据，在没有新的司法解释之前可以参照1996年《最高人民法院关于审理诈骗案件具体应用若干法律问题的解释》的规定执行”。根据这一会议纪要，金融诈骗罪的量刑应该参照诈骗罪案件的量刑标准，诈骗罪案件中“数额特别巨大”的认定涉案金额是人民币五十万元。另外，根据中国裁判文书网上贷款诈骗罪类案检索结果来看，贷款诈骗罪涉案金额五十万元以上的就认定为“数额特别巨大”。为避免出现“同案不同判”的现象和量刑失当的问题，合议庭最终采纳了第二种观点，即被告人王某犯贷款诈骗罪，数额达人民币762593.57元，数额特别巨大。

编写人：云南省昆明市五华区人民法院　惠金福　范小坚

38

非法集资案件中非法占有目的的认定

——刘包某非法吸收公众存款案

【案件基本信息】

1. 裁判书字号

北京市第三中级人民法院（2019）京03刑初62号刑事判决书

2. 案由：非法吸收公众存款罪

【基本案情】

2013年6月至2015年9月，被告人刘包某在北京市朝阳区以北京甲投资基金管理有限公司（以下简称甲公司）发行基金理财项目，并投资于山东省淄博市乙有限公司、淄博丙有限公司、北京丁广告有限公司等项目方的名义，以高额回报为诱饵，指使甲公司销售人员通过散发宣传材料、拨打电话、召开推介会等方式向社会不特定人员公开宣传基金理财项目，或者通过其他人员推销基金理财项目。经审计，匹配出的投资人通过银行转账方式投资共计1亿余元。后有32名投资人报案，报案金额共计人民币3700余万元，投资人报案损失共计人民币3100余万元。被告人刘包某于2018年6月13日在安徽省凤台县被抓获归案。

【案件焦点】

是否具有非法占有目的是区分集资诈骗罪和非法吸收公众存款罪的关键。非法集资案件中，如何认定被告人是否具有非法占有目的。

【法院裁判要旨】

北京市第三中级人民法院经审理认为，被告人刘包某的行为构成非法吸收公众存款罪。对非法占有目的的认定，应当围绕融资项目真实性、资金去向明确性、是否存在个人占有及挥霍等事实、证据进行综合判断。首先，刘包某没有采用诈骗的方法非法集资。其次，刘包某没有以非法占有为目的募集基金。最后，无个人占有及挥霍。综上，根据现有证据尚不足以认定被告人刘包某以非法占有为目的，使用诈骗方法非法集资，刘包某在本案中的行为构成非法吸收公众存款罪。故对于被告人刘包某及其辩护人相关的辩解及辩护意见予以采纳。另，本案不应认定为单位犯罪。经查，被告人刘包某成立涉案公司及相关合伙的目的系为了非法吸收公众存款，且公司设立后亦仅从事非法吸收公众存款的犯罪活动，不能以单位犯罪论处。故辩护人所提相关辩护意见依据和理由不足，不予采纳。

综上，被告人刘包某违反国家金融管理法规，面向社会公众非法吸收资金，扰乱金融秩序，构成非法吸收公众存款罪，且数额巨大，依法应予惩处。北京市人民检察院第三分院指控被告人刘包某犯罪的事实清楚，证据确实、充分，但指控罪名有误，予以纠正。

北京市第三中级人民法院依据《中华人民共和国刑法》第一百七十六条第一款[①]、第五十二条、第五十三条、第六十一条、第六十四条及《最高人民法院关于审理非法集资刑事案件具体应用法律若干问题的解释》第一条、第二条、第三条之规定，作出如下判决：

一、被告人刘包某犯非法吸收公众存款罪，判处有期徒刑六年，并处罚金人民币三十万元。

二、责令被告人刘包某退赔报案投资人的经济损失（名单附后）。

三、在案查封、扣押之房产、车辆等均依法予以处理，用于执行本判决第二项。

【法官后语】

本案公诉机关在审查起诉阶段与被告人刘包某签订认罪认罚具结书，并以集资诈骗罪提出公诉，而被告人刘包某当庭否认认罪认罚具结书的真实性与自愿性，故本案转为非认罪认罚程序审理，切实地维护了被告人的合法程序利益。

---

① 2020年修正后的《中华人民共和国刑法》第一百七十六条第一款规定："非法吸收公众存款或者变相吸收公众存款，扰乱金融秩序的，处三年以下有期徒刑或者拘役，并处或者单处罚金；数额巨大或者有其他严重情节的，处三年以上十年以下有期徒刑，并处罚金；数额特别巨大或者有其他特别严重情节的，处十年以上有期徒刑，并处罚金。"

公诉人指控集资诈骗的理由为：其一，在户外广告项目上，刘包某在项目间相互挪用资金，存在虚构事实、隐瞒真相的行为。其二，在保障房项目上，张某某用房抵债432万元，刘包某为了隐匿财产，将上述房产挂于他人名下，逃避偿还投资人本息；其三，在整体资金使用上，银行交易记录显示共有2100余万元没有用于投资项目及相关的费用支出，均应认定为被刘包某占有及挥霍。

以下从集资诈骗罪的犯罪构成，并结合评述公诉机关的指控观点，综合分析如下：

第一，刘包某没有采用诈骗的方法非法集资。本案存在真实的投融资项目。从三个项目的后期运作及还款看，其中一个融资方已经还本付息。针对两个项目融资方存在欠款的情况，刘包某积极提起民间借贷诉讼，主张债权。虽然在其中的户外广告项目中，房产抵押解除后还继续募集资金，但对该项目有真实投入，且其余两个融资项目尚在回款过程中，该行为系其正常的经营管理活动，不应认定为刑法意义上使用诈骗方法非法集资。

第二，刘包某没有以非法占有为目的募集基金。刘包某在三个项目的资金使用上存在相互挪用的情况，但应从整体看资金的使用和去向，不应具体拆分每个项目看资金的使用情况，相互挪用的行为不能证明其具有非法占有的目的。

首先，从整体资金规模看。审计报告显示，5个合伙企业共进账1亿元左右，但由于目前只有30名投资人报案，未对全部投资人材料进行审核，公诉人将该1亿元全部认定为投资人的资金证据欠缺，据刘包某供述称，其应该一共募集了8600万元左右的资金。这些资金中投入三个项目共计7096万元，回款5485万元。刘包某供述称，其用于投资返息共计5000余万元，审计报告显示共计返息5106万元，基本吻合。上述资金缺口在2000万元左右，被告人还需要支付公司日常经营费用，给中间人返佣金费用以及后期诉讼费用等。本案资金去向具有明确性。

其次，从归还能力看，刘包某与融资方约定的借款利息一般在年息24%，而其承诺给投资人的收益为年息11%～17%左右。根据2017年《最高人民检察院关于办理涉互联网金融犯罪案件有关问题座谈会纪要》第十四条规定，非法占有目的的认定要重点围绕融资项目真实性、资金去向、归还能力等事实进行综合判断。本案中，刘包某对外融资项目的收益率可以覆盖利息及运营成本，归还投资人本息不是通过借新还旧的方式来实现的，其基本相应法律还款能力。

最后，从损失后果看，本案大部分投资人已经获得还本付息。根据现有的银行交易记录以及对相关账目的审计显示，投资人的钱款不能返还的主要原因是两个项目方的欠款。本案报案投资人涉及投资3700余万元，损失3100余万元。后刘包某通过两个诉讼，均胜诉，其从项目方应收回2000余万元。如果两个案件能顺利执行，则投资人基本能挽回损失。

第三，无个人占有及挥霍。在案银行交易记录及司法会计鉴定报告显示五个合伙企业及刘包某个人银行账户的消费支出名目基本是经营费用、工资、社保、账户管理费、水电费等，涉案账户取现共计200万元左右。虽然在案证据证实用于折抵432万元债务的房产，刘包某均以“背户”的方式持有，但这种持有方式本身不能证明刘包某具有非法占有目的。对此刘包某当庭给予合理解释，由于限于房产所在地的购房政策，其只能用“背户”的方式持有。且房产处分后的钱款均用于公司运作以及支付公司后期诉讼费用。刘包某不符合《最高人民法院关于审理非法集资刑事案件具体应用法律若干问题的解释》第四条中“非法占有目的”的情形。现无充分证据证明刘包某具有肆意挥霍集资款，致使集资款不能返还或者有携带投资款逃匿等行为。

综上，刘包某并未采用诈骗的方法非法集资，没有以非法占有为目的募集基金，且无个人占有及挥霍，构成非法吸收公众存款罪。

编写人：北京市第三中级人民法院　张媛　于晓航

39

非法集资犯罪的被告人犯意转化之司法认定

——孙建某等非法吸收公众存款、集资诈骗案

【案件基本信息】

1. 裁判书字号

江苏省无锡市中级人民法院（2019）苏02刑终512号刑事裁定书

2. 案由：非法吸收公众存款罪、集资诈骗罪

【基本案情】

被告人孙建某于2011年6月，伙同被告人唐东某、李焕某及潘晓某商量共同出资成立公司吸收资金后由被告人孙建某的“专业操盘团队”负责炒期货盈利，由公司分得盈利的30%，投资客户分得盈利的70%。被告人孙建某等四人于2011年7月4日成立甲公司，并约定孙建某占股40%，唐东某、李焕某、潘晓某各占股20%。孙建某于2012年5月、12月分别成立乙公司、丙公司，用于吸收资金。在上述公司吸收资金过程中，孙建某提供个人银行卡用于接收所吸收资金、提供个人期货账户进行期货交易，负责分红时本金和利息支付；唐东某系公司会计，负责记账、分红时负责发放利息和本金；李焕某负责介绍客户前来公司投资；潘晓某负责在公司接待客户等。

其中，被告人孙建某于2011年7月至2013年9月10日，伙同唐东某等三人，先后以甲公司、乙公司名义，以口口相传的方式，宣称吸收资金用于炒期货盈利等，承诺预期季度利率、年利率5%～40%不等的分红比例，面向江阴市等地的不特定群众吸收资金。经江阴丁会计师事务所有限公司专项审计，孙建某共向100余名投资人吸收资金1亿余元；经对陈某等52名投资人投资情况进行统计，被告人孙建某向该52名投资人吸收资金共计4994万元，造成损失2500余万元。

被告人孙建某于2013年9月11日至2015年，在明知自己前期期货交易已经亏损，仍虚构“自己炒期货盈利较高，所吸收资金均用于炒期货”等事实，先后以乙公司名义向鲍某等35名不特定被害人，以承诺年利率40%左右的分红比例为诱饵，共骗取2300余万元；以丙公司的名义，以上述同样手段，向被害人蔡某、袁某共骗取600余万元。所骗取的资金未用于期货交易，大部分用于支付前期吸收资金的还本付息及被告人孙建某个人消费等。

【案件焦点】

被告人孙建某2013年9月10日以后的行为是否构成集资诈骗罪。

【法院裁判要旨】

江苏省江阴市人民法院经审理认为，对被告人孙建某及其辩护人所提其只构成

非法吸收公众存款罪的辩解及辩护意见，经查，根据孙建某的期货账户交易资料、银行卡交易明细、证人证言、专项审计报告补充说明及三被告人的供述等证据，能够相互印证形成证据锁链，足以证明孙建某在2013年9月10日以后无操作期货账户行为且前期期货交易已经亏损，但孙建某仍虚构“所吸收资金均用于炒期货”等事实，以承诺高利率分红为诱饵吸收资金。孙建某系资金实际掌控人，所吸收资金大部分用于归还前期吸收资金的还本付息及其个人消费，符合集资诈骗罪的犯罪构成，应当以集资诈骗罪定罪处罚。孙建某犯非法吸收公众存款罪、集资诈骗罪，应予数罪并罚。

江苏省江阴市人民法院依照《中华人民共和国刑法》第一百七十六条第一款①、第一百九十二条②，作出如下判决：

一、撤销江苏省江阴市人民法院（2013）澄刑初字第0553号刑事判决中对被告人李焕某宣告缓刑一年的执行方式部分。

二、被告人孙建某犯非法吸收公众存款罪，判处有期徒刑四年六个月，并处罚金人民币三十万元；犯集资诈骗罪，判处有期徒刑十二年六个月，并处罚金人民币三十万元，决定执行有期徒刑十五年，并处罚金人民币六十万元。

三、被告人唐东某犯非法吸收公众存款罪，判处有期徒刑四年六个月，并处罚金人民币二十万元。

四、被告人李焕某犯非法吸收公众存款罪，判处有期徒刑三年六个月，并处罚金人民币十万元，连同前罪所判处的有期徒刑六个月，并处罚金人民币二万元，决定执行有期徒刑三年九个月，并处罚金人民币十二万元。

五、责令被告人孙建某退出全部违法所得，发还各集资参与人和被害人；被告

---

① 2020年修正后的《中华人民共和国刑法》第一百七十六条第一款规定：“非法吸收公众存款或者变相吸收公众存款，扰乱金融秩序的，处三年以下有期徒刑或者拘役，并处或者单处罚金；数额巨大或者有其他严重情节的，处三年以上十年以下有期徒刑，并处罚金；数额特别巨大或者有其他特别严重情节的，处十年以上有期徒刑，并处罚金。”

② 2020年修正后的《中华人民共和国刑法》第一百九十二条规定：“以非法占有为目的，使用诈骗方法非法集资，数额较大的，处三年以上七年以下有期徒刑，并处罚金；数额巨大或者有其他严重情节的，处七年以上有期徒刑或者无期徒刑，并处罚金或者没收财产。单位犯前款罪的，对单位判处罚金，并对其直接负责的主管人员和其他直接责任人员，依照前款的规定处罚。”

人唐东某、李焕某对共同犯罪部分承担连带退赔责任。

孙建某持原审辩解提起上诉。

江苏省无锡市中级人民法院经审理认为：原审判决审判程序合法，认定事实清楚，证据确实、充分，适用法律正确，量刑适当，应当予以维持。

江苏省无锡市中级人民法院依照《中华人民共和国刑事诉讼法》第二百三十六条第一款第一项的规定，作出如下裁定：

驳回上诉，维持原判。

【法官后语】

近年来，非法吸收公众存款、集资诈骗等非法集资犯罪呈暴发式增长，案件数量持续上升；非法集资手段网络化、多样化，从实体产品转向金融产品，线上线下相互结合，严重破坏金融管理秩序，危害国家金融安全。法院在审理此类案件时对行为人从非法吸收公众存款到集资诈骗的犯意转化的认定尤为慎重。

本案重点在于认定孙建某从非法吸收公众存款到集资诈骗的犯意转化，即认定孙建某何时以非法占有为目的非法集资。非法占有目的的认定，既要避免单纯以孙建某利用虚构事实、隐瞒真相的诈骗方法集资就认定其具有非法占有的故意，也要避免以造成巨额损失的后果客观归罪，还不能仅凭犯罪人供述，就将非法吸收公众存款认定为集资诈骗，要根据案件具体情况区分处理。

本案中，认定孙建某非法占有目的要坚持主客观相一致原则，通过分析孙建某的客观行为（2013年9月10日以后无操作期货账户行为且前期已亏损，仍虚构“自己炒期货盈利较高、所吸收资金均用于炒期货”等事实，承诺高利率分红吸收资金）分析其主观非法占有2013年9月10日以后所吸收资金的故意。《最高人民法院关于审理非法集资刑事案件具体应用法律若干问题的解释》（以下简称《解释》）第四条第二款第一项规定，集资后不用于生产经营活动或者用于生产经营活动与筹集资金规模明显不成比例，致使集资款不能返还的，可以认定为“以非法占有为目的”。此项是对明知没有归还能力的具体化，也是对非法占有目的的具象化。孙建某在2013年9月10日以后不再操作期货账户且前期已亏损，后续吸收资金主要用于归还前期吸收资金的还本付息及孙建某个人消费，此种“以新还旧”“以后还前”因其没有具体的生产经营活动，可认定其不具有归还能力，故2013年9月

10日以后部分认定为集资诈骗。

此外，非法集资犯罪活动往往持续时间较长，犯罪人在非法集资之初未必具有非法占有目的，且参与非法集资犯罪活动实施人员众多，部分共犯之间不一定具有非法占有目的的犯意联络。《解释》第四条第三款规定，集资诈骗罪中的非法占有目的，应当区分情形进行具体认定。行为人部分非法集资行为具有非法占有目的的，对该部分非法集资行为所涉集资款以集资诈骗罪定罪处罚；非法集资共同犯罪中部分行为人具有非法占有目的，其他行为人没有非法占有集资款的共同故意和行为的，对具有非法占有目的的行为人以集资诈骗罪定罪处罚。本案中，孙建某自2013年9月10日以后吸收的资金认定其有非法占有的故意，而唐东某、李焕某与孙建某对此部分无非法占有目的的犯意联络，故对孙建某2013年9月10日之前部分认定非法吸收公众存款罪，对之后部分认定集资诈骗罪，对唐东某、李焕某认定非法吸收公众存款一罪。

编写人：江苏省江阴市人民法院　陈梦　刘啸云　蒋正光

40

非法吸收公众存款罪与集资诈骗罪的区分标准

——徐某某等非法吸收公众存款案

【案件基本信息】

1. 裁判书字号

福建省厦门市集美区人民法院（2019）闽0211刑初9号刑事判决书

2. 案由：非法吸收公众存款罪

【基本案情】

2017年5月，被告人徐某某、陈某某、施某某经共谋后共同成立甲（厦门）电子商务有限公司（以下简称甲公司），注册地址为厦门市翔安区海鸣路××号××室，实际经营地为厦门市集美区乙中心×号楼××层和××层，并商定采用“三级分销、返积分”的模式吸引投资者进行投资，同时商定由被告人陈某某担任公司法定代表人、董事长，负责利用丙集团为公司宣传、供货，所占股份份额为65%；被告人徐某某担任公司总经理，负责公司日常经营管理、注册成立和管理公司网站平台，所占股份份额为25%；被告人施某某担任公司副总经理，负责协助被告人陈某某、徐某某开展公司相关业务工作，所占股份份额为10%。

之后，被告人徐某某、陈某某、施某某等人在未经国家有关部门批准的情况下，利用甲公司网站平台，以销售被告人陈某某实际控制的丙集团生产的金线莲为幌子，吸引全国各地投资人前往丙集团参观金线莲生产基地。在此期间，被告人徐某某、陈某某、施某某等人多次召开推介会向社会公众公开宣传、推广其公司所谓的“千城万店”投资项目，具体分为“3000元、6000元、10000元、30000元、50000元”五个档次，鼓动投资者在其网站平台上注册会员并充值进行投资，并许诺每日返还投资款额2%的高额投资回报以及以投资者可以将部分投资转为丙集团原始股作为利诱，向社会公众吸收资金。投资者在甲公司网站平台上注册成为会员后，通过POS机刷卡支付或银行转账的方式将投资款转入被告人陈某某控制下的多个个人银行账户，用于购买上述投资项目。被告人徐某某、陈某某、施某某等人将上述投资额的20%支付给丙集团用于采购金线莲，并将剩余的80%投资款用于支付投资者每日2%的回报，直至资金链断裂。截至案发，被告人徐某某、陈某某、施某某等人通过上述方式，非法向被害人简某某等人吸收资金达人民币108953410.06元。

【案件焦点】

徐某某等三人行为构成非法吸收公众存款罪还是集资诈骗罪。

【法院裁判要旨】

福建省厦门市集美区人民法院经审理认为：被告人徐某某、陈某某、施某某违反国家金融管理法律规定，未经有关部门依法批准，向社会公开宣传，承诺在一定期限内以货币或股权等给付回报，非法向社会不特定对象变相吸收资金达人民币108953410.06元，数额巨大，三被告人的行为均已构成非法吸收公众存款罪。公诉机关指控的罪名成立。本案是共同犯罪，被告人施某某在共同犯罪中的作用相对被告人徐某某、陈某某较小。被告人陈某某检举他人犯罪行为，经查证属实，具有立功表现，对其依法可以减轻处罚；被告人徐某某、陈某某、施某某犯罪后如实供述自己的罪行，对三被告人依法均可以从轻处罚；被告人徐某某能够退缴部分赃款、被告人陈某某能够退缴大部分赃款，对被告人徐某某、陈某某均可以酌情从轻处罚。综上，对被告人陈某某依法可以适用缓刑。

一、关于被告人徐某某的犯罪金额是否应当扣除被害人买卖金线莲产品所占20%的货款问题。经查，本案被害人是作为投资者，在注册成为甲公司的会员后，将投资款转入涉案账户，目前并无证据证明每个被害人都收到投资款总金额20%的金线莲产品，即使被害人收到了该产品，在法律意义上，也是被告人徐某某等人为了实施犯罪而支付的犯罪成本，不应予以扣除。故被告人徐某某的辩护人提出的上述辩护意见理由不充分，不予采纳。

二、关于被告人徐某某、施某某是否可以认定为从犯的问题。经查，被告人徐某某、施某某均系本案犯罪行为的发起人、策划人，且被告人徐某某、施某某与被告人陈某某一起共同持有甲公司的全部股份，三被告人分别担任甲公司的高层管理者，虽然三被告人所持股份份额不同，且被告人徐某某、施某某所持股份份额比陈某某要少，但三被告人分工合作，共同开展甲公司的业务，并都有吸收被害人的资金的犯罪行为。在本案共同犯罪中，三被告人的行为不可或缺，相互配合，故本案不易区分主从犯。但被告人施某某作为协助被告人徐某某开展业务的副总经理，其参与程度、所起作用及所占股份都相对被告人徐某某、陈某某较小，故可以认定被告人施某某在共同犯罪中的作用相对被告人徐某某、施某某较小。

三、关于被告人陈某某是否构成立功的问题。首先，关于被告人陈某某举报“梁某某诈骗林某某”的行为是否构成立功。经查，根据被告人陈某某辩护人的申请，我院分别于2019年2月19日、3月19日向厦门市公安局思明分局发函调取材料，但根据厦门市公安局思明分局向我院提供的证据材料，尚不能证明“梁某某诈骗林某某”的线索系被告人陈某某提供，且目前亦无证据能够证明“梁某某诈骗林某某”的行为构成犯罪或者涉嫌犯罪，故现有证据无法认定被告人陈某某举报“梁某某诈骗林某某”的行为构成立功。其次，关于被告人陈某某举报“张某非法持有枪支、弹药”的行为是否构成立功。经查，根据被告人陈某某辩护人当庭提出的申请，我院分别于2019年4月25日向厦门市第一看守所发函调取材料，根据厦门市第一看守所向我院提供的、由厦门市公安局莲前派出所出具的受案登记表、立案决定书、拘留证、检举书、问话笔录等材料，可以证实：根据被告人陈某某于 2019 年 3 月 14 日的举报，厦门市公安局思明分局立案受理了陈某某所举报的犯罪嫌疑人张某涉嫌非法持有枪支、弹药一案。根据厦门市第一看守所出具的证据材料，犯罪嫌疑人张某已于 2019 年 4 月 19 日被刑事拘留，并羁押于厦门市第一看守所。上述证据材料均经本院开庭举证、质证，公诉人对被告人陈某某举报犯罪嫌疑人张某涉嫌非法持有枪支、弹药一案构成立功并无异议，本院依法予以确认。故可以认定被告人陈某某举报"张某涉嫌非法持有枪支、弹药"构成立功。

福建省厦门市集美区人民法院依照《中华人民共和国刑法》第一百七十六条第一款①、第二十五条第一款、第六十四条、第六十七条第三款、第七十二条第一款、第三款，作出如下判决：

一、被告人徐某某犯非法吸收公众存款罪，判处有期徒刑四年，并处罚金人民币十万元。

二、被告人陈某某犯非法吸收公众存款罪，判处有期徒刑二年六个月，缓刑三年，并处罚金人民币十万元。

三、被告人施某某犯非法吸收公众存款罪，判处有期徒刑三年六个月，并处罚金人民币五万元。

责令被告人徐某某、陈某某、施某某共同退赔被害人的经济损失（具体详见附表)；被告人徐某某、陈某某退缴的赃款共计人民币 292 万元按比例发还附表内各被害人。

继续向被告人徐某某、陈某某、施某某追缴其余赃款共计人民币 138.4715 万元。

【法官后语】

本案非法集资涉案金额达一亿余元，涉及被害人众多，属于典型的涉众型经济犯罪，比较敏感复杂。如何保证案件审理的法律效果及社会效果相统一，最主要的

---

① 2020 年修正后的《中华人民共和国刑法》第一百七十六条第一款规定："非法吸收公众存款或者变相吸收公众存款，扰乱金融秩序的，处三年以下有期徒刑或者拘役，并处或者单处罚金；数额巨大或者有其他严重情节的，处三年以上十年以下有期徒刑，并处罚金；数额特别巨大或者有其他特别严重情节的，处十年以上有期徒刑，并处罚金。"

疑难问题是被告人徐某某等三人的行为性质，即三被告人的行为构成非法吸收公众存款罪还是集资诈骗罪？这就涉及非法吸收公众存款罪与集资诈骗罪的区分标准。

首先，在犯罪的客观方面，虽然都有非法集资的共同外在表现形式，但集资诈骗罪的行为人必须以实施虚构事实、隐瞒真相的诈骗方法，作为构成要件之一，而非法吸收公众存款罪则不以行为人是否使用了诈骗方法作为必备要件，而且行为人通常在吸收存款或者募集资金时，虽有可能实施虚构事实、隐瞒真相的行为，但不会掩盖其盈利的主观意图。

其次，在主观方面，两者的犯罪目的不同。集资诈骗罪的犯罪目的是非法占有募集的资金，而非法吸收公众存款罪的犯罪目的则是企图通过吸收公众存款的方式，筹集资金，进行盈利，在主观上并不具有非法占有公众存款的目的。犯罪目的是二罪的本质区别所在。

再次，筹集资金的目的和用途不同。非法吸收公众存款罪中，向社会筹集资金是为了生产经营，且实际上全部或者大部分资金也是用于生产经营；而集资诈骗罪向社会公众筹集资金的目的大部分是用于个人挥霍、偿还债务或者用于单位或者个人的拆东墙补西墙。

最后，案发后的偿还能力不同。如果案发后行为人具有偿还能力，并且积极筹集资金实际偿还了全部或者大部分资金，则一般定性为非法吸收公众存款罪；如果案发后行为人没有偿还能力，并且全部或者大部分资金没有实际偿还，则可以推定具有集资诈骗的主观目的。

在本案中，被告人徐某某等三人为了“丙集团”的生产经营需要，以高额的利润为诱饵吸引社会公众进行投资，累计吸收资金总额达一亿多元，其行为符合非法吸收公众存款罪的构成要件，但无证据证明本案被告人具有非法占有资金的主观故意，且根据在案证据，案发后仅有四百余万的资金尚未追回，故被告人的行为不符合集资诈骗罪的构成要件，而应当以非法吸收公众存款罪定罪处罚。

编写人：福建省厦门市集美区人民法院　付福临

41

审判阶段被告人认罪认罚的认定、程序选择及量刑依据

——前某等非法吸收公众存款案

【案件基本信息】

1. 裁判书字号

北京市第三中级人民法院（2019）京03刑终534号刑事裁定书

2. 案由：非法吸收公众存款罪

【基本案情】

2014年11月至2017年7月，北京仁某甲资本管理有限公司（以下简称仁某甲公司）、北京乐某财富投资有限公司（以下简称乐某公司）及关联公司在北京市朝阳区、天津市、昆明市等地，以投资P2P理财项目可返本付息为由，吸收高某甲等283人资金人民币8000余万元，返款人民币400余万元。

被告人耿某自2015年11月至2017年8月，在仁某甲公司及关联公司北京仁某乙投资有限公司任贷款部负责人，负责集资款放贷。任职期间，仁某甲公司及相关公司吸收资金人民币8000万余元。耿某于2018年6月21日投案，退缴人民币25万元。

被告人前某于2014年2月1日至2016年6月底在仁某甲公司任债权匹配员、运营经理，负责投资人债权匹配。任职期间，仁某甲公司及相关公司吸收资金人民币4600余万元。前某于2018年4月17日经传唤到案，退缴人民币3000元。

被告人李某甲于2016年4月底至2017年12月在仁远公司任培训讲师，负责员工培训、客户接待及安抚。任职期间，仁某甲公司及相关公司吸收资金人民币3700余万元。李某甲于2018年3月8日被查获，退缴人民币3万元。

被告人叶某、夏某、何某、赵某、李某乙的情况略。

【案件焦点】

1. 一审法院未适用认罪认罚从宽制度，二审法院能否再依据《刑事诉讼法》第十五条规定对具有认罪认罚表现的被告人从宽处罚；2. 本案依据普通程序审理是否程序不当；3. 对部分认罪认罚被告人的量刑是否畸轻或过重。

【法院裁判要旨】

北京市朝阳区人民法院经审理认为，本案被告人违反国家金融管理法律规定，向社会公众吸收资金，扰乱金融秩序，数额巨大，其行为均已构成非法吸收公众存款罪，依法应予惩处。前某系累犯，应从重处罚。耿某、前某、李某甲、叶某、夏某、何某、赵某、李某乙系从犯，有退赔情节；耿某有投案情节；前某、叶某、夏某、赵某、李某乙有自首情节，认罪认罚；李某甲、何某如实供述所犯罪行，认罪认罚。对耿某、李某甲、叶某、夏某予以减轻处罚，对前某予以从轻处罚，对何某、赵某、李某乙予以减轻处罚并适用缓刑。故判决：

一、被告人前某犯非法吸收公众存款罪，判处有期徒刑四年，罚金人民币二十万元；

二、被告人李某甲犯非法吸收公众存款罪，判处有期徒刑二年十个月，罚金人民币十五万元；

三、被告人耿某犯非法吸收公众存款罪，判处有期徒刑二年六个月，罚金人民币十五万元；

（被告人叶某、夏某、何某、赵某、李某乙的判决情况略。）

宣判后，前某、李某甲、耿某以量刑过重为由提出上诉，北京市朝阳区人民检察院提起抗诉，北京市人民检察院第三分院支持抗诉。

公诉机关的抗诉意见是：第一，一审法院根据《中华人民共和国刑事诉讼法》第十五条适用认罪认罚从宽情节，但法庭审理过程中未向公诉人、辩护人、被告人告知适用认罪认罚从宽程序的诉讼权利、义务，未就这一量刑情节出示相关证据并组织控辩双方进行质证、辩论，其行为违反了《中华人民共和国刑事诉讼法》第一百九十八条“法庭审理过程中，对与定罪、量刑有关的事实、证据都应当进行调查、辩论”的规定，违反了适用认罪认罚从宽量刑程序的被告人自愿性和合法性，庭审程序不当。第二，一审判决对被告人前某、李某甲适用《中华人民共和国刑事诉讼法》第十五条认罪认罚从宽量刑情节，但二人判后又以量刑过重为由提出上诉，可见对刑事处罚不认可，不能认定其有“认罚”表现，故一审判决法律适用、量刑不当，不能适用认罪认罚对被告人前某、李某甲从宽处理。

北京市第三中级人民法院同意一审法院裁判意见，裁定：

驳回北京市朝阳区人民检察院的抗诉及前某、李某甲、耿某的上诉，维持原判。

【法官后语】

一、认罪认罚的阶段及具体认定

本案中，对于被告人是否真正认罚存在两种意见：第一种意见认为，“同意量刑建议，签署认罪认罚具结书”是认罚的必备形式要件，本案被告人未签署认罪认罚具结书，不能认定为认罚，同时，部分被告人判后又以量刑过重为由提出上诉，显见对刑事处罚不认可，不能认定其有认罚表现。第二种意见认为，“同意量刑建议，签署认罪认罚具结书”是认罚的客观表现之一，未签署认罪认罚具结书，仅意味着未适用认罪认罚从宽制度，不影响对认罚的认定，更不能因被告人判后就量刑问题行使上诉权而否定其认罚表现。我们赞成第二种意见，主要理由如下：

第一，认罪认罚表现可存在于侦查、审查起诉、审判各诉讼阶段，“同意量刑建议，签署认罪认罚具结书”并非认罚的唯一根据。《刑事诉讼法》第十五条规定的“认罪”即“自愿如实供述自己的罪行，承认指控的犯罪事实”，认罪实质上就是“认事”，其表现形式可以是自首、坦白、当庭认罪等；该条规定的“认罚”即“愿意接受处罚”，包括接受刑罚处罚、主动退赃退赔、积极赔偿被害人损失、同被害人和解、预交罚金等。① 我们认为，“同意量刑建议，签署认罪认罚具结书”只是认罚的表现形式之一，而非认罚的唯一根据。这一点从2016年发布的《关于在部分地区开展刑事案件认罪认罚从宽制度试点工作的办法》（以下简称《试点办法》）到2018年修订后《刑事诉讼法》前后表述上的变化也可以印证。《试点办法》将认罪认罚限定为“犯罪嫌疑人、刑事被告人自愿如实供述自己罪行，对指控的犯罪事实没有异议，同意人民检察院量刑建议并签署具结书”，而《刑事诉讼法》第十五条删除了《试点办法》第一条所规定的同意量刑建议，将“认罚”界

① 胡云腾主编、最高人民法院刑事审判第一庭编著：《认罪认罚从宽制度的理解与适用》，人民法院出版社2018年版，第77～78页。

定为愿意接受处罚。不可否认，对于适用认罪认罚从宽制度的案件来说，除法律另有规定①外，签订认罪认罚具结书是适用该制度的形式要件，但对于未适用认罪认罚从宽制度的案件来说，未签订认罪认罚具结书不等于没有认罚表现。

就本案而言，被告人前某、叶某、夏某、赵某、李某乙均系自首，侦查、审查起诉阶段及庭审中均表示愿意接受处罚；李某甲、何某如实供述所犯罪行，侦查、审查起诉阶段及庭审中均表示愿意接受处罚；本案八名被告人均有退赔情节，且赵某、李某乙、夏某、何某四名被告人在侦查阶段已经开始退赔。从到案经过、退赔情况、被告人口供、当庭表现等方面却能够判断被告人具备认罪认罚的客观行为表现，在没有认罪认罚具结书的情况下，认罪认罚的判断仍有证据支持，能够予以认定。

第二，上诉权作为被告人享有的基本诉讼权利，其目的在于确保被告人不受错误或不当的刑罚处罚。被告人表示愿意接受处罚，或明确表示同意检察院量刑建议，仍可以基于对法院最终量刑结果有异议而提出上诉，不能因被告人正当行使上诉权，而否定其认罚表现。

二、对于未适用认罪认罚从宽制度，在庭审过程中表示认罪认罚且确有认罪认罚表现的被告人，法院在审理程序方面应如何处理

二审中，对于一审法院的审理程序是否失当，有两种意见。第一种意见认为，一审法院认定被告人“认罪认罚”，且基于此对被告人从宽处罚，但庭审未按照认罪认罚从宽制度的程序规定征求控方量刑建议、签署认罪认罚具结书、告知诉讼权利义务、组织控辩双方进行质证辩论等，系程序不当；第二种意见认为，一审法院认定被告人“认罪认罚”，但未适用认罪认罚从宽制度，审理程序符合法律规定，并无不当。我们赞成第二种意见，主要理由如下：

第一，本案虽未适用认罪认罚从宽制度，但一审庭审程序充分保障了各方诉讼权利。本案侦查及审查起诉期间，虽然多名被告人具有认罪认罚表现，公安机关也向被告人分别出示过认罪认罚从宽制度告知书，但最终检察机关未建议法院适用认罪认罚从宽制度进行审理。基于此，一审法院依据普通程序的规定对本案进行了公

---

① 《中华人民共和国刑事诉讼法》第一百七十四条规定了不需要签署认罪认罚具结书的情形。

开审理，庭审中未按照认罪认罚从宽制度的有关规定进行程序简化，严格按照法庭调查、举证质证、法庭辩论、被告人最后陈述等必经环节进行，控辩双方亦围绕事实认定、法律适用、量刑情节等问题充分发表了意见，整个庭审过程较认罪认罚从宽制度下的庭审程序更加严谨、细致，尤其充分保障了对指控事实有异议的被告人的质证、辩论权利。

第二，对于被告人当庭认罪认罚案件，现行法律未强制规定法院中止、转化庭审程序。对于被告人在侦查、起诉阶段没有认罪认罚，或虽认罪认罚但未适用认罪认罚从宽制度，而在审理阶段或当庭有认罪认罚表现的，我国《刑事诉讼法》没有强制规定人民法院必须征求检察机关的意见、建议检察机关提出量刑建议、中止或转换庭审程序。仅仅对于法院审查后认为符合认罪认罚条件，可以适用速裁程序或简易程序的案件，法院可以向检察院发出《适用认罪认罚从宽程序通知书》，而该情形不涉及适用普通程序审理的案件。同时，本案属于涉及多名被告人的共同犯罪案件，对于部分被告人具有认罪认罚表现，部分被告人不具有认罪认罚表现的，法院以普通程序审理案件，充分保障不认罪认罚被告人的诉讼权利，并无不当。

三、对于未适用认罪认罚从宽制度的案件，法院能否依据《刑事诉讼法》第十五条对被告人从宽处罚

关于《刑事诉讼法》第十五条的理解与适用存在两种主要观点：第一种观点认为，第十五条系专门针对认罪认罚从宽制度设置的法律条款，只有适用认罪认罚从宽制度的案件才能在判决主文中援引，否则属于法律适用错误。第二种观点认为，对于未适用认罪认罚从宽制度，但具有认罪认罚表现的被告人，法院可以依据第十五条规定对被告人从宽处罚，并在判决主文中援引，但要从严把握从宽的幅度。我们赞成第二种观点，主要理由如下：

首先，《刑事诉讼法》第十五条系坦白从宽刑事政策在刑事诉讼法总则中的原则性规定，是程序法层面对坦白从宽政策的制度化和深化发展，体现对认罪认罚犯罪嫌疑人、被告人可以从宽处理的精神，是司法机关对认罪认罚犯罪嫌疑人、被告人可以“实体从宽、程序从简”的原则性依据。认罪认罚从宽的根本目的是鼓励更多的犯罪嫌疑人、被告人向司法机关积极坦白罪行、悔过自新。

其次，从宽处理应从实体和程序两个维度理解，即实体从宽、程序从简，而且实体和程序是各自独立的，程序从简不是获得实体从宽的前提。在现有认罪认罚案

件量刑协商中，检察机关明显处于强势地位，具有绝对主导权，被告人、辩护人则相对弱势，因此难免出现被告人、辩护人与检察机关无法就量刑建议达成一致，从而无法适用认罪认罚从宽制度的情况。在该类被告人确有自首、积极退赔、与被害人达成和解等认罪认罚表现时，如因程序未从简，而不能获得实体从宽处理，显然有违公平。也就是说，在犯罪嫌疑人、被告人确有认罪认罚表现，但又因欠缺形式要件而未能启动程序从简的处理模式时，法院可以依据《刑事诉讼法》第十五条的精神对其适当从宽处罚，同时因程序层面未能节省司法资源，对该类被告人的从宽幅度要小于适用认罪认罚从宽制度的被告人。

四、本案量刑是否适当

控辩双方对于本案量刑是否畸轻、过重存在争论。我们认为，一审法院对各被告人的量刑情节均已评价，对各被告人量刑结果均在法定幅度内，并无不当。

一方面，一审法院根据在案证据依法认定各被告人是否具有认罪认罚表现，虽未适用认罪认罚从宽制度，仍对具有认罪认罚表现的被告人从宽处理，但在从宽幅度上严格把握，充分体现了宽严相济的刑事政策。认罪认罚是“从宽处理”的逻辑起点，一方面，认罪认罚表明犯罪嫌疑人、被告人在特殊预防意义上的人身危险性较弱，刑罚处罚的需求相应降低，根据处罚必要性原则可以对其从宽处理；另一方面，犯罪嫌疑人、被告人自愿认罪认罚，减少了对抗，降低了侦查机关收集证据、检察机关出庭指控的压力，整体司法成本得以节约；因此，对认罪认罚的犯罪嫌疑人、被告人给予适度的从宽处理，不仅是必要的，而且是正当的。[①] 虽然本案未适用认罪认罚从宽制度，但多名被告人到案后便认罪认罚，积极配合侦查机关收集证据，在各诉讼阶段对涉嫌的罪名及事实均无异议，客观上检察机关在出庭准备、庭审质证辩论方面的负担明显减轻，也降低了法院的审查压力。

另外，一审法院考虑非法吸收公众存款案件特点，依据被告人的任职时间、职务情况、层级关系、业务员指认等因素，综合认定其犯罪数额，同时以犯罪数额为参考，重点审查被告人在犯罪中实际发挥的作用，以及各被告人量刑情节，对量刑做客观评价的处理方式符合罪责刑相适应原则，并无不当。

---

① 杨立新：《认罪认罚从宽制度理解与适用》，载《国家检察官学院学报》2019 年第 1 期。

基于上述考虑，二审中，合议庭的处理意见为驳回检察院的抗诉及上诉人的上诉，维持原判。

编写人：北京市第三中级人民法院　刘泽　孙森森

42

设立“钓鱼网站”窃取他人信用卡信息行为中牵连犯的适用

——陈某某、黄某某窃取信用卡信息案

【案件基本信息】

1. 裁判书字号

北京市海淀区人民法院（2019）京0108刑初1693号刑事判决书

2. 案由：窃取信用卡信息罪

【基本案情】

被告人陈某某、黄某某系同学关系。2017年6月，被告人陈某某加入黄某某开设的深圳甲信息科技有限公司，共同从事网页设计业务。2017年8月，被告人陈某某通过网络收到他人制作“钓鱼网站”的邀请，后其伙同被告人黄某某以牟利为目的，租赁境外服务器，为他人制作、设立假冒乙银行等多家银行的“钓鱼网站”，以提升信用卡额度为诱饵，非法获取公民信用卡信息并储存于服务器。在此期间，二被告人还根据他人要求，帮助他人从服务器导出利用“钓鱼网站”非法获取的公民信用卡信息资料，并直接提供给从事其他违法犯罪活动的相关人员。2019年1月25日，被告人陈某某、黄某某被抓获归案，后均如实供述了上述犯罪事实。现查明，2017年8月至2019年1月，被告人陈某某、黄某某通过帮助他人制作、设立“钓鱼网站”共非法获利人民币523864元，公安机关从二被告人使用的电脑中查获已从服务器中导出的公民信用卡信息资料190组。现公安机关对被告人陈某某名下

中国丙银行账户以及深圳甲信息技术有限公司企业支付宝账号内资金予以冻结。

【案件焦点】

设立“钓鱼网站”的行为与获取他人财产信息资料的行为分别触犯非法利用信息网络罪和窃取信用卡信息罪，二者属于牵连犯还是非想象竞合犯，应以何罪名规制。

【法院裁判要旨】

北京市海淀区人民法院经审理认为：被告人陈某某、黄某某设立用于实施违法犯罪活动的网站，并窃取他人信用卡信息资料，数量巨大，其行为均已构成窃取信用卡信息罪，应予惩处。北京市海淀区人民检察院指控被告人陈某某、黄某某犯窃取信用卡信息罪的事实清楚，证据确实、充分，指控罪名成立。鉴于被告人陈某某、黄某某到案后能够如实供述犯罪事实，在庭审中认罪态度较好、悔罪态度诚恳，本院分别依法对二被告人从轻处罚。辩护人的相关辩护意见，本院酌予采纳。二被告人制作、设立假冒银行“钓鱼网站”的行为属于非法利用信息网络犯罪，虽然根据本案的具体情况，本院对二被告人以窃取信用卡信息罪定罪处罚，但二被告人非法利用信息网络犯罪的违法所得仍应依法予以没收。依照《中华人民共和国刑法》第一百七十七条之一第二款、第一款，第二十五条第一款，第六十七条第三款，第五十三条第一款，第六十四条之规定，判决如下：

一、被告人陈某某犯窃取信用卡信息罪，判处有期徒刑三年六个月，罚金人民币五万元。

二、被告人黄某某犯窃取信用卡信息罪，判处有期徒刑三年六个月，罚金人民币五万元。

三、向被告人陈某某、黄某某追缴违法所得人民币五十二万三千八百六十四元，依法予以没收（在案冻结的银行账户及支付宝账户内的资金折抵上述款项）。

【法官后语】

该案系《最高人民法院、最高人民检察院关于办理非法利用信息网络、帮助信息网络犯罪活动等刑事案件适用法律若干问题的解释》于2019年11月1日起施行以来，北京首例适用该司法解释审理的案件。近年来，网络犯罪呈高发和上升态势，各种传统犯罪日益向互联网迁移，严重危害了社会秩序和人民群众合法权益。本案中，二被告人假冒金融机构名义制作“钓鱼网站”，窃取公民信用卡信息190组，违法所得高达50余万元，虽以窃取信用卡信息罪予以规制，但其中涉及想象竞合、法条竞合、牵连犯等刑法问题，应予以探讨。

“公民个人信息”是指以电子或者其他方式记录的能够单独或者与其他信息结合识别特定自然人身份或者反映特定自然人活动情况的各种信息，包括姓名、身份证件号码、通信通讯联系方式、住址、账号密码、财产状况、行踪轨迹等。公民个人信息应包括公民个人财产信息。就本案而言，二被告人窃取的179组他人信用卡信息，包括公民个人姓名、身份证号码、电话号码、信用卡卡号、密码行卡背面3位安全码等信息。这些信息属于财产信息，亦属于公民个人信息，二被告人既构成侵犯公民个人信息罪，亦构成窃取信用卡信息罪，由于侵犯公民个人信息罪与窃取信用卡信息罪属于法条竞合关系，根据特殊法优于一般法的原则，应以窃取信用卡信息罪对二被告人予以规制。

无论刑法理论，抑或司法实践，罪数形态是经常遇到及讨论的问题。就本案而言，二被告人实施设立假冒银行“钓鱼网站”的行为和窃取他人信用卡信息的行为，同时触犯了非法利用信息网络罪和窃取信用卡信息罪。一种观点认为，二被告人实施了一个“设立钓鱼网站窃取他人信用卡信息的行为”，同时触犯非法利用信息网络罪和窃取信用卡信息罪，系想象竞合关系，应依照处罚较重的罪名处罚。非法利用信息网络罪只规定一个量刑区间，即三年以下有期徒刑或拘役。窃取信用卡信息罪规定了两个量刑区间，“情节严重”的处三年以上十年以下有期徒刑，该罪的处罚重于非法利用信息网络罪。因此，对陈某某、黄某某应以窃取信用卡信息罪论处。

笔者认为，本案中二被告人的行为构成牵连犯，即手段行为是设立用于“钓鱼”的虚假银行网站，目的行为则是窃取他人的信用卡信息。通常而言，行为人设立“钓鱼网站”是为了获取他人的财产信息资料，这是类型化的手段行为与目的行为。本案中，根据“买家”的要求，二被告人还实施了从服务器导出利用“钓鱼网站”非法获取的公民信用卡信息资料，并直接提供给从事其他违法犯罪活动的相关人员的行为，根据牵连犯的处理原则，应从一重处罚，由于窃取信用卡信息罪的处罚重于非法利用信息网络罪，故对二被告人应以窃取信用卡信息罪规制。

编写人：北京市海淀区人民法院　杨光　曹红坤

（五）金融诈骗罪

43

个人在公司非法集资过程中实施诈骗行为的认定

——苏克某集资诈骗案

【案件基本信息】

1. 裁判书字号

湖北省荆门市中级人民法院（2019）鄂08刑终105号刑事判决书

2. 案由：集资诈骗罪

【基本案情】

2013年年底，被告人苏克某因投资失败致巨额债务无法偿还，产生开办投资理财咨询公司向社会集资偿还债务的想法。2014年7月、10月苏克某分别在荆门市沙洋县、钟祥市、东宝区注册成立了沙洋中某行投资信息咨询服务有限公司（以下简称中某行）、钟祥市富某行投资理财服务有限公司（以下简称富某行）、荆门市融某行投资理财服务有限公司（以下简称融某行）三家投资理财咨询中介公司。因工商部门核准投资理财咨询中介公司不能直接进行融资业务，苏克某便联系了“甲装饰”“乙肥业”“丙粮油”“丁食品”“戊房产”五家需要融资的企业项目，加上自己的“己佳苑”房产项目，指示三家中介公司分别制作了上述六家企业项目的宣传资料和广告，向社会宣传、散发，宣称向上述企业投资安全可靠，收益高，没有风险。规定1万元起投，承诺月息1.5%，年息18%，月月兑现。具体操作流程为：集资人同中介公司签订居间服务合同、闲散资金出借委托书、出借人代表推荐书后，将资金转入苏克某控制的三名个人账户中。然后由苏克某安排这三名个人同六家企业签订借款合同，借款企业提供实物抵押或者股权质押，同时由三家中介公司提供金融担保签订债权转让协议。之后，集资人的资金再从苏克某控制的三名个人账户转入融资企业提供的个人账户。通过上述宣传和操作，三家中介公司分别以为上述六家企业项目融资的名义，共向611名（其中2名为在两处集资的集资人）个人集资2920.50万元，吸收的资金用于支付集资人本金187万元，利息66.6737万元。欠付本金2733.50万元，利息折抵本金后余额2666.8263万元。其中，中某行共向259名个人集资1129万元（“己佳苑”359万元，“甲装饰”338万元，“丁食品”360万元，“乙肥业”72万元）；富某行共向255名个人集资1199.50万元（“甲装饰”326.50万元，“丁食品”21万元，“戊房产”325万元，“丙粮油”527万元）；融某行共向99名个人集资405万元（“甲装饰”27万元，“丁食品”7万元，“戊房产”108万元，“丙粮油”263万元）。

在利用三家公司非法吸收资金的过程中，苏克某要求各融资项目企业提供个人账户作为入款账户并将银行卡和密码交给自己，苏克某将非法吸收的资金除实际转入“丙粮油”项目企业100万元、“丁食品”项目企业45万元、“戊房产”项目企业25万元外，余款被苏克某用于偿还个人债务和中介公司经营支出。

【案件焦点】

个人以真实投资关系通过公司名义对外宣传募集资金，实际系个人为偿还自身债务所为，且所募集资金由个人掌控使用，如何对个人定罪处罚。

【法院裁判要旨】

湖北省沙洋县人民法院经审理认为，被告人苏克某违反国家金融管理法律规定，非法吸收公众存款，扰乱金融秩序，数额巨大，其行为构成非法吸收公众存款罪。依照《中华人民共和国刑法》第一百七十六条第一款①、《最高人民法院关于审理非法集资刑事案件具体应用法律若干问题的解释》第一条第一款、第三条第二款的规定，作出如下判决：

---

① 2020年修正后的《中华人民共和国刑法》第一百七十六条第一款规定：“非法吸收公众存款或者变相吸收公众存款，扰乱金融秩序的，处三年以下有期徒刑或者拘役，并处或者单处罚金；数额巨大或者有其他严重情节的，处三年以上十年以下有期徒刑，并处罚金；数额特别巨大或者有其他特别严重情节的，处十年以上有期徒刑，并处罚金。”

一、被告人苏克某犯非法吸收公众存款罪，判处有期徒刑五年，并处罚金人民币十五万元。

二、对查封、扣押的涉案款物予以追缴；不足部分责令被告人苏克某继续退赔；由政府相关部门成立的专案组依照有关规定处理。

湖北省沙洋县人民检察院针对上诉判决提出抗诉，认为苏克某在自身已无经济实力的情况下，通过公开宣传蒙骗社会公众投资，并隐瞒真相在实际掌握投资款后主要用于偿还个人巨额债务，而不是用于正常的生产经营活动，具有非法占有的主观故意，应以集资诈骗罪定罪处罚，原审判决适用法律错误，导致量刑畸轻，应予纠正。湖北省荆门市人民检察院支持上述抗诉理由。

湖北省荆门市中级人民法院经审理认为，被告人苏克某在对外募集资金过程中使用了诈骗方法，主观上具有非法占有的目的。首先，苏克某在利用六个企业项目集资过程中，虽不存在虚构事实、隐瞒真相的情况，但其在接收集资款后，未按照合同的约定，将集资款投入相关企业，而是向集资参与人和其他五个企业项目隐瞒了真相，将大部分集资款进行挪用，用于偿还个人债务，应当认定为使用了诈骗方法；其次，《最高人民法院关于审理非法集资刑事案件具体应用法律若干问题的解释》第四条第二款第一项的规定，集资后不用于生产经营活动或者用于生产经营活动与筹集资金规模明显不成比例，致使集资款不能返还的，可以认定为“以非法占有为目的”，在案证据证实苏克某仅将小部分集资款用于生产经营活动，与筹集资金规模明显不成比例，同时，苏克某将剩余大部分款项用于偿还个人债务，致集资款不能返还，应当认定为以非法占有为目的。

湖北省荆门市中级人民法院依照《中华人民共和国刑法》第一百九十二条①，《最高人民法院关于审理非法集资刑事案件具体应用法律若干问题的解释》第四条第二款第一项、第五条第一款及《中华人民共和国刑事诉讼法》第二百三十六条第一款第二项的规定，作出如下判决：

---

① 2020年修正后的《中华人民共和国刑法》第一百九十二条规定：“以非法占有为目的，使用诈骗方法非法集资，数额较大的，处三年以上七年以下有期徒刑，并处罚金；数额巨大或者有其他严重情节的，处七年以上有期徒刑或者无期徒刑，并处罚金或者没收财产。单位犯前款罪的，对单位判处罚金，并对其直接负责的主管人员和其他直接责任人员，依照前款的规定处罚。”

一、撤销沙洋县人民法院（2016）鄂0822刑初35号刑事判决；

二、原审被告人苏克某犯集资诈骗罪，判处有期徒刑七年，并处罚金人民币二十五万元；

三、对查封的“已佳苑”58套商品房、扣押的涉案款170万元予以追缴；不足部分责令原审被告人苏克某继续退赔；由政府相关部门成立的专案组依照有关规定处理。

【法官后语】

本案处理难点在于对被告人行为的准确定性。根据《刑法》规定，个人向社会公众募集资金的行为可能构成非法吸收公众存款罪或集资诈骗罪。在两罪外在表现形式类同的情况下，对两罪进行区分，主要是分析被告人在实施犯罪行为时的主观目的。如果集资的主要目的在于非法占有集资款，应当认定为集资诈骗罪；若单纯只是想募集资金来谋利，则应当认定为非法吸收公众存款罪。

具体到本案。从表象来看，被告人苏克某系以公司名义对外公开宣传募集资金，对外宣传的资料上所载明的投资项目均客观存在，小部分集资款也实际用于所宣传的投资项目，其行为似乎符合《刑法》第一百七十六条及《最高人民法院关于审理非法集资刑事案件具体应用法律若干问题的解释》第一条的规定。

但从本质上来讲，本案与一般的非法吸收公众存款案有不同。其一，从犯罪目的来看，被告人苏克某非法集资的主要目的是将集资款用于偿还个人债务，虽然有小部分集资款用于实际的投资，但主要目的并非通过吸收公众存款的方式进行赢利，应当认定被告人苏克某在主观上具有非法占有集资款的目的。其二，从犯罪方法来看，被告人苏克某虽然没有对外虚假宣传投资项目，但对公众隐瞒了集资款的真实用途，所募集资金未实际进入用以募集资金的中介公司账户，而是由苏克某个人掌控使用，其行为是典型的诈骗行为。可见，如果在非法集资类案件审理过程中，只是简单地分析认定被告人的行为方式，在定性上难免会出现偏差。必须结合被告人的行为方式、主观目的、集资款用途等方面，综合考量后予以定性。

编写人：湖北省荆门市中级人民法院　伍华清

44

集资诈骗罪中非法占有目的的认定及推定规则

——韩某某集资诈骗案

【案件基本信息】

1. 裁判书字号

北京市第三中级人民法院（2019）京03刑终592号刑事裁定书

2. 案由：集资诈骗罪

【基本案情】

被告人韩某某在北京市朝阳区等地，以北京甲有限公司、北京乙有限公司厂房迁址建设、设备更新及投资项目为由，公开宣传并承诺高额返息，与集资参与人签订《借款合同》等，向271人集资人民币2500余万元，返款人民币200余万元，造成损失人民币2300余万元。集资款除用于公司支出，发放员工提成、工资，返还集资参与人本息外，被大量取现。另，韩某某用部分集资款偿还个人债务。韩某某于2017年12月31日被查获。公安机关扣押人民币14.6593万元。韩某某退缴人民币11.5万元。

【案件焦点】

集资诈骗犯罪中，如何认定被告人韩某某具有非法占有为目的。

【法院裁判要旨】

北京市朝阳区人民法院经审理认为，被告人韩某某使用诈骗方法非法集资，数额特别巨大，其行为已构成集资诈骗罪，依法应予惩处。北京市朝阳区人民检察院指控韩某某犯罪的事实清楚，证据确实、充分，但指控罪名不当，予以纠正。关于韩某某犯罪行为的定性，非法占有不等同于非法所有，是指将他人的财物作为自己的财物进行支配、处分。韩某某使用诈骗方法非法集资后未用于生产、经营活动，自行决定将大量集资款用于员工工资、提成及犯罪支出，属于对集资款的处分和支配，具有非法占有的目的。韩某某通过犯罪行为是否实际取得资金及取得资金数额多少，均不影响对其非法占有目的的认定，其行为已构成集资诈骗罪。依照《中华人民共和国刑法》第一百九十二条①、第六十七条第三款、第六十一条、第四十五条、第四十七条、第五十二条、第五十三条、第六十四条及《最高人民法院关于审理非法集资刑事案件具体应用法律若干问题的解释》第四条、第五条之规定，作出判决：被告人韩某某犯集资诈骗罪，判处有期徒刑十二年，罚金人民币三十六万元；责令被告人韩某某退赔集资参与人的经济损失。

一审宣判后，公诉机关未抗诉。被告人韩某某向北京市第三中级人民法院提起上诉，后撤回上诉。

北京市第三中级人民法院认为，北京市朝阳区人民法院刑事判决认定上诉人韩某某犯集资诈骗罪的事实清楚，证据确实、充分，定罪及适用法律正确，量刑适当，审判程序合法，上诉人韩某某申请撤回上诉的要求，符合法律规定，应予准许。依照《最高人民法院关于适用〈中华人民共和国刑事诉讼法〉的解释》第三百零五条第一款及第三百零八条之规定，作出如下裁定：

准许上诉人韩某某撤回上诉。

【法官后语】

非法占有的目的是成立集资诈骗罪的法定要件，是区分集资诈骗罪与非法吸收公众存款罪等其他非法集资犯罪的关键，也是司法实践中认定的难点。

一、集资诈骗罪中，非法占有包括非法所有和肆意处分

关于刑法中非法占有目的如何界定，刑法理论界和司法实务界尚存在争议，在集资诈骗罪中也不例外：第一种观点认为，非法占有即非法所有，是指行为人将集资款据为己有；第一种观点认为，非法占有是指将集资款随意处置，包括但不限于据为己有。我们同意第二种观点，集资诈骗罪中，非法占有包括非法所有（据为己

---

① 2020年修正后的《中华人民共和国刑法》第一百九十二条规定："以非法占有为目的，使用诈骗方法非法集资，数额较大的，处三年以上七年以下有期徒刑，并处罚金；数额巨大或者有其他严重情节的，处七年以上有期徒刑或者无期徒刑，并处罚金或者没收财产。单位犯前款罪的，对单位判处罚金，并对其直接负责的主管人员和其他直接责任人员，依照前款的规定处罚。"

有）和肆意处分，理由在于：

（一）基于规范文件

《最高人民法院关于审理非法集资刑事案件具体应用法律若干问题的解释》第四条列举了七项可以认定非法占有目的的情形和一项兜底条款：第一项至第七项规定可以归纳为二大类：非法所有（据为己有）型，如携带集资款逃匿的；肆意处分型，如肆意挥霍集资款的。非法所有是非法占有的典型样态，在理解上没有争议。肆意处分，反映了行为人将集资款作为自己的资产进行支配和处置的随意性和任意性，是金融诈骗犯罪中非法占有的特殊样态。

（二）基于罪名本身

集资诈骗罪与非法吸收公众存款罪作为两种最常见的非法集资犯罪，其后果都可能是资金链断裂，集资款无法返还，而二者最核心的区别就是造成集资款无法返还的原因。基于主客观相一致的原则，集资诈骗罪中，认定行为人是否具有非法占有的目的关键在于判断是否因行为人主观原因造成集资款无法返还。这种主观原因既包括行为人将集资款据为己有，也包括随意处分集资款。

在本案中，被告人韩某某非法集资后，自行决定将集资款主要用于给集资参与人返本付息及支付高额提成、犯罪成本，并未按照承诺将集资款用于合同约定的投资项目等经营活动，被告人肆意处置集资款的行为不具有持续的可能性，必然导致资金链断裂，集资款无法返还，可以认定其具有非法占有的目的。

二、集资诈骗罪中，非法占有目的的推定规则

集资诈骗罪中，在绝大多数情况下，行为人不会直接承认主观上具有非法占有的目的，法院认定行为人具有非法占有的目的往往需要进行推定。法官和合议庭在进行推定时，要遵循主客观相一致的原则，同时允许反驳。

（一）正向推定

我们认为，集资诈骗罪中，认定行为人是否具有非法占有的目的，可以按照以下层次进行：

1. 集资理由是否真实。非法集资案件中，行为人通常会以投资项目或投资理财为名，因此应首先判断行为人宣传的集资理由是否真实。行为人宣传的集资理由不真实的，可以初步推定行为人具有非法占有的目的。

2. 集资款是否用于投资项目。司法实践中，有的行为人以投资 A 项目集资，

集资后投资B项目，在此情况下，虽然行为人集资理由不真实，但其并未占有或肆意处置集资款，不能认定具有非法占有的目的。相反，行为人仅将小部分集资款用于投资或者随意处置，挥霍性投资或投资于股票、期货等高风险活动的，可以基本认定行为人具有非法占有的目的。

3. 集资款是否具有返还的可能性。综合考虑集资款的去向以及集资模式是否具有持续的可能性。对司法实践中出现的，没有盈利项目，仅仅是“以新还旧”的，可以认定非法占有的目的。

4. 是否有逃避返款的行为。行为人携带集资款逃匿或者隐匿集资款、拒不交代资金去向，逃避返款集资款的，可以认定具有非法占有的目的。司法实践中，突出表现为将集资款大量取现金，资金去向难以查明，而行为人又无合理解释。

在本案中，被告人韩某某以投资厂房拆迁建设、设备更新及投资其他项目为名，但集资款并未用于宣传的投资项目，集资理由不真实。集资后，集资款也未用于其他投资项目，而是支付高额提成，用于犯罪成本支出及给集资参与人返息，整个模式不具有返本付息的可能性，最终致使集资款无法返还，可以推定具有非法占有的目的。

（二）允许反驳

司法推定的事实并非客观真实，而是推定真实，推定的基础、方法等因素都可能会影响推定的有效性。既然是推定，就可能会出现推定错误，就应当允许反驳，包括不可抗力、经营风险和集资参与人同意等。

编写人：北京市朝阳区人民法院　付想兵　刘杰

45

涉网络众筹平台型诈骗类犯罪的罪名选择

——崔小某等集资诈骗案

【案件基本信息】

1. 裁判书字号

江苏省南通市中级人民法院（2019）苏06刑终33号刑事裁定书

2. 案由：集资诈骗罪

【基本案情】

2016年2、3月，被告人崔小某、尹某、刘京某、王满某、张城某等人在广东合谋通过建立众筹平台项目骗取钱财，刘京某提出仿造英国甲公司网址，以××外汇众筹名义进行诈骗的初步方案并获得认可，后崔小某、刘京某着手雇人制作网页前端、数据后台、租用网络服务器、购买网站域名等构建诈骗网站平台前期工作，崔小某通过互联网购买他人身份证、银行卡、支付宝账户、手机卡、微信、QQ号等匿名作案工具。后被告人张家某、李乐某夫妇经被告人尹某招募加入该犯罪团伙，刘钜某经被告人王满某招募加入该犯罪团伙。团伙成员经商议确定了成员分工及分赃比例。

该团伙使用仿造的××网站平台以专业团队代理炒外汇帮助投资者理财的名义，通过QQ、微信等网络工具向不特定人群群发信息、分享链接及二维码的方式进行推广，并以日息为投资额的1.5%到3.5%的高回报率及推荐奖金为诱饵，向社会不特定公众非法吸收资金，利用已吸收的集资款兑付集资参与人的利息及奖金，以制造集资参与人赚钱的假象进而骗取更多的集资款。为了逃避银行的监管及公安机关的查处，团伙成员使用上述购买的匿名移动终端、互联网聊天软件、收付款网银等作案设备用于汇转资金、联系集资参与人、登记住宿等活动，团伙成员集中住宿，不断变换住所、流窜作案。团伙成员将诈骗平台所骗得的支付宝、银行卡中的赃款通过周金某等人使用的POS机匿名刷卡套现分赃，后期由刘京某牵头帮助团伙成员购买比特币进行汇转洗钱分赃，作案后团伙成员将作案专用的电脑、手机、银行卡等工具予以丢弃。

2016年5月24日，该团伙经合意后关闭该诈骗网站平台，并将网站平台数千万元集资款以资金或比特币方式进行分赃。该团伙骗取余某等5197名集资参与人的投资款共计99850849.73元，扣除以利息、奖金等形式的返利63538491.52元，实际造成经济损失36312358.21元，即本案集资诈骗数额为36312358.21元。

【案件焦点】

崔小某等人利用电信网络推广虚假的众筹平台以投资外汇的名义骗取公众钱款的行为当如何定性。

【法院裁判要旨】

江苏省启东市人民法院经审理认为，崔小某等人通过仿冒英国××网站平台，违反国家金融管理法规，以投资外汇众筹项目的名义，谎称由有实力的财团及专业团队炒外汇帮助客户理财，以日息为投资额的1.5%到3.5%的高回报率及推荐奖金为诱饵，利用电信网络推广该平台，不断向公众非法吸收资金。该团伙集资后并没有用于生产经营活动，而是在平台资金达到一定规模后即关闭平台，进行团伙成员分赃，非法占有目的明显，应认定为集资诈骗罪。

江苏省启东市人民法院根据《中华人民共和国刑法》第一百九十二条①，第二十五条第一款，第二十六条第一款、第四款，第六十七条第三款，第六十四条；《最高人民法院关于审理非法集资刑事案件具体应用法律若干问题的解释》第一条，第二条，第四条，第五条之规定，作出如下判决：

一、被告人崔小某犯集资诈骗罪，判处有期徒刑十二年六个月，并处罚金人民币三十五万元。

---

① 2020年修正后的《中华人民共和国刑法》第一百九十二条规定："以非法占有为目的，使用诈骗方法非法集资，数额较大的，处三年以上七年以下有期徒刑，并处罚金；数额巨大或者有其他严重情节的，处七年以上有期徒刑或者无期徒刑，并处罚金或者没收财产。单位犯前款罪的，对单位判处罚金，并对其直接负责的主管人员和其他直接责任人员，依照前款的规定处罚。"

被告人尹某犯集资诈骗罪，判处有期徒刑十二年三个月，并处罚金人民币三十五万元。

被告人刘京某犯集资诈骗罪，判处有期徒刑十二年六个月，并处罚金人民币三十五万元。

被告人王满某犯集资诈骗罪，判处有期徒刑十一年三个月，并处罚金人民币二十五万元。

被告人张城某犯集资诈骗罪，判处有期徒刑十一年六个月，并处罚金人民币二十五万元。

被告人张家某犯集资诈骗罪，判处有期徒刑十一年六个月，并处罚金人民币二十五万元。

被告人李乐某犯集资诈骗罪，判处有期徒刑十一年六个月，并处罚金人民币二十五万元。

二、责令被告人崔小某、尹某、刘京某、王满某、张城某、张家某、李乐某退缴赃款人民币 36312358.21 元，发还各被害人。

三、查获并扣押的涉案银行卡、银行 U 盾、手机、电脑、冒用的身份证等物品，予以没收，由扣押机关予以销毁或上缴国库。

崔小某、尹某、刘京某、王满某、张城某、张家某、李乐某持原审辩解提起上诉。

江苏省南通市中级人民法院经审理认为：崔小某、尹某、刘京某、王满某、张城某、张家某、李乐某违反国家金融管理制度，以非法占有为目的，使用诈骗方法非法集资，数额特别巨大，其行为均已构成集资诈骗罪。一审判决认定事实清楚，证据确实、充分，适用法律正确，定罪量刑适当，审判程序合法。故崔小某等人的上诉理由不能成立，应予驳回。

江苏省南通市中级人民法院依照《中华人民共和国刑事诉讼法》第二百三十六条第一款第一项的规定，作出如下裁定：

驳回上诉，维持原判。

【法官后语】

本案公诉机关以诈骗罪提起公诉，辩方提出崔小某等人的行为应构成组织、领导传销活动罪。人民法院经审理后没有采纳控辩双方关于罪名定性的意见，最终以集资诈骗罪对行为人定罪处罚。本案的核心问题是在犯罪人利用电信网络技术的背景下，如何把握集资诈骗罪与诈骗罪；组织、领导传销活动罪的区别。

1. 电信网络技术的背景下的集资诈骗与诈骗的界分

二者具有一定的相似性，均是利用电信网络技术实施的虚构事实、隐瞒真相，向社会不特定对象骗取钱款的行为，但集资诈骗罪还有其鲜明的特点，主要在于违反国家金融管理法规的违法性和承诺还本付息及给付高额回报的利诱性。集资诈骗罪侵犯的客体为复杂客体，既侵犯了公私财产所有权，也侵犯了国家的金融秩序。《非法金融机构和非法金融业务活动取缔办法》规定，未经中国人民银行批准，擅自非法吸收公众存款或者变相吸收公众存款属非法金融业务活动。崔小某等人通过仿冒英国××网站平台，违反国家金融管理法规，以投资外汇众筹项目的名义，谎称由有实力的财团及专业团队炒外汇帮助客户理财，后通过团伙成员利用电信网络推广及投资者之间口口相传，不断向社会不特定公众非法吸收资金，侵犯了国家的金融秩序。集资诈骗罪的另一个鲜明特点就是犯罪人往往承诺在一定期限内以货币、实物、股权等方式还本付息或给付高额回报。本案中崔小某等人以日息为投资额的1.5%到3.5%的高回报率及推荐奖金为诱饵，通过“拆东墙补西墙”的方式使部分投资者暂时“获利”，诱使公众“投资”，利诱性特征明显。本案既符合诈骗罪的构成要件，也符合集资诈骗罪的构成要件，二者属于普通法与特别法之间的法条竞合关系，根据特别法优于普通法的原则，本案应认定为集资诈骗罪而非诈骗罪。

2. 有“人员推荐奖”并不必然构成组织、领导传销活动罪

组织、领导传销活动罪要求以推销商品、提供服务等经营活动为名，要求参加者以缴纳费用或者购买商品、服务等方式获得加入资格，并按照一定顺序组成层级，直接或者间接以发展人员的数量作为计酬或者返利依据，诱使、胁迫参加者继续发展他人参加，骗取财物。从犯罪构成上看，崔小某等人并非以推销商品、提供服务等经营活动为名，要求参加者以缴纳一定的入门费或购买商品、服务等方式获得加入资格，而是以炒外汇投资理财的名义直接骗取被害人的“投资款”，无须获得加入资格，以“投资额”的1.5%到3.5%计算日息，多投多得。虽然该团伙设计了类似于传销活动的“推荐奖金”制度，以鼓励投资者口口相传，积极推广该“集资”项目，但其目

的是扩大受骗群体，诈骗更多钱财。该团伙仿冒的××外汇众筹平台并非以发展人员数量作为计酬或者返利依据，而是以投资人的“投资额”及经被投资者介绍的其他投资者的“投资额”为返利依据。故本案不符合组织、领导传销活动罪的构成要件。

编写人：江苏省启东市人民法院　王麒锟

46

冒用他人信用卡的认定

——秦某某信用卡诈骗案

【案件基本信息】

1. 裁判书字号

福建省厦门市集美区人民法院（2019）闽0211初195号刑事判决书

2. 案由：信用卡诈骗罪

【基本案情】

2018年7月18日至2018年11月20日，被告人秦某某在多次以各种借口将被害人卢某某手机骗至手中，乘被害人没有察觉之机，利用已获取的被害人的网上支付密码，通过微信转账或微信红包的方式，转走被害人卢某某的一张与微信绑定的，卡号为6230520070007××××××的甲银行卡内的人民币14049元。

2018年11月23日18时许，被告人秦某某被公安机关传唤，归案后被告人秦某某在侦查阶段即如实供述上列犯罪事实，与妻子已全部赔偿被害人卢某某人民币14049元的损失，并取得被害人卢某某的谅解。

【案件焦点】

本案被告人行为如何定性。

【法院裁判要旨】

福建省厦门市集美区人民法院经审理认为：被告人秦某某以非法占有为目的，冒用他人信用卡，数额较大，其行为已构成信用卡诈骗罪。公诉机关指控的罪名成立。被告人秦某某归案后如实供述自己的犯罪事实，依法可以从轻处罚。公诉机关的量刑建议适当，应予采纳。对被告人秦某某适用缓刑不致再危害社会，可适用缓刑。

据此，依照《中华人民共和国刑法》第一百九十六条第一款第三项、第六十四条、第六十七条第三款、第七十二条及《最高人民法院、最高人民检察院关于办理妨害信用卡管理刑事案件具体应用法律若干问题的解释》第五条的规定，判决如下：

一、被告人秦某某犯信用卡诈骗罪，判处有期徒刑八个月，缓刑一年，并处罚金人民币二万元。

二、暂扣于公安机关的作案工具手机一部、邮政储蓄银行卡一张予以没收。

【法官后语】

审理中，关于被告人秦某某行为的定性，存在分歧：一种意见认为，被告人秦某某系骗取他人信用卡并使用，构成信用卡诈骗罪；另一种意见认为，被告人秦某某系盗窃他人信用卡并使用，构成盗窃罪。

一、信用卡诈骗罪与盗窃罪的区别

一般情况下，信用卡诈骗罪与盗窃罪之间的界限不难区分，容易混淆的是通过非法手段获取他人信用卡并使用的情形。在该情形下，两罪在犯罪主体和犯罪主观方面并无不同，区别在于犯罪客体和犯罪客观方面：

1. 犯罪客体不同

信用卡诈骗罪不仅侵犯公民财产权，而且还扰乱国家金融管理秩序，属于复杂客体；而盗窃罪侵犯的仅仅是公民财产权，属单一的客体。

2. 犯罪客观方面表现不同

盗窃罪主要通过秘密窃取的方式获得受害人的财产，受害人往往处于被动状态；诈骗罪主要通过欺骗的方式让受害人自愿交付财产，受害人往往处于主动状态。即信用卡诈骗罪主要是通过“冒用他人信用卡”的情形让受害人自愿交付财产，受害人往往也处于主动状态。

二、本案判决理由

本案最终是对被告人秦某某按信用卡诈骗罪定罪处罚。理由如下:

1. 从犯罪的客观方面看,被告人秦某某的行为符合信用卡诈骗罪的犯罪构成特征。区别诈骗罪和盗窃罪最关键的是要厘清行为人取得财产到底是其秘密窃取,还是其通过欺骗让所有人或持有人基于错误的认识而“自愿”处分财物。本案中,被告人秦某某多次以各种借口将被害人卢宗某手机骗至手中,利用已获取的被害人的网上支付密码,通过微信转账或微信红包的方式,转走被害人卢宗某的一张与微信绑定的银行卡内的钱。被告人秦某某之所以能把被害人卢宗某银行卡内的钱转走,主要原因在于被告人秦某某的欺骗行为造成银行或其他支付机构错误地认为是被害人的支取行为,被告人秦某某取得被害人的存款并不是通过窃取银行或支付机构以及被害人的方式获取的,银行或支付机构以及被害人并不是被动状态,而银行或支付机构自愿将被害人的银行存款正常转走或支取,是银行或其他支付机构自愿的支取行为。因此,被告人秦某某的行为符合信用卡诈骗罪的犯罪特征,不符合盗窃罪的犯罪构成特征。

2. 从犯罪客体看,被告人秦某某的行为侵害了国家金融制度中的信用卡管理制度。被告人秦某某用被害人的手机及其获得的被害人的支付密码,使银行向本无权支配使用该银行卡账户下钱款的被告人错误地进行支付,侵害了信用卡的正常结算管理制度以及国家正常的金融管理秩序。同时,被告人秦某某的行为也侵犯了被害人的财产权,属于侵犯复杂客体。盗窃罪侵犯的客体仅是公民的财产权,属侵犯单一客体。故被告人秦某某的行为不应当构成盗窃罪而应当构成信用卡诈骗罪。

3. 从法律及司法解释规定看,被告人秦某某的行为符合信用卡诈骗的情形。根据《最高人民法院、最高人民检察院关于办理妨害信用卡管理刑事案件具体应用法律若干问题的解释》第五条第二款的规定“刑法第一百九十六条第一款第三项所称‘冒用他人信用卡’,包括以下情形:(一)拾得他人信用卡并使用的;(二)骗取他人信用卡并使用的;(三)窃取、收买、骗取或者以其他非法方式获取他人信用卡信息资料,并通过互联网、通讯终端等使用的;(四)其他冒用他人信用卡的情形。”以及《刑法》第一百九十六条第三款规定“盗窃信用卡并使用的,依照本法第二百六十四条的规定定罪处罚”的规定。本案中,被告人秦某某用被害人的手机及其获得的被害人的支付密码,通过微信转账或微信红包的方式,将被害人与微信绑定的银行卡的钱取走，是窃取、收买、骗取或者以其他非法方式获取他人信用卡信息资料，并通过互联网、通讯终端等使用的行为，属于我国《刑法》第一百九十六条第一款第三项规定的“冒用他人信用卡”情形，并不属于《刑法》第一百九十六条第三款规定“盗窃信用卡并使用的，依照本法第二百六十四条的规定定罪处罚”情形，故被告人秦某某的行为符合信用卡诈骗的犯罪情形。

综上，被告人秦某某的行为符合信用卡诈骗罪的犯罪构成特征，应当以信用卡诈骗罪定罪处罚。

编写人：福建省厦门市集美区人民法院　王巍娜

47

恶意透支型信用卡诈骗犯罪的起算时间

——魏某某信用卡诈骗案

【案件基本信息】

1. 裁判书字号

江苏省江阴市人民法院（2018）苏0281刑初1557号刑事判决书

2. 案由：信用卡诈骗罪

【基本案情】

被告人魏某某于2013年3月因犯虚开发票罪被判处有期徒刑一年，缓刑一年六个月（缓刑考验期限自2013年4月1日起至2014年9月30日止），并处罚金人民币二万元。

2013年6月24日，被告人魏某某在甲银行江阴支行办理了一张卡号为622206000920×××××，额度为人民币20万元的信用卡，并持该卡透支消费。2014年7月，其债主许某因为想要购买汽车，遂向被告人魏某某讨要欠款。为归还许某的债务，同月28日，被告人魏某某在没有还款能力的情况下，让其公司会计赵礼某使用该信用卡在江阴市澄杨路乙店刷卡支付了20万元帮助许某购买了一辆越野车。2014 年 8 月，被告人魏某某通过逃匿外地、改变联系电话等方式逃避银行催收，经发卡行多次催收后仍不归还。截至案发，被告人魏某某尚欠甲银行江阴支行本金人民币 197563.85 元。

被告人魏某某因涉嫌犯诈骗罪被公安机关抓获后，主动交代了公安机关尚未掌握的上述犯罪事实。

本案审理期间，被告人魏某某亲属自愿代为还款人民币 197563.85 元，已发还甲银行江阴支行。

【案件焦点】

1. 如何认定恶意透支型信用卡诈骗罪的犯罪时间；2. 本案所犯信用卡诈骗罪是否在前罪的缓刑考验期内，是否应当撤销缓刑。

【法院裁判要旨】

江苏省江阴市人民法院经审理认为，被告人魏某某透支信用卡，数额较大，超过规定期限，经发卡银行两次有效催收后超过 3 个月仍不归还，其行为确已构成信用卡诈骗罪。被告人魏某某犯信用卡诈骗罪的归案情形符合自首的法律规定，系自首，已还款，依法予以从轻处罚。公诉机关指控被告人魏某某犯信用卡诈骗罪的事实清楚，证据确实、充分，指控的罪名正确，予以采纳。关于公诉人当庭提出被告人魏某某在缓刑考验期内犯新罪，应当撤销缓刑数罪并罚的意见，经查，信用卡诈骗犯罪的时间应当以发卡银行两次有效催收超过 3 个月为犯罪时间，经查，本案第 1 次催收是 2014 年 8 月 28 日，相隔 30 天后的第 2 次有效催收时间是 2014 年 9 月 30 日，故犯罪时间应当认定为 2014 年 12 月 30 日后，不在缓刑考验期内。关于辩护人提出对被告人魏某某犯信用卡诈骗罪从轻处罚的理由和意见，经查，符合案情和法律规定，予以采纳。据此，依照《中华人民共和国刑法》第一百九十六条第一款第四项、第二款，第六十七条第一款及《最高人民法院、最高人民检察院关于办理妨信用卡管理刑事案件具体应用法律若干问题的解释》第六条、第七条、第八条、第九条，《最高人民法院关于处理自首和立功具体应用法律若干问题的解释》第一条之规定，判决如下：

被告人魏某某犯信用卡诈骗罪，判处有期徒刑一年五个月，并处罚金人民币三万元。

【法官后语】

本案被告人魏某某的行为属于恶意透支型信用卡诈骗犯罪。争议焦点在于：被告人魏某某的犯罪时间如何认定？是否属于在前罪缓刑考验期间内又犯新罪？

第一种观点认为，《最高人民法院、最高人民检察院关于办理妨害信用卡管理刑事案件具体应用法律若干问题的解释》（以下简称《解释》）第六条已明确将“经发卡银行两次有效催收后超过三个月仍不归还”作为恶意透支型信用卡诈骗犯罪成立的要件，故犯罪时间应以发卡银行两次有效催收后三个月期限届满起算。本案中发卡银行第一次催收时间是2014年8月28日，间隔30日后的第二次催收时间是2014年9月30日，犯罪时间应当认定为2014年12月30日后，其前罪的缓刑考验期已经结束，故无须撤销缓刑数罪并罚。

第二种观点认为，“经发卡银行两次有效催收超过三个月不还”的规定可以理解为对被告人非法占有主观故意的推定要件，在确定被告人有非法占有故意的情况下，被告人实际犯罪的时间是其恶意透支的时间，此时犯罪已经处于既遂状态。被告人魏某某的恶意透支行为发生于2014年7月28日，在前罪缓刑考验期间内，属于在缓刑考验期间内犯新罪，应当撤销缓刑，实行数罪并罚。

笔者同意第一种意见，具体理由如下：

一、从法律规定看，非法占有和经催收不还是认定恶意透支的两个必须同时具备的要件

《刑法》第一百九十六条第二款规定：“前款所称恶意透支，是指持卡人以非法占有为目的，超过规定限额或者规定期限透支，并且经发卡银行催收后仍不归还的行为。”从上述法律规定的字面含义看，非法占有为目的和经催收不还之间用了连接处“并且”，表明法律规定要求二者同时具备才可构成恶意透支，其中经催收不还是恶意透支的法定构成要件之一，不能缺少。另外，《解释》第六条第二款已分项列举了非法占有为目的的推定型事由，其中并不包括经催收不还。可见，经催收不还与非法占有为目的是两个并重的信用卡诈骗犯罪构成要件，经催收不还并非非法占有为目的的推定条件。

二、从行为特征看，仅有透支行为尚不构成完整的信用卡诈骗

透支行为发生时，行为人是否归还钱款尚属于不确定状态，换言之，即使行为人在透支信用卡时具有非法占有的目的，但只要在发卡银行两次有效催收后三个月

期限进行归还，依然不构成信用卡诈骗罪。如果按照透支行为完成即成罪的观点来理解，那两次催收后三个月内归还钱款就属于退赃行为，这无疑与现行法律规定相矛盾。故本案信用卡诈骗犯罪时间应当认定为2014年12月30日后，无须撤销缓刑数罪并罚。

编写人：江苏省江阴市人民法院　夏瑾　丁莉

（六）危害税收征管罪

48

逃税罪处罚阻却事由的认定

——陈某逃税案

【案件基本信息】

1. 裁判书字号

福建省厦门市中级人民法院（2018）闽02刑终658号刑事裁定书

2. 案由：逃税罪

【基本案情】

2010年7月至2015年9月，被告人陈某作为厦门市翔安区某食品经营部的实际管理者及做账、报税人员，其在管理某食品经营部过程中，明知该经营部核定的计税收入远远少于其实际经营收入，却未依照法律、行政法规的规定据实申报经营收入，分别向国税部门和地税部门进行虚假纳税申报，具体如下：

（1）某食品经营部作为纳税户向厦门市翔安区国家税务局申报不含税收入人民币1968416.51元（以下币种均同），隐瞒销售收入95723528.11元，造成少缴增值税税款2874405.8元。各年度逃避缴纳税款均已超过5万元，占应纳税额比例分别为94.49%、95.82%、97.18%、97.25%、98.03%、97.05%。2016年8月5日，厦门市翔安区国税局稽查局对该食品经营部作出《税务处理决定书》，决定追缴增值税税款2874405.8元、滞纳金1596497.93元及罚款1437202.9元。该食品经营部以2016年5月和8月两次将欠缴增值税税款予以缴清，截至2017年2月24日尚未缴纳欠缴税款滞纳金和罚款，未能履行行政处罚。

（2）某食品经营部作为纳税户隐瞒不含税销售收入97691944.62元，向厦门市翔安区地方税务局进行虚假申报，造成少缴税款1034681.06元。各年度逃避缴纳税款均已超过5万元，占应纳税额比例分别为97.09%、97.02%、98.13%、98.2%、98.74%、98.09%。2016年12月9日，厦门市地方税务局稽查局对该食品经营部作出《税务行政处罚决定书》，但该经营部未补缴应纳税款、缴纳滞纳金及罚款，未接受行政处罚。2017年9月8日该食品经营部缴纳入库税费1176912.71元。

【案件焦点】

《中华人民共和国刑法》第二百零一条第四款规定“经税务机关依法下达追缴通知后，补缴应纳税款，缴纳滞纳金，已受行政处罚的，不予追究刑事责任”，是逃税罪的构成要件，还是行为在构成逃税罪前提下的处罚阻却事由。

【法院裁判要旨】

福建省厦门市思明区人民法院经审理认为，《中华人民共和国刑法》第二百零一条第一款规定了逃税罪的构成要件，即只要行为人的逃税行为符合“纳税人采取欺骗、隐瞒手段进行虚假纳税申报或者不申报，逃避缴纳税款数额较大并且占应纳税额百分之十以上的”且具备其他责任要素，其行为就成立逃税罪。而《中华人民共和国刑法》第二百零一条第四款的规定并非逃税罪的构成要件，而是在行为构成逃税罪的前提下的处罚阻却事由，即“经税务机关依法下达追缴通知后，补缴应纳税款，缴纳滞纳金，已受行政处罚的，不予追究刑事责任”。本案中，某食品经营部工商登记的经营者与实际经营者不一致，是由于被告人陈某的过错行为导致，其实际经营该个体工商户，却未到工商部门办理变更登记，亦未将该情况告知税务机关，税务机关依据工商注册信息将追缴通知送达该食品经营部，其通知、送达的义务即已完成，该食品经营部收到通知后提出听证申请，参加听证会、作出还款计划并缴纳了部分所欠税款等一系列行为，均表明税务机关已经给予其成立处罚阻却事由的机会，但因该食品经营部仍未能补缴应纳税款，缴纳滞纳金和罚款，税务机关才将该案移送公安机关立案。公安机关经侦查后发现该食品经营部的实际经营者为陈某后，亦向其告知了税务机关的相关追缴通知，但至今为止，相关滞纳金和罚款仍未缴纳，基于上述情况，被告人陈某构成逃税罪且不具备《中华人民共和国刑法》第二百零一条第四款规定的处罚阻却事由，应承担相应的刑事责任。

福建省厦门市思明区人民法院依照《中华人民共和国刑法》第二百零一条第一款、第三款、第四款、第二百一十一条，作出如下判决：

被告人陈某犯参加黑社会性质组织罪，判处有期徒刑四年六个月，并处没收财产人民币一百万元；犯妨害作证罪，判处有期徒刑八个月；犯逃税罪，判处有期徒刑三年六个月，并处罚金人民币十万元，数罪并罚，决定执行有期徒刑七年四个月，并处没收财产人民币一百万元、罚金人民币十万元。

陈某持原审辩解提起上诉。

福建省厦门市中级人民法院经审理认为：某食品经营部系个体工商户，并非可以独立承担单位犯罪刑事责任的主体，而自然人叶某系挂名，上诉人陈某作为该食品经营部的实际经营者和后者逃税的直接行为人，依法应当对后者逃税的行为承担刑事责任。上诉人陈某及其辩护人该节上诉及辩护意见于法无据，不予采纳。

福建省厦门市中级人民法院依照《中华人民共和国刑事诉讼法》第二百三十六条第一款第一项的规定，作出如下裁定：

驳回陈某的上诉，维持原判。

【法官后语】

本案处理的重点在于：对《刑法》第二百零一条第四款“不予追究刑事责任”的理解。

对该条文有不同的理解，第一种观点认为应将《刑法》第二百零一条第四款作为逃税罪的构成要件，即经税务机关依法下达追缴通知后，补缴应纳税款，不缴纳滞纳金，不接受行政处罚是逃税罪的构成要件。第二种观点则认为，《刑法》第二百零一条第四款仅是处罚阻却事由，而不是构成要件的内容，所以只要行为人的逃税行为符合第二百零一条第一款的规定，并具备其他责任要素就可成立逃税罪，只是还不能发动刑罚权而已。

笔者赞同第二种观点，认为《刑法》第二百零一条第四款的规定仅是逃税罪的处罚阻却事由。我国《刑法》规定的处罚阻却事由包括两类情形：一类是阻却刑罚处罚的情形，具有这类处罚阻却事由时，依然可能启动刑事诉讼程序，但不得对行为人科处刑罚，此即免予刑罚处罚的事由。例如，根据《刑法》第二十四条的规定，没有造成损害的犯罪中止，属于阻却刑罚处罚的事由。另一类是阻却刑事责任追究的情形，具有这类处罚阻却事由时，不得启动刑事诉讼程序（不得立案、起诉和审判）。《刑法》第二百零一条第四款的规定就是如此。《刑法》第二百零一条第四款的规定，是出于刑事政策方面的考虑，一方面，行为人虽然实施了逃税犯罪，但经税务机关依法下达追缴通知后补缴应纳税款、缴纳滞纳金并受到行政处罚的，表明其再犯罪的可能性减小乃至消失，因而特殊预防的必要性减小乃至消失，没有以刑罚予以预防的必要。另一方面，处罚逃税犯罪，是为了保障国家的税收。《刑法》第二百零一条第四款的规定，有利于税收的增加。因为如果行为人补缴应纳税款、缴纳滞纳金并受到行政罚款后，依然被追究刑事责任，那么，就会促使行为人想方设法不补缴税款、不缴纳滞纳金和不接受行政罚款，这样财政收入反而会减少。

对《刑法》第二百零一条第四款，应从以下几个方面理解适用：

1. 任何逃税案件，首先必须经过税务机关的处理。税务机关没有处理的，司法机关不得直接追究行为人的刑事责任。税务机关明知行为人已经实施了逃税行为但并不下达任何通知的，司法机关也不能直接追究逃税人的刑事责任。

2. 只有经税务机关依法下达追缴通知后，行为人补缴应纳税款，缴纳滞纳金，已受行政处罚的，才不追究刑事责任。税务机关作出罚款决定后，行为人并不缴纳罚款的，不能认定为“已受行政处罚”。只有当行为人根据税务机关的罚款决定，已经缴纳罚款时，才能认定为“已受行政处罚”。

3. 只有当行为人超过了税务机关的规定期限而不接受处理时，司法机关才能追究刑事责任。行为人在规定的期限，没有接受税务机关的处理，即可进入刑事司法程序追究行为人的刑事责任。在进入刑事司法程序后补缴应纳税款，缴纳滞纳金，接受行政处罚的，不成立处罚阻却事由。

4. 适用《刑法》第二百零一条第四款的前提，是行为符合该条第一款规定的逃税罪的犯罪构成。对于并不构成逃税罪的行为，原本就不能追究刑事责任，因而不能适用《刑法》第二百零一条第四款。例如，行为人逃税数额较大但没有达到应纳税额

10%以上的，不应适用《刑法》第二百零一条第四款，只能按照税法处理。

具体到本案中，税务机关将追缴通知送达某食品经营部，其通知、送达的义务即已完成，某食品经营部收到通知后提出听证申请，参加听证会、作出还款计划并缴纳了部分所欠税款等一系列行为，均表明税务机关已经给予其成立处罚阻却事由的机会，但因某食品经营部仍未能补缴应纳税款，缴纳滞纳金和罚款，税务机关才将该案移送公安机关立案。公安机关经侦查后发现某食品经营部的实际经营者为陈某后，亦向其告知了税务机关的相关追缴通知，但相关滞纳金和罚款未缴纳，基于上述情况，被告人陈某的行为符合《刑法》第二百零一条第一款规定的逃税罪的犯罪构成，且不具备该条第四款规定的处罚阻却事由，构成逃税罪。

编写人：福建省厦门市思明区人民法院　许晓琳　张晓杰

49

虚开税额数额的综合考量

——王祥某等虚开增值税专用发票案

【案件基本信息】

1. 裁判书字号

广西壮族自治区贵港市港北区人民法院（2019）桂0802刑初307号刑事判决书

2. 案由：虚开增值税专用发票罪

【基本案情】

2014年年底，被告人王祥某以其所在的广西贵港市甲贸易有限公司（以下简称甲公司）需要较多的进项增值税专用发票为由，向乙公司（自然人独资公司，以下简称乙公司）的法定代表人被告人钟某提出帮找公司虚开水泥方面的增值税专用发票进项票给甲公司，钟某为了王祥某能介绍业务给其公司，表示同意帮忙。后钟某通过其公司的财务顾问邓宁某（另案处理）找到做水泥生意的丙公司（以下简称丙公司）的实际控股人兼总经理的被告人唐佳某，商量虚开增值税专用发票的事宜。唐佳某同意在没有实际发生水泥购销业务的情况下，收取2%的“开票费”，以其公司名义虚开增值税专用发票，并吩咐其公司的出纳被告人唐燕某与邓宁某联系操办。具体事实如下：

一、2014年12月，被告人唐燕某按照被告人唐佳某的吩咐，在没有实际发生水泥购销业务的情况下，叫公司会计刘卓某以丙公司名义为甲公司虚开11份税额共计171480.77元的增值税专用发票，并收取邓宁某支付的“开票费”人民币23000元，用于丙公司的日常开支。被告人王祥某取得上述11份增值税专用发票后，甲公司已全部申报抵扣增值税进项税额。

二、2015年1月，被告人唐燕某按照被告人唐佳某的吩咐，在没有实际发生水泥购销业务的情况下，叫公司会计刘卓某以丙公司名义为乙公司虚开27份税额共计449920.61元的增值税专用发票，并收取邓宁某支付的“开票费”人民币60000元，用于丙公司的日常开支。被告人钟某取得上述27份进项增值税专用发票后，又以乙公司的名义虚开27份税额共计448596.65元的销项增值税专用发票给甲公司。被告人王祥某取得上述27份增值税专用发票，甲公司已全部申报抵扣增值税进项税额。

【案件焦点】

钟某在无实际购销交易的情况下，让丙公司为其乙公司虚开税额共计449920.61元的进项增值税专用发票，尔后由乙公司再开具税额共计448596.65元的销项增值税专用发票给甲公司申报抵扣增值税进项税额，如何计算钟某上述两个行为虚开的税额数额。

【法院裁判要旨】

广西壮族自治区贵港市港北区人民法院经审理认为：被告人王祥某、被告人唐佳某、唐燕某分别身为被告单位丙公司的实际控制人、主管财务的人员、被告人钟某身为被告单位乙公司的独资经营人和法定代表人，违反国家税收征管和发票管理规定，让他人为自己或本单位，或介绍他人虚开、或为他人虚开增值税专用发票，虚开的税款数额较大，被告人王祥某、被告单位丙公司、被告单位乙公司的行为构成虚开增值税专用发票罪，被告人唐佳某、唐燕某、钟某作为被告单位直接负责的主管人员，他们的行为构成（单位）虚开增值税专用发票罪。作为乙公司老板的被告人钟某，为了其公司利益，在无实际购销交易的情况下，让丙公司为其乙公司虚开税额共计

449920.61元的进项增值税专用发票，尔后由其乙公司再开具税额共计448596.65元的销项增值税专用发票给甲公司，应当只按其中虚开较大的进项税额即449920.61元计算该笔其虚开的数额。依照《中华人民共和国刑法》第二百零五条，第二十五条第一款，第二十六条第一款、第四款，第二十七条，第六十七条第一款、第三款，第五十二条，第七十二条第一款、第三款，第七十三条第二款、第三款，第六十四条；《中华人民共和国行政处罚法》① 第二十八条第二款和《中华人民共和国刑事诉讼法》第十五条，作出如下判决：

一、被告人王祥某犯虚开增值税专用发票罪，判处有期徒刑三年，缓刑四年，并处罚金人民币三十万元。

二、被告单位丙公司犯虚开增值税专用发票罪，判处罚金人民币三十万元。

三、被告人唐佳某犯（单位）虚开增值税专用发票罪，判处有期徒刑三年，缓刑四年。

四、被告单位乙公司犯虚开增值税专用发票罪，判处罚金人民币三十万元。

五、被告人钟某犯（单位）虚开增值税专用发票罪，判处有期徒刑三年，缓刑四年。

六、被告人唐燕某犯（单位）虚开增值税专用发票罪，判处有期徒刑一年，缓刑一年。

七、被告人唐佳某退至本院的违法所得人民币八万三千元，予以没收，上缴国库。

【法官后语】

有两个虚开行为，但仅导致一笔国家税收损失的虚开增值税专用发票情形，处罚上的争议在于是否要将每个虚开行为所涉虚开税额累计。有意见认为，《刑法》规定的虚开增值税专用发票的行为包括为他人虚开、为自己虚开、让他人为自己虚开、介绍他人虚开的行为，因此每个虚开行为都是违法犯罪行为，故需将行为人每个虚开行为所涉虚开税额累计；也有意见认为，国家税款损失只是受票单位抵扣税款的数额，应只按国家税收损失数额来计算虚开的税额数额。

---

① 对应2021年修订后的《中华人民共和国行政处罚法》第三十五条。

因无实际购销交易，乙公司本身不需要向税务主管机关缴纳有关税款，钟某让丙公司为乙公司虚开进项增值税专用发票，未以上述专用发票向税务主管机关抵扣税款，在这一环节并不会造成国家税款损失，但钟某的这一虚开行为，危害了国家对增值税专用发票的监督管理制度和税收征管秩序，是具有可罚性的。尔后乙公司开具销项增值税专用发票给甲公司申报抵扣增值税进项税额，在这一环节导致国家税款损失，侵犯了本罪所保护的具体法益，钟某的第二个虚开行为及其造成的国家税收损失危害结果也是对其定罪处罚的要素。量刑的整体评价要涵盖钟某的上述二个虚开行为和其导致的国家税收损失危害结果，无论是将二个行为所涉虚开税额累计还是按照国家税额损失来计算虚开的税额，都不能保证罪刑相当。而综合钟某上述二个虚开行为的大小和国家税收损失，其中所涉虚开税额较大的虚开行为在数额能包含二个虚开行为分别虚开的税额数额及其造成的国家税收损失数额，所以在价值衡量上，虚开行为所涉税额较大的行为较虚开税额较小的行为和税收损失结果更有意义，只以其中虚开行为所涉税额较大的行为数额计算虚开的税额，按该数额处罚，能做到罪责刑相适应。

《刑法》第二百零五条对虚开增值税专用发票罪虚开税款数额较大、数额巨大的情形分别规定不同的法定刑，行为人虚开税额数额的大小影响着本罪法定刑的适用。为了贯彻罪刑相当原则，《最高人民法院研究室关于如何适用法发〔1996〕30号司法解释数额标准问题的电话答复》规定："……在新的司法解释制定前，对于虚开增值税专用发票案件的定罪量刑标准，可以参照《最高人民法院关于审理骗取出口退税刑事案件具体应用法律若干问题的解释》的有关规定执行"，也即进一步明确了虚开税额数额较大、数额特别巨大的具体参考标准，但对仅导致同一笔税收损失的二个以上的虚开行为分别所涉虚开税额是否需要累计的问题，目前并无相关规定。基于司法公正的要求，既然对被告人量刑要充分结合犯罪的事实、性质、情节和对社会危害程度，决定判处的刑罚，那么按照这一要求出发，该情况下，对虚开行为人的处罚就不能将虚开行为和国家税收损失结果孤立考量决定判处的刑罚，也即虚开税额的计算要综合考量行为人的虚开行为和国家税收损失的法益侵害结果。本案钟某有二个虚开行为，但在仅导致一笔国家税收损失的情况下，只以其中更有衡量价值的所涉虚开税额较大的行为数额计算该笔虚开的税额，符合刑法的立法要求。

编写人：广西壮族自治区贵港市港北区人民法院　覃思贤

50

“代开型”虚开增值税专用发票行为的认定

——丁红某等虚开增值税专用发票案

【案件基本信息】

1. 裁判书字号

北京市第一中级人民法院（2019）京01刑终275号刑事判决书

2. 案由：虚开增值税专用发票罪

【基本案情】

1. 2016年10月至12月，被告人丁红某在与被告人解某所在的甲公司没有真实货物交易的情况下，经被告人段某等人介绍，以乙公司的名义为甲公司虚开增值税专用发票40份，价税合计425万元，税款617521.4元。后甲公司将上述发票全部用于抵扣税款。2017年7月20日，该公司补缴税款及滞纳金共计人民币680618.89元。

2. 2016年6月至7月，被告人丁红某在与丙公司没有真实货物交易的情况下，经他人介绍，以乙公司的名义为丙公司虚开增值税专用发票10张，价税合计105万元，税款共计152564.1元。后丙公司将上述发票全部用于抵扣税款。

3. 2016年11月至12月，被告人丁红某在与丁公司没有真实货物交易的情况下，经他人介绍，以乙公司的名义为丁公司虚开增值税专用发票11张，价税合计121万元，税款共计175812.01元。后丁公司将上述发票全部用于抵扣税款。

【案件焦点】

“代开型”虚开增值税专用发票行为，表面上具有真实交易，是否构成虚开增值税专用发票罪。

【法院裁判要旨】

北京市昌平区人民法院经审理认为，被告人丁红某为他人虚开增值税专用发票，被告人解某让他人为自己负责的甲公司虚开增值税专用发票，被告人段某介绍他人虚开增值税专用发票，虚开税款数额较大，三被告人的行为均已构成虚开增值税专用发票罪，依法应予惩处。鉴于丁红某当庭能够自愿认罪，对其予以从轻处罚。鉴于解某已主动全额补缴税款，段某、解某具有自首等情节，可予以减轻处罚。依照《中华人民共和国刑法》（以下简称《刑法》）第二百零五条、第二十五条第一款、第六十七条第一款、第三十条、第三十一条、第五十二条、第五十三条、第六十四条之规定，判决被告人丁红某、解某、段某犯虚开增值税专用发票罪，分别判处有期徒刑五年，罚金人民币二十万元，有期徒刑二年，罚金人民币五万元，有期徒刑二年，罚金人民币五万元；在案扣押物品，依法予以没收。

丁红某、段某不服提起上诉。

北京市第一中级人民法院同意一审的定罪和部分量刑意见，经审理认为：一审法院认定丁红某、段某、解某犯罪的事实清楚，证据确实、充分，定罪准确，唯对解某判处罚金刑有误，依法予以纠正。

北京市第一中级人民法院依照《刑法》第二百零五条、第二十五条第一款、第六十七条第一款、第三十条、第三十一条、第五十二条、第五十三条、第六十四条及《中华人民共和国刑事诉讼法》第二百三十六条第一款第二项之规定，作出如下判决：

一、维持北京市昌平区人民法院（2018）京0114刑初342号刑事判决的第一、三、四项，即被告人丁红某犯虚开增值税专用发票罪，判处有期徒刑五年，罚金人民币二十万元。被告人段某犯虚开增值税专用发票罪，判处有期徒刑二年，罚金人民币五万元。在案扣押物品，依法予以没收。

二、撤销北京市昌平区人民法院（2018）京0114刑初342号刑事判决的第二项，即原审被告人解某犯虚开增值税专用发票罪，判处有期徒刑二年，罚金人民币五万元。

三、原审被告人解某犯虚开增值税专用发票罪，判处有期徒刑二年。

【法官后语】

"代开型"虚开增值税专用发票行为，表面上具有真实交易与开具发票两个行为，但从交易主体、交易内容、钱款流向看，其不属于合法的代开发票行为，亦不符合挂靠类开具发票形式，两行为系独立的行为（合法代开发票主体仅为国家税务机关），不具有必然关联性，且开具发票行为不存在真实交易，属于典型的虚开增值税专用发票行为。具体分析如下：

第一，按照《国家税务总局关于纳税人对外开具增值税专用发票有关问题的公告》的精神，开具增值税专用发票的行为必须符合三个要求：(1) 纳税人向受票方纳税人销售了货物，或者提供了增值税应税劳务、应税服务；(2) 纳税人向受票方纳税人收取了所销售货物、所提供应税劳务或者应税服务的款项，或者取得了索取销售款凭据；(3) 纳税人按规定向受票方纳税人开具的增值税专用发票相关内容与所销售货物、所提供应税劳务或者应税服务相符，且该增值税专用发票是纳税人合法取得、并以自己名义开具的。按照公告的精神，本案中甲公司向戊公司购买棉纱，只能由戊公司向其开具增值税专用发票，内容、金额均应与实际相符。

第二，从《发票管理办法》等行政法规上来看，“代开”本身不具有合法性。《发票管理办法》第十六条规定，禁止非法代开发票。甲公司向戊公司购买棉纱，只能由戊公司向其开具增值税专用发票，但戊公司让未参与该交易的乙公司开票，即属于非法代开行为，违反《发票管理办法》。

第三，对于无开具增值税专用发票资质的企业，通过主管税务机关代开增值税专用发票为法定途径。根据《税务机关代开增值税专用发票管理办法（试行)》《国家税务总局关于加强税务机关代开增值税专用发票管理问题的通知》等规定，已办理税务登记的小规模纳税人（包括个体经营者）以及国家税务总局确定的其他可予代开增值税专用发票的纳税人，提出代开增值税专用发票的申请，主管税务机关为其提供代开增值税专用发票的业务。本案中，段某控制的戊公司虽无开具增值税专用发票资格，但其可通过主管税务机关合法代开发票，段某辩称其为完成交易中的开票义务而不得不找其他公司为甲公司开票的辩解无法律依据。

第四，2018 年最高人民法院对外发布了保护产权和企业家合法权益典型案例，其中张某强虚开增值税专用发票案明确了，以其他单位名义对外签订销售合同，由该单位收取货款，开具增值税专用发票，不具有骗取国家税款目的，未造成国家税款损失，该行为不构成虚开增值税专用发票罪。通过分析判决书发现，其所指征的代开情形为：在挂靠前提下进行的代开并未造成国家税款损失，而且开票人和购销合同签订方是一致的，因此并不认定以骗取国家税款为目的，故不认定为犯罪。本案中，戊公司与乙公司并无挂靠关系，戊公司并非以乙公司的名义与甲公司开展交易，一旦产品出现问题，相关责任与乙公司亦无关系。虽然辩方辩称产品系由乙公司实际供应，但事实上，从在案证据来看，乙公司与戊公司并无真实业务往来，因此，不能认定乙公司与涉案真实交易有关联，其为戊公司代开发票，已经违反发票相关法律规定。

综上，从行政法规、最高人民法院发布的相关案例看，合法开具增值税专用发票行为仅存在于真实交易双方，即便是挂靠代开发票行为，合同交易、开具发票的双方主体也应保持一致，挂靠方的相关责任均由开票方承担，对于无开具发票资质的交易主体可以通过主管税务机关开具发票。

本案中，段某控制的戊公司与解某控制的甲公司之间具有真实交易，戊公司无开具增值税专用发票的资质，段某介绍丁红某给解某代开增值税发票的行为，表面上看符合“代开”发票的行为模式。但从真实交易和开具发票两个行为进行分析，发现两者之间并不具有直接的关联性，三方均具有骗取税款的目的。第一，从交易主体看，真实交易发生在段某控制的戊公司与解某控制的甲公司之间，开票行为发生在经段某介绍的丁红某控制的乙公司与甲公司之间。第二，从交易内容看，真实交易的合同价款中不含税款部分，且段某从上家购货的交易价格亦不含税款部分。第三，从资金流向上看，乙公司与甲公司之间的钱款流转，与甲公司之间无关。故真实交易与开具发票行为的交易主体、交易内容、资金流向等均证明两个“交易”行为之间不具有关联性，系相互独立的行为，且后者并无实际货物交易，只有资金流和发票流，属于典型的虚开增值税专用发票行为，解某要求开票的行为系为了抵扣税款，三方亦明知抵扣税款的目的，三方均构成虚开增值税专用发票罪。

编写人：北京市第一中级人民法院　鲍艳　李悦

51

虚开增值税专用发票税款数额的认定规则

——余明某等虚开增值税专用发票案

【案件基本信息】

1. 裁判书字号

重庆市第一中级人民法院（2019）渝01刑终864号刑事裁定书

2. 案由：虚开增值税专用发票罪

【基本案情】

2015年6月，被告人余明某注册成立重庆甲商贸有限公司（以下简称甲公司）并担任法定代表人；2017年7月，余明某注册成立重庆乙商贸有限公司（以下简称乙公司）并担任法定代表人，同年10月变更法定代表人；2017年7月，余明某注册成立重庆丙有限公司（以下简称丙公司）。上述三家公司均为余明某经营管理并负责。

2016年12月至2018年1月，在无真实货物交易的情况下，通过伪造资金流、购销合同、送货单等手段，采取向郑州丁建材有限公司、沈阳戊商贸有限公司等单位支付开票费用的方式，被告单位甲公司从上述单位取得虚开增值税专用发票210份，金额19262803.2元，税额3274676.40元，全部予以抵扣。被告单位乙公司从上述单位取得虚开增值税专用发票106份，金额8783910.19元，税额1493264.81元，实际抵扣86份，实际抵扣税额1153787.81元。被告单位丙公司取得虚开增值税专用发票13份，金额14490995.03元，税额2463469.17元，均未实际抵扣税额。

在此期间，在无真实货物交易的情况下，采取向重庆己建材有限公司（已判决）等单位收取开票费用的方式，甲公司对外虚开增值税专用发票198份，金额17632562.45元，税额2997535.55元。乙公司对外虚开增值税专用发票90份，金额8823193.16元，税额1499942.84元。丙公司对外虚开增值税专用发票46份，金额4222085.43元，税额717754.57元。

因余明某在接受税务机关调查后无法联系，公安机关于2018年2月27日在其住处将其拘传归案。

【案件焦点】

在无真实货物交易的情况下，余明某以其实际控制、管理的甲公司、乙公司、丙公司既为他人虚开增值税销项发票，又让他人为自己虚开增值税进项发票，在认定虚开税款数额时，是应将虚开的进项税额认定为虚开税款数额，还是应将虚开的销项税额认定为虚开税款数额，抑或将虚开的进项税额和销项税额累计相加后的虚开总额认定为虚开税款数额。

【法院裁判要旨】

重庆市沙坪坝区人民法院经审理认为：被告单位甲公司、丙公司、乙公司违反国家税收征管和发票管理规定，在没有真实货物交易的情况下，为他人虚开、让他人为自己虚开增值税专用发票，其中丙公司虚开增值税专用发票数额较大，甲公司、乙公司虚开增值税专用发票数额巨大，其行为已构成虚开增值税专用发票罪。被告人余明某作为甲公司、丙公司、乙公司直接负责的主管人员，应当予以处罚。余明某到案后如实供述犯罪事实，可从轻处罚。

重庆市沙坪坝区人民法院依照《中华人民共和国刑法》第二百零五条、第六十七条第三款、第五十二条、第五十三条之规定，作出如下判决：

被告单位甲公司犯虚开增值税专用发票罪，判处罚金人民币四十万元；被告单位丙公司犯虚开增值税专用发票罪，判处罚金人民币二十五万元；被告单位乙公司犯虚开增值税专用发票罪，判处罚金人民币三十六万元；被告人余明某犯虚开增值税专用发票罪，判处有期徒刑十一年。

余明某不服一审判决，提起上诉。

重庆市第一中级人民法院经审理认为：原审被告单位甲公司、丙公司、乙公司违反国家税收征管和发票管理规定，在没有真实货物交易的情况下，为他人虚开、让他人为自己虚开增值税专用发票，其行为均已构成虚开增值税专用发票罪，且甲公司犯罪数额巨大，丙公司、乙公司犯罪数额较大。上诉人余明某作为该三家公司直接负责的主管人员，其行为亦构成虚开增值税专用发票罪，且犯罪数额巨大。余明某到案后如实供述犯罪事实，依法对其从轻处罚。余明某及其辩护人提出为他人虚开和让他人为自己虚开的金额不应累加，应只认定对外虚开的金额的意见。该院认为，虚开增值税专用发票罪需要以偷逃税款为目的，且客观上会造成国家税款流失为要件。本案原审被告单位甲公司、丙公司、乙公司为实现为自己、为他人偷逃税款的目的，在没有真实货物交易的情况下，既为他人虚开销项发票，又让他人为自己虚开进项发票，按照其中虚开数额较大的一项计算其虚开的金额即足以认定对国家税款实际造成或者可能造成的损失，故认定甲公司、丙公司、乙公司虚开的税款金额分别3274676.4元、2463469.17元、1499942.84元，余明某虚开的税款金额应当认定为7238088.41元。原判决认定事实清楚，定罪准确，量刑适当，审判程序合法。

重庆市第一中级人民法院依照《中华人民共和国刑事诉讼法》第二百三十六条第一款第一项之规定，作出如下裁定：驳回上诉，维持原判。

【法官后语】

本案处理的焦点问题在于如何认定虚开增值税专用发票的犯罪金额，即虚开税款数额。虚开税款数额作为该罪定罪量刑的关键因素，对其准确认定意义重大。笔者以为，要准确认定虚开税款数额，需先正确认识虚开增值税专用发票罪的本质及其犯罪构成。

关于虚开增值税专用发票罪的本质，学理上莫衷一是。笔者以为，我国《刑法》之所以设立虚开增值税专用发票罪，不仅是因为该犯罪行为侵害了国家的税收征管秩序，更是因为该罪在客观上具有导致虚开的增值税专用发票被他人用于抵扣税款，从而偷税、骗税，造成国家税收利益损失的危险，其目的在于预防偷税或骗税行为，才将为偷税或骗税准备工具、制造条件的虚开增值税专用发票行为规定为犯罪予以惩治。因此，虚开增值税专用发票犯罪的本质应为抽象的危险犯。

基于抽象的危险犯的本质，虚开增值税专用发票罪的犯罪构成应包括如下内容：主观方面需以偷逃税款为目的，客观上具有造成国家税款损失的危险，客观行为内容包括为他人虚开、为自己虚开、让他人为自己虚开、介绍他人虚开四种类型，具备其中情形之一即可认定为虚开增值税专用发票的虚开行为，且虚开的税款数额达到我国刑法规定的定罪量刑的标准。

虽然虚开增值税专用发票的行为具有多样性，但在认定虚开税款数额时，并非四种虚开行为的虚开税款金额的总和，而应当考虑以虚开增值税专用发票可能给国家税款造成的最高损失额为限。如果企业在没有真实交易的情况下，既让他人为自己虚开增值税专用发票即产生本企业的可抵扣的进项税额，同时又为他人虚开增值税专用发票即产生本企业的应纳销项税额，国家增值税流失的最高金额则只可能是进项税额与销项税额中的较高者，而并非进项税额与销项税额之和。

之所以如此认定，理由在于：当虚开的销项税额大于进项税额时，由于虚开的进项税额无真实的纳税义务，不会给国家税收利益造成损失，故将数额较大的销项数额认定为虚开税款数额，即足以认定对国家税收可能造成的损失；当虚开的进项税额大于销项税额时，由于此时仍然存在行为人为他人虚开销项税额，从而致使国家税收利益遭受损失的危险，为正确反映客观案件事实，故应将数额较大的进项税额认定为虚开税款数额，方能足以认定对国家税收可能造成的损失。

具体到本案中，本案原审被告单位甲公司、丙公司、乙公司为实现为自己、为他人偷逃税款的目的，在没有真实货物交易的情况下，既为他人虚开销项发票，又让他人为自己虚开进项发票。在认定虚开税款数额时，按照其中虚开数额较大的一项计算其虚开的金额即足以认定对国家税款实际造成或者可能造成的损失。故该院认定甲公司、丙公司、乙公司虚开的税款金额分别3274676.4元、2463469.17元、1499942.84元，余明某虚开的税款金额应当认定为7238088.41元。尽管二审法院调减了犯罪数额，但结合调整后的犯罪数额及考虑上诉人的其他情节，原判量刑仍属适当，故遂依法裁定驳回上诉，维持原判。

编写人：重庆市第一中级人民法院　朱倩

（七）侵犯知识产权罪

52

被特许人假冒特许人商标应严格控制从宽幅度

——顾某某等假冒注册商标案

【案件基本信息】

1. 裁判书字号

江苏省泰州市中级人民法院（2019）苏12刑初34号刑事判决书

2. 案由：假冒注册商标罪

【基本案情】

甲服饰股份有限公司（以下简称甲公司）是第1230×××号××注册商标的所有人，该商标经续展有效期至2028年12月13日，核定使用商品（25类）：衬衫、西服制服、裤子、领带、鞋、服装带、童装、针织品（服装）、袜。

2015年至2018年，被告人顾某某、张某、凌某某等人为牟取非法利益，在未取得注册商标所有权人授权的情况下，被告人顾某某伙同被告人凌某某到江苏常熟及浙江濮院等地服装市场购买“白胚”服装，通过吴某（另案处理）制造假冒××商标、吊牌等辅料，由被告人张某将假冒××商标缝制于“白胚”服装，后将假冒服装和吊牌通过物流邮寄给被告人顾某某。被告人凌某某安排顾某、周某（均另案处理）挂装吊牌并包装，后将假冒服装在被告人顾某某、凌某某共同经营的兴化市某路6－8号、某路25号等专卖店销售。

2019年1月至4月，公安机关依法分别从被告人顾某某、凌某某经营的店铺中查获并扣押假冒甲服装合计3949件，上述服装吊牌销售价总计人民币6578667元。按照被告人顾某某从甲公司的产品批发价计算总计为人民币2368320.12元。

被告人顾某某、张某、凌某某被抓获归案后如实供述自己的罪行。

另查明，2009年以来，被告人顾某某与甲公司签订特许经营合同，以吊牌价的80%确定全国统一供货零售价，在此基础上以4.5折购进正品“才子”品牌服装并在泰州市兴化地区销售。

2015年1月22日，兴化市市场监督管理局接到举报后，查处了以被告人顾某某、凌某某的名义领取营业执照的店铺，当场查获假冒××品牌的裤子128条并予以没收，并分别以兴化市市场监督管理局兴市监（工商）案字第00082号、第00084号行政处罚决定书对被告人凌某某、顾某某分别处以200000元的罚款。

【案件焦点】

被特许人假冒特许人商标构成假冒注册商标罪，在其签署认罪认罚具结书的情况下，如何适用认罪认罚从宽制度。

【法院裁判要旨】

浙江省泰州市中级人民法院经审理认为，被告人顾某某、张某、凌某某未经注册商标所有人许可，在同一种商品上使用与其注册商标相同的商标，情节特别严重，其行为触犯了假冒注册商标罪，被告人顾某某、张某、凌某某在实施犯罪行为时具有刑事责任能力，依法应当承担相应的罪责。

被告人顾某某、凌某某自愿如实供述自己的罪行，承认指控的犯罪事实，愿意接受处罚，可以依法从宽处理；但其作为被特许人，未经商标注册人许可，在同一种商品上使用与特许人注册商标相同的商标，并在专卖店销售，违法经营数额巨大，且曾因销售假冒该商标权人注册商标的商品受过行政处罚后仍从事相同侵权行为，侵权违法性质十分恶劣，应当控制从宽幅度，予以严惩。

江苏省泰州市中级人民法院依照《中华人民共和国刑法》第二百一十三条①，第二十五条第一款，第二十六条第一款、第四款，第二十七条，第五十三条，第六十七条第三款；《中华人民共和国刑事诉讼法》第十五条；《最高人民法院、最高人民检察

---

① 2020年修正后的《中华人民共和国刑法》第二百一十三条规定：“未经注册商标所有人许可，在同一种商品、服务上使用与其注册商标相同的商标，情节严重的，处三年以下有期徒刑，并处或者单处罚金；情节特别严重的，处三年以上十年以下有期徒刑，并处罚金。”

院关于办理侵犯知识产权刑事案件具体应用法律若干问题的解释》第一条，第八条，第十二条，第十三条；《最高人民法院、最高人民检察院关于办理侵犯知识产权刑事案件具体应用法律若干问题的解释（二）》第四条之规定，判决如下：

一、被告人顾某某犯假冒注册商标罪，判处有期徒刑四年二个月，并处罚金人民币七十万元。

二、被告人张某犯假冒注册商标罪，判处有期徒刑三年，缓刑四年（缓刑考验期内，依法实行社区矫正），并处罚金人民币二十万元。

三、被告人凌某某犯假冒注册商标罪，判处有期徒刑二年六个月，缓刑三年六个月（缓刑考验期内，依法实行社区矫正），并处罚金人民币三十万元。

各被告人缴纳的罚金，于判决确定之日起一个月内缴纳。

四、扣押的假冒他人注册商标的标识（包括从服装上清除的标识），由暂存机关予以销毁，对于去除标识后的服装 3949 件、扣押的各被告人的手机予以没收，上缴国库。

五、对各被告人的违法所得予以追缴，上缴国库。

判决后，被告人未提起上诉。

【法官后语】

本案是一起被特许人在特许经营期间与他人分工合作共同犯罪，且在曾因相同违法行为受到行政处罚后仍继续从事制售假冒特许人注册商标商品的典型案例。本案的处理重点是，在被特许人签署认罪认罚具结书的情况下，如何把握从宽幅度。

××商标在服装领域具有较高知名度。被告人顾某某与甲公司长期签订特许经营合同并在当地开设专卖店销售××服装。其在专卖店销售假冒××服装被行政处罚后仍继续与其他被告人分工合作，通过购买“白胚”服装加贴假冒××商标、吊牌等方式大规模生产、销售假冒××服装牟取非法利益，非法经营数额巨大。即使被公安查扣的假冒服装的吊牌销售价总计 6578667 元，按照被告人顾某某从甲公司的产品批发价计算也达 2368320. 12 元。

被告人顾某某认为其非法经营数额不能以进货价来认定，应当以其实际销售的价格计算非法经营数额，并请求法院对其适用缓刑。法院认为，公诉机关的量刑建议，已经结合被告人张某为顾某某缝制布标的违法所得，考虑到被告人顾某某的实际销售状况，对于侦查机关扣押的侵权服装从有利于被告人的角度出发，以甲服饰股份有限公司给予被告人顾某某的批发价作为计算其非法经营数额的基础，符合法律规定；被告人顾某某犯罪情节属于特别严重，不符合判处缓刑的条件。故对被告人顾某某的辩解不予采信。

因此，考虑到被告人顾某某侵权性质十分恶劣、情节特别严重，其虽然签署了认罪认罚具结书，但法院应从严控制从宽幅度，最终判处其有期徒刑四年二个月，处以罚金七十万元，并根据其他被告人在共同犯罪中的作用及犯罪情节分别判处相应刑罚。本案判决体现了严厉打击假冒注册商标犯罪行为，维护诚信经营市场经济秩序的价值导向，也体现了宽严相济的刑事司法政策。

编写人：江苏省泰州市中级人民法院　刘晓慧

53

刑法中伪劣产品的判定应坚持实质性标准

——李某某销售假冒注册商标的商品案

【案件基本信息】

1. 裁判书字号

广西壮族自治区柳州市柳南区人民法院（2019）桂0204刑初64号刑事判决书

2. 案由：销售假冒注册商标的商品罪

【基本案情】

柳州市甲商贸有限责任公司（以下简称甲公司）系贵州茅台酒销售公司授权经销商。被告人李某某原系甲公司业务员（2018年1月4日辞职）。2017年7月至2018年1月，李某某先后销售给胡某某假冒茅台酒45瓶，销售金额58455元；销售给刘某某假冒茅台酒71瓶，销售金额92229元；销售给刘某假冒飞天茅台酒47瓶，销售金额61053元；销售给袁某某假冒茅台酒14瓶，销售金额16800。

【案件焦点】

本案的争议焦点是被告人李某某销售茅台酒瓶灌装的低价酒的行为是符合销售伪劣产品罪，还是销售假冒注册商标的商品罪，抑或是二者之想象竞合，择一重罪处罚。

【法院裁判要旨】

广西壮族自治区柳州市柳南区人民法院经审理认为：生产、销售伪劣产品罪的犯罪对象伪劣产品，是指生产、销售的商品，违反国家法律、法规的规定，质量低劣不合格或者失去使用价值。如果假冒产品的质量不合格，应认定为生产、销售伪劣产品罪中的伪劣产品；如果假冒产品的质量合格，则应认定侵犯注册商标的犯罪。本案中，被告人李某某销售的茅台酒虽不是贵州茅台酒股份有限公司生产（包装）出品，但符合酒类食品国家标准及酒精明示值要求，不属于生产、销售伪劣产品罪中的伪劣产品，不构成销售伪劣产品罪。被告人李某某销售假冒注册商标的茅台酒，数额较大，其行为构成销售假冒注册商标的商品罪。公诉机关指控被告人李某某犯销售伪劣产品罪的罪名不当，本院予以变更。对于被告人李某某关于其销售给胡某某、刘某、刘某某、袁某某的茅台酒均是真茅台酒，没有假茅台酒的辩解及辩护人关于公诉机关指控被告人李某某犯罪证据不足的辩护意见，本院认为，被告人李某某供述其销售的茅台酒并非全是从甲公司出货，有些是向他人收购后转卖或帮朋友转卖；甲公司的出库单没有李某某从该公司销售茅台酒给胡某某、刘某、刘某某、袁某某的记录，且李某某从甲公司辞职后继续向他人销售大量的茅台酒，又不能说明其销售的茅台酒的合法来源；此外，龙某强证实其通过李某某销售假茅台酒，且李某某是在与龙某强进行假茅台酒交易时被抓获。这些已能充分证明被告人李某某销售假茅台酒给胡某某、刘某、刘某某、袁某某的事实。因此，被告人李某某的辩解和辩护人的辩护意见，本院不予采纳。依照《中华人民共和国刑法》第二百一十四条①、第五十二条、第五十三条、第六十四条和《最高人民法院、最高人民检察院关于办理侵犯知识产权刑事案件

① 2020年修正后的《中华人民共和国刑法》第二百一十四条规定："销售明知是假冒注册商标的商品，违法所得数额较大或者有其他严重情节的，处三年以下有期徒刑，并处或者单处罚金；违法所得数额巨大或者有其他特别严重情节的，处三年以上十年以下有期徒刑，并处罚金。"

具体应用法律若干问题的解释》第二条第一款及《最高人民法院、最高人民检察院关于办理侵犯知识产权刑事案件具体应用法律若干问题的解释（二）》第四条之规定，判决如下：

一、被告人李某某犯销售假冒注册商标的商品罪，判处有期徒刑一年八个月，并处罚金人民币十五万元；

二、对被告人李某某销售假冒注册商标的茅台酒所得的人民币二十二万八千五百三十七元，予以追缴；

三、扣押于柳州市公安局柳北分局的二百六十七瓶假冒注册商标的茅台酒，予以没收。

【法官后语】

本案中被告人李某某的行为构成销售假冒注册商标的商品罪，不构成销售伪劣产品罪，因为涉案白酒不属于刑法上的伪劣产品，主要理由如下：

1. 用茅台酒瓶灌装的低价白酒符合产品质量实质要求。《产品质量法》第二十六条第二款阐述了产品质量法的实质要求，产品必须同时满足安全性、实用性和符合性三个特征。本案中低价的白酒与茅台酒对人体健康、人身安全等方面的作用力并无明显区别，都达到了国家和酒水行业的安全标准；冒充行为并未减损产品应当具备的使用价值，即饮用、酒精刺激神经等功能，白酒的价格不是评判白酒使用价值大小的标准；低价的白酒也符合白酒的特性和产品标准，并非以其他物质或其他酒类（如啤酒、米酒等）冒充白酒。经检验，涉案白酒符合酒类食品国家标准及酒精明示值要求。涉案白酒符合合格产品的实质性标准。

2. 涉案白酒虽然不符合《产品质量法》中产品质量形式要求，但不能据此认定其为刑法第一百四十条中的伪劣产品。《产品质量法》第二十七条规定："产品或者其包装上的标识必须真实，并符合下列要求……（二）有中文标明的产品名称、生产厂厂名和厂址……"即产品本身的解释说明或者给消费者的提示必须真实才属于合格产品，显然本案中包装瓶上的标识与里面的酒不一致，属于行政法上的伪劣产品。但刑法属于保障法，属行政法后置性法律，生产、销售伪劣产品罪的入罪门槛明显高于行政违法行为，刑法对行政法上的伪劣产品进行了过滤、限缩。刑事违法比行政违法判定应更严格。《最高人民法院、最高人民检察院关于办理生产、销售伪劣商品刑事案件具体应用法律若干问题的解释》第一条第四款规定“刑法第一百四十条规定的‘不合格产品’，是指不符合《产品质量法》第二十六条第二款规定的质量要求的产品”，即合格产品同时满足安全性、实用性和符合性三个实质性特征即可，并不要求满足《产品质量法》第二十七条中规定的产品质量形式要求。

3. 销售冒充茅台酒的低价酒，不符合销售伪劣产品所列举的行为方式，即与销售伪劣产品的构成要件不符合。(1) 被告人李某某没有在酒水中掺入杂质或者异物，没有降低或使产品失去应有的使用性能，不符合掺杂、掺假的行为。(2) 低价白酒不属于假酒，没有以异种物冒充白酒，不符合以假充真行为。(3) 低价白酒冒充高价白酒不属于以低等级、低档次的产品，或者以残次、废旧组合冒充正品或新产品，不符合以假充真行为。高价的白酒主要由其知名度、年产量、消费群体和大众喜爱度等因素决定的，高价不等于高等级，产品的等级、档次是衡量产品质量优劣的客观尺度，其不会随价格变动而变动，茅台酒近些年来价格越来越高，但现在的茅台酒与几年前的茅台酒并无差别，现有证据无法证明被告人用茅台瓶灌装的低价酒水比茅台酒等级或档次低。(4) 如前文所述，低价白酒也是合格产品。

综上，涉案白酒不属于《刑法》中的伪劣产品，被告人的行为与销售伪劣产品罪的构成要件不符合，不构成销售伪劣产品罪。被告人销售假茅台的主要目的是使低价白酒能以高价销售出去，获得更大的利润，侵犯的客体是他人的注册商标专用权和商标管理制度，对个人法益的侵害表现为消费者的知情权、经济利益与驰名商标所有者的名誉、经济利益，并不会如生产、销售伪劣产品那样侵犯或威胁个人的身体健康，现有证据无法证明被告人销售的“茅台酒”由其自己生产，因此不构成假冒注册商标罪，只能对其销售行为进行非难，因此构成销售假冒注册商标的商品罪。虽然被告人的行为也符合《刑法》第二百六十六条规定的诈骗罪，但该条规定“本法另有规定的，依照规定”，因此本案定销售假冒注册商标的商品罪。

编写人：广西壮族自治区柳州市柳南区人民法院　付凡胜

（八）扰乱市场秩序罪

54

合同诈骗罪的认定

——黄文某合同诈骗案

【案件基本信息】

1. 裁判书字号

广西壮族自治区横县人民法院（2019）桂0127刑初212号刑事判决书

2. 案由：合同诈骗罪

【基本案情】

2018年10月至12月，被告人黄文某和蒙启某及一名中年男子（二人均另案处理）分别化名“乔卫某”“黄会某”“黄日某”，并准备好虚假的身份证、村委证明、林地租赁合同等材料，谎称在宾阳县宾州镇德明村委下孟村的山岭、新桥镇林堡村的山岭有林木出售，通过与被害人蒙某某、黄某某签订出售林木合同的方式骗取蒙某某、黄某某支付的林木定金、介绍费等合计234000元。所得赃款，黄文某等人瓜分，黄文某分得的赃款已用于赌博。具体事实如下：

1. 2018年10月29日，黄文某、蒙启某与蒙某某、黄某某在宾阳县宾州镇枫江街某排档吃饭，随后，蒙启某使用化名“黄会某”与蒙某某签订出售林木合同，骗取蒙某某支付的定金20000元。

2. 2018年11月10日，黄文某、蒙启某及上述中年男子与蒙某某、黄某某在宾阳县宾州镇枫江街某排档吃饭，随后，中年男子使用化名“黄日某”与蒙某某签订出售林木合同，骗取蒙某某支付的定金40000元。2018年11月14日，中年男子再次使用化名“黄日某”与蒙某某签订出售林木合同，骗取蒙某某支付的定金20000元。

3. 2018年11月的一天，黄文某、蒙启某及上述中年男子与蒙某某、黄某某在横县横州镇某土菜馆吃饭，随后，黄文某使用化名“乔卫某”与蒙某某、黄某某签订出售林木合同，骗取蒙某某、黄某某支付的定金各50000元，合计100000元。2018年12月8日，黄文某在横县石塘镇灵竹街收取蒙某某支付的定金20000元。2018年12月17日，蒙某某通过银行账户支付定金30000元给黄文某。

4. 在实施上述诈骗过程中，黄文某等人收取蒙某某给予的介绍费共4000元。

【案件焦点】

被告人黄文某的行为构成诈骗罪还是合同诈骗罪。

【法院裁判要旨】

广西壮族自治区横县人民法院经审理认为，被告人黄文某以非法占有为目的，结伙在签订、履行合同过程中，骗取对方当事人财物，数额巨大，其行为已构成合同诈骗罪。

本案中，黄文某等人冒用他人名义，以村委会证明、林地租赁合同等虚假的产权证明作担保等方式与被害人签订合同，骗取被害人财物，数额巨大，其行为符合合同诈骗罪的构成要件，应当以合同诈骗罪追究其刑事责任。公诉机关指控被告人黄文某犯诈骗罪，指控罪名不正确，本院根据查明的事实予以纠正。故对指定辩护人提出黄文某的行为构成合同诈骗罪的辩护意见，予以采纳。

在共同犯罪中，黄文某积极实施合同诈骗行为，起主要作用，是主犯，应当按照其参与的全部犯罪处罚。黄文某曾因犯故意犯罪被判处有期徒刑，刑罚执行完毕以后，在五年以内再犯应当判处有期徒刑以上刑罚之罪，是累犯，应当从重处罚。黄文某归案后即如实供述自己的罪行，可以从轻处罚。

广西壮族自治区横县人民法院根据被告人黄文某的犯罪事实、性质、情节和社会危害程度，依照《中华人民共和国刑法》第二百二十四条第一项、第二项、第五项，第二十五条第一款，第二十六条第一款、第四款，第六十五条第一款，第六十七条第三款，第五十三条，第六十四条之规定，判决如下：

一、被告人黄文某犯合同诈骗罪，判处有期徒刑四年三个月，并处罚金三万元；

二、责令被告人黄文某退赔被害人蒙某某经济损失十八万四千元、退赔被害人黄某某经济损失五万元。

【法官后语】

横县人民检察院指控被告人黄文某的行为构成诈骗罪。理由是：(1) 黄文某是通过伪造虚假的证明材料骗取被害人信任，黄文某并没有林木所有权、处分权；(2) 被告人有林木所有权或者处分权的情况下与被害人签订合同，在合同履行过程中骗取被害人财物的行为才构成合同诈骗罪，即双方所签订合同是真实的，是合法的。

广西壮族自治区横县人民法院经审理后确认了横县人民检察院指控的事实，但认为被告人黄文某的行为构成合同诈骗罪，而不是诈骗罪。理由是：

1. 诈骗罪侵犯的客体是他人的财产权利；而合同诈骗罪侵犯的客体，除他人的财产权利外，还有社会主义市场经济秩序。本案中，黄文某的行为除了侵犯被害人的财产权利外，依然侵犯了社会主义市场经济秩序。

2. 本案中，黄文某的行为已符合《刑法》第二百二十四条第一款第一项、第二项、第五项的合同诈骗罪规定。而从该法律条文中也可以看出合同诈骗罪并非要求被告人有财产所有权或者处分权，也并非要求被告人与被害人签订的合同是合法的。

3. 合同诈骗罪的关键特征是利用签订、履行合同扰乱社会主义市场经济秩序。

实践中，合同诈骗罪中“合同”的认定比较疑难、复杂。合同诈骗罪中的“合同”必须是能够体现一定的市场经济秩序，体现财产转移或者交易关系，为行为人带来财产利益的合同。

相当多的经济实体往往以个人名义签订合同，如果将以个人名义签订的合同一概排除在合同诈骗罪的合同之外，不符合平等保护市场主体的原则。合同不管是以口头形式还是书面形式签订，只要能够具备合同的本质特征，即属于合同诈骗罪中的“合同”。

本案中，黄文某等人冒用他人名义，以村委会证明、林地租赁合同等虚假的产权证明作担保等方式与被害人签订合同，骗取被害人财物。行为人系出于以非法占有他人财物的目的，利用签订、履行合同实施诈骗犯罪活动，因此，应当按照合同诈骗罪定罪处罚。

另外需要说明的问题是，广西壮族自治区横县人民法院在审理过程中，由于涉及改变横县人民检察院指控的罪名，曾函告横县人民检察院补充侦查，建议横县人民检察院变更指控罪名，但横县人民检察院坚持指控被告人黄文某的行为构成诈骗罪。最终，广西壮族自治区横县人民法院依法判决被告人黄文某犯合同诈骗罪，对横县人民检察院指控的罪名依法予以纠正。

编写人：广西壮族自治区横县人民法院　刘栩洁　莫庆铿

55

以“两头骗”的方式，租赁车辆用于质押借款时犯罪数额的认定

——李博某合同诈骗案

【案件基本信息】

1. 裁判书字号

河北省邢台县人民法院（2019）冀0521刑初62号刑事判决书

2. 案由：合同诈骗罪

【基本案情】

2017年2月24日下午，被告人李博某到邢台某某公司与该公司签订合同，租赁车牌号为冀××××××的越野车，租赁期限30天（2017年2月24日至2017年3月25日），并支付了8000元的租赁费和20000元的押金，租赁后，李博某等人当天即将租赁的越野车以85000元质押给李某某，李某某在扣除5000元利息后给李博某转款80000元，李博某得款80000元后予以挥霍，租赁到期后邢台某某公司工作人员拨打李博某预留手机号均是无法接通状态，后又通过李博某预留的家庭住址查找，未找到，且租赁途观越野车上的定位系统已被破坏。经鉴定，车牌号为冀××××××的白色大众牌途观越野车价值140000万元。

另查明：（1）被告人李博某被抓获后如实向公安机关供述了自己的犯罪事实。（2）被告人李博某租赁的越野车已被公安机关追回并返还邢台某某公司。

【案件焦点】

合同诈骗犯罪中，以“两头骗”的方式，租赁车辆用于质押借款，既骗租了车辆，又骗取了借款，如何认定犯罪数额。

【法院裁判要旨】

河北省邢台县人民法院经审理认为，被告人李博某隐瞒真相，通过签订合同的方式骗取他人财物，数额较大，其行为已构成合同诈骗罪。公诉机关指控的犯罪事实清楚，证据确实、充分，罪名成立。被告人李博某被抓获后如实向公安机关供述了自己的犯罪事实，属于坦白，依法可以从轻处罚。被告人李博某在刑满释放后五年内，再犯应当判处有期徒刑以上刑罚之罪，系累犯，依法应当从重处罚。被告人李博某违法所得80000元应予追缴，依法处置。根据被告人的犯罪事实、犯罪性质、情节和对社会的危害程度对其予以量刑。

河北省邢台县人民法院依照《中华人民共和国刑法》第二百二十四条、第五十二条、第六十四条、第六十五条第一款、第六十七条第三款之规定，作出如下判决：

一、被告人李博某犯合同诈骗罪，判处有期徒刑一年三个月，并处罚金人民币3万元。

二、被告人李博某违法所得人民币80000元予以追缴，退赔受害人李某某。

宣判后，公诉机关未抗诉，被告人未上诉，判决已生效。

【法官后语】

本案处理重点主要在于对犯罪数额的认定。在本案中，李博某租赁邢台某某公司的车辆后质押给李某某，并将所得款予以挥霍，体现出李博某在向邢台某某公司租赁汽车时即已具备了将来非法占有所租赁车辆的主观故意，在该主观故意的支配下，李博某继续实施了向李某某虚构事实的行为——称车辆是别人押到其那里的，现在急需用钱把车再押到李某某那里周转一下，隐瞒了其最终要以该车辆质押套现的真实目的。李博某的行为符合合同诈骗罪的构成特征，应当以合同诈骗罪论处。本案审理过程中对此定性并无争议。有争议的是如何认定该合同诈骗犯罪中的犯罪数额。从表面上看，李博某存在“两头骗”的行为，即李博某先欺骗了邢台某某公司，其真实意图并非租赁车辆，而是以租车的名义占有车辆，之后李博某又欺骗了李某某，虚构事实骗取资金用于挥霍，至案发也未能偿还。邢台某某公司和李某某都是欺骗对象，也都遭受了经济损失，李博某既骗租了车辆，又骗取了借款，认定犯罪数额时是以所骗车辆为依据，还是以所骗款项为依据，成为了本案的重点。

从李博某的行为模式分析，笔者认为，本案中认定合同诈骗犯罪的数额应以所骗车辆为依据。本案中，李博某的最终目的是用车辆质押套现以满足个人需求，为实现该目的，李博某的行为分为两个环节：第一个环节是以租赁的方式将车辆转变为自己可以支配的状态；第二个环节是用其已经可以支配的车辆质押给他人获得款项，以实现其挥霍的目的。李博某前后两个环节的行为均符合合同诈骗罪的构成要件。当第一个环节完成时，车辆已实际处于李博某的控制之下，第二个环节只是李博某将骗取的车辆变现的过程。李博某出于骗租车辆后变现的动机，通过第一个环节的欺诈行为，已经达到了非法占有车辆的效果，此时李博某的诈骗行为已经得逞，李博某第二个环节的行为实际上是在利用不法状态使第一个环节获取的犯罪利益得以实现，应认定为对赃物的非法处置和变现，属于事后不可罚行为，从刑法角度来看，不宜再作重复评价，李博某第二个环节的行为不能再行定罪处罚。因此，本案中的犯罪数额不能以李博某将骗租车辆变现的得款数额来认定，而应以李博某骗租车辆的价值为依据进行认定。

值得注意的是，李博某租赁车辆时支付了租赁费和押金，在计算其合同诈骗的犯罪数额时，应以其实际诈骗所得为准，即其骗租车辆的价值减去其已支付的租赁费和押金数额为其合同诈骗的犯罪数额。

编写人：河北省邢台县人民法院　许文思

56

行为人实际骗取的数额如何理解认定

——魏某某合同诈骗案

【案件基本信息】

1. 裁判书字号

福建省厦门市中级人民法院（2019）闽02刑终597号刑事裁决书

2. 案由：合同诈骗罪

【基本案情】

2013年10月，被告人魏某某经吴某某介绍后与被害人叶某某相识，并冒充重庆甲有限公司副总经理，虚构合作承建重庆渝广梁忠高速公路三个标段的工程（该工程由乙路桥集团有限公司承建，并已于2013年6月开工建设）的事实，诱骗被害人叶某某与其、吴某某、王某某四人共同合作投资该工程。2014年1月23日、26日，被告人魏某某与叶某某、吴某某、王某某在厦门市集美区印斗路银盛里吴某某的家中就上述工程项目先后签订了《合作承包土建工程施工协议书》《补充协议书》，协议中约定在工程中标前的费用由被告人魏某某垫付，待业主拨付第一笔工程款时扣除应付工程施工必须费用后的剩余部分优先归还被告人魏某某。2013年10月至2015年11月，被告人魏某某以在工程中标前需要拿施工图纸、个人账户需要资金以证明经济实力、处理关系、跑工程需要车辆、支付司机工资等为由，骗取被害人叶某某人民币2954200元及出资人民币374000元为其购买一辆“渝A70×××”号小轿车，并将车辆登记于吴某某名下。被告人魏某某收到上述款项后均用于偿还个人债务及挥霍，并将“渝A70×××”号小轿车用于抵押借钱。

【案件焦点】

1. 被告人魏某某主观上是否具有非法占有目的；2. 涉案诈骗数额如何认定。

【法院裁判要旨】

福建省厦门市集美区人民法院经审理认为，被告人魏某某以非法占有为目的，在签订、履行合同的过程中骗取对方财物人民币3328200元，数额特别巨大，应以合同诈骗罪追究其刑事责任。

关于被告人魏某某提出的其与叶某某之间的资金往来按约定只是借款，不存在诈骗的辩解以及辩护人提出的被告人魏某某主观上没有非法占有的目的，客观上没有采取虚构事实的方法，故不构成合同诈骗罪的辩护意见。法院认为，首先，证人证言和叶某某与魏某某的通话记录能够相互印证，证明叶某某转账给魏某某的钱款及购买“渝A70×××”号小轿车皆是因筹备渝广高速公路的需要，但魏某某基本上都用于其私人需求。其次，重庆甲有限公司和重庆丙高速公路有限公司出具的说明，证明了在魏某某以筹备工程需要的名义让叶某某转账期间，渝广高速公路工程已经开工。再次，叶某某和魏某某的通话内容能够证明涉案款项非民间借贷性质。最后，魏某某对于叶某某转账的每笔款项的原因和用途，在侦查阶段和庭审中的供述有部分不一致，其当庭表示是因为被抓后脑子不清醒，记不清楚事情，该辩解明显有违常理。综上，被告人魏某某的该辩解及辩护人的辩护意见理由不充分，不予采纳。

关于辩护人提出的叶某某转账的100万元、70万元两笔钱以及购车款，付给吴生某的工资等均不能认定为诈骗金额，且其他金额为借贷款的辩护意见。法院认为，叶某某转账上述金额以及购买汽车，支付司机工资均是因为筹备渝广高速公路工程需要，与本案的诈骗手段、目的有密切关联，故应当认定为诈骗金额，该辩护意见理由不充分，不予采纳。

福建省厦门市集美区人民法院依照《中华人民共和国刑法》第二百二十四条第五项、第六十四条之规定，判决：

一、被告人魏某某犯合同诈骗罪，判处有期徒刑十一年，并处罚金人民币20万元。

二、责令被告人魏某某退赔被害人叶某某经济损失人民币3328200元。

魏某某上诉提出：1. 双方合同明确约定工程中标前的费用由魏某某垫付，是通过魏某某本人实名银行卡取得对方资金，案发后魏某某也未更换过手机号码，因此魏某某不具有非法占有的目的。2. 在签订、履行合同过程中，魏某某未虚构自己的身份，也没有虚构工程项目，向叶某某所借的款项均用于工程，故客观上不符合合同诈骗罪的构成要件。请求二审法院依法改判。

福建省厦门市中级人民法院经审理认为：原判认定上诉人魏某某犯合同诈骗罪的事实清楚，认定上述事实的证据均经一审庭审举证、质证，证据来源合法，内容客观真实，且能相互印证，本院予以确认。

关于上诉人魏某某合同诈骗罪是否构成的问题。经查，1. 上诉人魏某某的供述及被害人叶某某的陈述、证人吴某某、王某某的证言证实，魏某某向叶某某谎称系重庆甲有限公司的副总，能拿到渝广高速公路的部分工程。重庆甲有限公司实际控制人李天某否认魏某某系该公司员工。魏某某上述行为属于在合同签订、履行过程中冒用他人名义。2. 上诉人魏某某不具有高速公路建设资金、资质等能力，甚至在所宣称的项目开工已达半年之久后，还与被害人叶某某签订相关标段《合作承包土建工程施工协议书》《补充协议书》，属于没有实际履行能力的情况下，诱骗被害人签订合同。3. 上诉人魏某某与叶某某签订上述合同后，以需要车辆运输图纸、疏通关系、显示经济实力取得对方信任等谎言骗得叶某某购车款以及其他钱款，在叶某某看来属于《合作承包土建工程施工协议书》中约定的投资款，是其合同义务，是基于错误认识下的自愿给付，其行为符合合同诈骗罪的构成要件。证人吴某某、邓某某、周某的证言证实，魏某某因欠债将渝 A70×××车辆挂到吴某某名下，但由魏某某日常使用，后又将该车抵押给邓某某介绍的贷款公司，最终变卖给周某。证人吴某某的证言、被害人邓某某的陈述、上诉人魏某某的供述、邓某某与魏某某双方电话录音及银行交易明细证实，魏某某将所得其他钱款用于挥霍、还债，均未用于合同指向的工程项目。上诉人魏某某上诉称相关款项均系借款，缺乏依据，与在案证据矛盾，且不合常理。故上诉人魏某某在履行合同过程中实施了直接占有对方财产的行为。4. 上诉人魏某某明知合同所指项目已由他人承包开工建设，合同履行受阻后，仍刻意隐瞒这一重要事实，拒不还款，后潜逃多时方被抓获，属于取得对方当事人合同预付款后逃匿的情形。综上，上诉人魏某某以非法占有为目的，在签订、履行合同过程中，骗取对方当事人财物的事实清楚，足以认定，相关上诉意见理由不足，不予采纳。

福建省厦门市中级人民法院依照《中华人民共和国刑事诉讼法》第二百三十六条第一款第一项的规定，裁定如下：

驳回上诉，维持原判。

【法官后语】

利用签订合同骗取钱财的案件与经济纠纷极难区分与识别。本案便是该类犯罪的典型案例，魏某某虚构合作承建重庆高速公路三个标段工程的事实，诱骗他人共同合作投资该工程，此为典型的欺诈行为应无疑问，本案的焦点在于：1. 是否具有非法占有目的。2. 涉案诈骗数额应为多少？针对上述争议焦点，具体分析如下：

一、合同诈骗罪非法占有目的的认定

如何准确划清利用合同诈骗与民事欺诈行为之间的界限，一直是司法实践中颇为棘手的问题，这主要是因为合同诈骗犯罪和民事欺诈在合同履行瑕疵，给对方当事人造成损失等客观外表特征上十分近似、差别甚微，有时甚至难以觉察。外在表现来看，合同诈骗与民事欺诈的客观行为极为相似，都存在虚构事实或采取欺诈手段的情况。由此，行为是否符合合同诈骗罪的犯罪构成，关键区别应在于是否具有非法占有目的，即行为人是否具有非法占有对方当事人财物的目的，是认定合同诈骗罪的关键。

如何判断行为人主观上是否具有非法占有的目，《刑法》第二百二十四条列举了5种情形，前4种是行为人在“非法占有”目的支配下进行的典型行为，第5种为概括性行为，据此可以推断相关行为具有非法占有的目的，因而可以判定为合同诈骗。有观点认为，要考察行为人是否采取了《刑法》所规定的欺骗手段，凡是使用刑法所规定的欺骗手段的，原则上应认定为具有非法占有目的；此外，要综合考虑其他情节，包括行为前、行为过程中以及行为后的各种情节。另一观点认为，上述观点并不能实际解决问题，应全面综合考察行为人签订合同时的履约能力和担保真伪，履行合同中有无履约实际行动、对合同标的物的处置情况、未履行合同的原因以及事后行为人的态度等方面的客观因素。

上述观点的分歧，主要是对《刑法》所规定欺骗手段的态度。非法占有目的的判断，涉及司法推定，即由行为逆推动机，作为一种以“忽略个别可能与结论相反”为代价的思维程式和证罪方法，已被司法实践所广泛运用。从最高司法机关的规定和审判的实践来看，列举的客观行为与主观方面具有高度盖然性，将客观方面作为考量因素不仅会减少错案率，还可以提高司法实践的效率。所以笔者认为：凡是使用刑法所规定的欺骗手段的，原则上应认定为具有非法占有目的，但允许反证，如果行为人能够提出充分证据，证明自己并没有“非法占有的目的”，那么这种推定就应该被推翻。

这样一方面符合罪刑法定原则，保持法律的严肃稳定；另一方面也给予行为人足够的刑事抗辩权，保障其基本权利不受非法侵害，尽可能地实现司法公平公正。非法占有目的是一种主观心态，应当从客观行为进行推定。一般而言，对于以非法占有为目的的认定，应当坚持主客观相一致的原则，结合主体资格、行为人的履约能力、履约行为、对取得财物的处置情况、事后态度、未履行合同的原因等方面情况，加以综合判定。

本案中，魏某某，冒充重庆甲有限公司副总经理，即在合同签订、履行过程中冒用他人名义；虚构合作承建重庆渝广梁忠高速公路三个标段的工程的事实，诱骗三人与其共同合作投资该工程，在签订合同时其没有实际履约能力；以需要车辆运输图纸、疏通关系、显示经济能力取得对方信任等谎言骗得叶某某钱款后，也并未积极创造履约条件及有履约行为，而是将诱骗来的钱财予以挥霍，致使财物无法返还；虽然魏某某声称相关款项均系借款，但其缺乏依据，且不合常理。因此，魏某某在履约能力、履约实际行动、对合同标的物的处置情况、未履行合同的原因以及事后的态度，都是消极懈怠，隐瞒欺骗，并未有实际履行合同的想法，故应认定其具有非法占有目的。

二、涉案诈骗数额应以实际损失为认定标准

本案中，魏某某在没有实际履行能力的情况下，诱骗叶某某签订重庆渝广梁忠高速公路三个标段《合作承包土建工程施工协议书》《补充协议书》，并以需要车辆运输图纸、疏通关系、显示经济能力取得对方信任等谎言骗得叶某某转账钱款、购车车款及支付的司机工资，其行为符合合同诈骗罪的构成要件，转账钱款属于诈骗数额毫无疑问。关于“渝A70×××”号小轿车的购车款，经证实，虽然是挂在吴某某名下，但由魏某某日常使用，后魏某某又将该车抵押贷款公司并变卖，应当认为该车直接受益人为魏某某，遂购车款的损失应当归于魏某某的诈骗行为；同理，支付的司机工资也是如此。在因诈骗不法原因给付钱款的情况下，由于诈骗行为在前，不法原因给付在后，没有行为人的诈骗行为被害人就不会处分财产，故的实际损失与魏某某诈骗手段、目的有密切关联，故应当认定为诈骗金额。

编写人：福建省厦门市集美区人民法院　孙鹭鹏

57

口头合同能否成为合同诈骗罪的“合同”形式

——崔兴某合同诈骗案

【案件基本信息】

1. 裁判书字号

河南省信阳市罗山县人民法院（2019）豫1521刑初6号刑事判决书

2. 案由：合同诈骗罪

【基本案情】

2016年10月，被害人张某通过微信与被告人崔兴某在江苏省徐州市经营的甲电动车厂订购了20辆电动三轮车，后张某通过微信及银行卡转账的方式，将购买电动三轮车的货款40580元转给被告人崔兴某，崔兴某在其电动车厂已无生产能力的情况下，仍收受张某该货款且拒不发货。另查明，案发后，被告人崔兴某已退返被害人张某全部货款，取得谅解。

【案件焦点】

口头合同能否成为合同诈骗罪的“合同”形式。

【法院裁判要旨】

河南省信阳市罗山县人民法院经审理认为：被告人崔兴某以非法占有为目的，在签订、履行合同过程中，骗取被害人张某人民币40580元，数额较大，其行为构成合同诈骗罪。被告人崔兴某系电动车的经销商，曾租赁有厂房组装电动车，有证人吴某某等证言佐证，其在与被害人张某签订、履行合同中，明知已无履行能力，仍骗取被害人的货款，数额较大，其行为符合合同诈骗罪的构成要件。被告人崔兴某在案发后，全部退赃，积极认罪悔罪，且系初犯、偶犯，可酌予从轻处罚。被告人崔兴某到案后，如实供述自己的犯罪事实，依法可从轻处罚。

河南省信阳市罗山县人民法院依照《中华人民共和国刑法》第二百二十四条、第六十七条第三款、第五十二条之规定，判决如下：

被告人崔兴某犯合同诈骗罪，判处拘役五个月，并处罚金人民币三千元。

【法官后语】

一、不能简单以有无合同为标准来区分合同诈骗罪和诈骗罪

在司法实践中，区分诈骗和合同诈骗应当注意：第一，不能简单以有无合同为标准来区分合同诈骗罪与诈骗罪。合同诈骗罪的“合同”是指被行为人利用，以骗取他人财物、扰乱市场秩序的合同。它是刑法意义上的合同，是以财产为内容的、体现了合同当事人之间财产关系的财产合同。因此，有关身份关系的合同、行政合同以及不能反映为经济活动的赠与合同、代理合同等，一般不能认定为合同诈骗罪中的“合同”。第二，不能简单以“签订合同—骗取财物”为标准来判断构成合同诈骗罪。而应当考察行为人骗取财物与合同本身的内在联系，只有行为人获取财物是基于合同，才能认定为合同诈骗罪；如果行为人虽然与被害人签订了合同，但最终获得财物与该合同并没有直接的联系，则不宜认定为合同诈骗罪。

二、合同诈骗罪的本质是被害人基于合同陷入错误认识而交付财物

在普通诈骗罪中也会存在以合同的名义实施诈骗的情形，从表面上看与合同诈骗罪的犯罪构成是相符的，使得司法机关在认定时在普通诈骗罪和合同诈骗罪之间徘徊。因为是否存在合同是认定普通诈骗罪和合同诈骗罪的重要区别，这就需要我们对“利用合同”进行认真解读。所谓“利用合同”，是指通过合同的虚假签订、履行使得相对方陷入错误认识，从而交付财物，实现其非法占有目的。换言之，该合同的签订、履行行为是导致被害人陷入认识错误而作出财产处理的主要原因。“利用合同”即是其诈骗行为的关键。而对那些即使行为人也采用了合同的形式，但是被害人之所以陷入错误认识并非主要基于合同的签订、履行，而是合同以外的因素使其陷入了错误认识而交付财物的，应认定为诈骗罪。

三、以口头合同进行诈骗也可构成合同诈骗罪

口头合同等非书面合同作为合同的外在表现形式，也是客观存在之物，是可为其他事物所证实并为人所认识的，只要能通过其他证据证明当事人之间存在以非书面形式表现的合同关系及合同的内容，且诈骗事实成立，即可认定行为人的行为构成合同

诈骗罪。

合同有多种形式，口头合同只是合同的一种形式之一。利用口头形式以及利用邮购、电子商务等非书面合同形式实施诈骗犯罪与利用书面合同一样，所侵犯的客体都是他人财产所有权以及正常的市场经济秩序。在当前经济交往活动中实际存在着大量的非书面形式的合同，利用这些合同形式实施诈骗犯罪的现象也并不少见。口头合同应该是法律的保护范畴，将利用在签订、履行具有合同性质的口头协议过程中进行诈骗他人财物的行为，定为合同诈骗罪，有利于维护社会主义市场经济秩序。

所以，如果行为人的诈骗行为发生在经济活动中，用来实施诈骗犯罪的口头合同所包括的合同要素基本齐备，且确系通过合同的订立和履行的过程而骗取他人财物的，就应当认定为构成合同诈骗罪。

本案中，被害人通过微信与被告人经营的电动车厂订购了20辆电动三轮车，后被害人通过微信及银行卡转账的方式，将购买电动三轮车的货款40580元转给被告人，被告人在其电动车厂已无生产能力的情况下，仍收受被害人货款且拒不发货。可以说，双方已经经过要约、承诺阶段，就合同内容达成一致。故应当认定为被告人是在签订、履行合同过程中，采取虚构事实、隐瞒真相等欺骗手段骗取对方财物。被告人的行为符合合同诈骗罪的特征。

编写人：河南省信阳市罗山县人民法院　孔晶晶

58

隐瞒资质与商户签合同改装天然气管道致使燃气被盗用应分别评价为合同诈骗罪与盗窃罪

——赵某合同诈骗、盗窃案

【案件基本信息】

1. 裁判书字号

北京市通州区人民法院（2019）京0112刑初310号刑事判决书

2. 案由：合同诈骗罪、盗窃罪

【基本案情】

2016年10月至2018年8月，被告人赵某谎称自己系北京市通州区某小区天然气安装负责人，隐瞒自己无资质且未按正规程序安装天然气的事实，先后与该小区两户底商签订施工合同并分别收取李某人民币5.3万元、张某某人民币4.2万元，共计9.5万元；被告人赵某撬开商铺后方由铁盒锁住的燃气预留口，私接一条新管道并安装非正规走字表，造成北京燃气集团第三分公司的燃气被盗用，公司燃气费用损失为4万余元，被告人赵某以代缴燃气的名义收取李某人民币6000元；2018年8月，被告人赵某为李某、张某某所在店铺违规安装的燃气管道被北京燃气集团第三分公司强制拆除；2019年9月，上述两家餐饮店铺已足额缴纳曾私接燃气的费用。

【案件焦点】

1. 隐瞒资质与商户签合同改装天然气管道的罪名选择；2. 改装管道后盗用燃气的行为是事后不可罚行为还是单独评价为盗窃罪。

【法院裁判要旨】

北京市通州区人民法院经审理认为，被告人赵某以非法占有为目的，在签订、履行合同过程中，骗取他人财物，数额较大，且以非法占有为目的，秘密窃取公司财物，数额较大，其行为已分别构成合同诈骗罪、盗窃罪，依法应予并罚。公诉机关指控的罪名成立。被告人赵某到案后如实供述其盗窃犯罪事实，依法可以从轻处罚。对于被告人赵某当庭提出的辩解意见及其辩护人提出的“被告人赵某两项罪名均如实供述”的辩护意见，经查，被告人赵某对于其合同诈骗事实一节，辩解其虽无施工资质，但可以先安装，后报备，可以帮商户拿到燃气卡正常使用，而在案证据表明，燃气公司对于燃气管道的安装出于安全考虑有严格的程序和流程，被告人赵某在商户的多次催促下无法帮助商户拿到燃气卡，其违规安装的燃气管道因不合规也遭到了燃气公司的强制拆除，被告人赵某与商户所签合同目的从根本上不能实现，因此其辩解不能成立，亦不能认定其如实供述合同诈骗犯罪事实，故被告人及其辩护人的上述意见本院不予采纳；辩护人提出的其他辩护意见本院予以采纳。综上，本院根据被告人赵某犯罪的事实、性质、情节及对于社会的危害程度等，依照《中华人民共和国刑法》

第二百二十四条、第二百六十四条、第六十七条第三款、第六十一条、第四十五条、第四十七条、第六十九条、第六十四条之规定，判决如下：

一、被告人赵某犯合同诈骗罪，判处有期徒刑二年六个月，并处罚金人民币三千元；犯盗窃罪，判处有期徒刑二年，罚金人民币二千元，决定执行有期徒刑四年，罚金人民币五千元。

二、扣押在案的膜式燃气表和智能燃气表各一个，予以没收。

三、继续追缴被告人赵某违法所得人民币十万一千元，发还被害人李某五万九千元，发还被害人张某某人民币四万二千元。

【法官后语】

关于案件焦点一，存在三种意见：构成破坏易燃易爆设备罪、以危险方法危害公共安全罪与合同诈骗罪。纵向地看，三种意见关注到涉案行为的不同侧面，第一种意见侧重改装行为本身，符合《最高人民法院、最高人民检察院关于办理盗窃油气、破坏油气设备等刑事案件具体应用法律若干问题的解释》第一条规定；第二种意见笼统地评价改装行为的危险性兼顾审判的社会影响，故选择兜底条款“其他危险方法”以涵摄本案；第三种意见所评价的行为范围最广，由合同商谈阶段持续到履行阶段，改装管道仅作为合同内容嵌入过程中，是被告人骗财的手段而非目的。横向地看，前两种意见区别于第三种的显著特征是行为危害公共安全，这种危害应是结合个案案情判断的具体危害而非笼统的观念评价，问题进一步转化为：本案的改装行为是否危害公共安全。答案是否定的，这是因为赵某曾在该小区施过工，小区每次有燃气管线维修事项开发商都联系赵某上门维修，赵某具备安装技术与经验，私接管道的安全性是有一定保障的，涉案底商能正常使用天然气亦可佐证，故无法直接得出本案的改装行为已经或者可能危害公共安全的论断，据此排除第一、二种意见。

排除前两种不必然证成第三种意见，本案能够定性为合同诈骗罪还有两点重要考虑：其一，赵某与负责底商的楼管李某以及两位底商的接触过程中均隐瞒自己不具备开通燃气资质的真相，虚构只有他才能拿到开通燃气申请所需要的工程编号、小区附近管道安装均由自己负责的事实，强化对方的错误认识进而签订施工合同、获取施工费，符合合同诈骗罪的构成要件。其二，本案能否视为逾期未履行完合同而作非罪处理，答案还是否定的，核心理由是被告人赵某自始至终都不可能帮助商户拿到正规燃气卡，合同目的根本上是无法实现的，故不宜定性为民事合同纠纷。因此，将被告人赵某签合同改装燃气管道行为评价为合同诈骗是妥当的。

案件焦点二本质上是罪数判断问题。所谓事后不可罚，指的是行为人实施某一犯罪行为后继而实施另一独立的不同犯罪行为，基于事前行为（主行为）与事后行为（辅行为）之间的关联关系，对事后行为不再单独予以定罪处罚。[①] 关联性是重难点，判断标准主要是前后行为所侵犯的法益是否相同，一旦后行为另行侵害新的法益，则构成他罪。[②] 回归本案，被告人赵某实施合同诈骗并改装管道是前行为，盗用燃气是后行为，从法益视角审视，前行为侵犯的是底商财产权益与合同背后所代表的市场秩序，后行为则直接侵犯了燃气公司的财产利益，该法益无法被合同诈骗罪的法益涵盖，因而对后行为的刑法评价无法包含在前行为中，必须通过盗窃罪另行评价。故，本案将后续使用燃气行为单独评价为盗窃罪符合罪数要求，对涉案行为的评价更加充分、全面。

编写人：北京市通州区人民法院　黄薇

59

传销案件的特点及传销中领导者、组织者的认定

——邓家某组织、领导传销活动案

【案件基本信息】

1. 裁判书字号

广西壮族自治区崇左市中级人民法院（2020）桂14刑终24号刑事判决书

2. 案由：组织、领导传销活动罪

---

① 陈兴良主编：《刑法总论精释》，人民法院出版社2016年版。

② ［日］西田典之：《日本刑法总论》，刘明祥、王昭武译，中国人民大学出版社2007年版。

【基本案情】

广东甲网络科技有限公司（以下简称甲公司）于2014年1月6日注册成立，开发了×××商业大系统及××消费返还管理系统、××会员代理系统等17个辅助子系统计算机软件，应用于公司经营的电商交易平台“××商城”，向社会宣传推广公司“消费全返”（后改称为“消费共享”）经营模式，即参与人通过××商城APP或者推荐人推广的二维码扫描，便可以免费注册成为××商城的普通会员（注册时必须填写推荐人的注册ID），获得一个注册ID（会员账户名，是会员权益记录和结算的依据），之后无论是在××商城线上线下消费，均能获得与消费金额对等的积分返还。

甲公司通过培训、授课、网站推广及会员的口口相传等方式，对“消费全返”经营模式进行宣传推广，通过缴费成为其“铂钻会员、金钻会员”所属下线会员越多，其依靠下线会员消费、销售、升级、购买代理等获得的白积分奖励计酬就越多，形成了一个以“消费全返”为基础利益导向，缴纳会员费成为金、铂钻会员能从下线会员赚取积分奖励等更大利益的资格、并按照顺序组成会员层级，直接依靠发展下线会员形成积分返利的庞大会员体系。自成立到案发，总共发展会员达8962017个，会员之间依推荐关系形成了自上而下的金字塔层级关系。其中，普通会员7691704个，金钻会员182030个，铂钻会员1088280个。公司通过会员缴纳的“会员费、创业共享金、代理费”等，牟取了上百亿元资金。

邓家某2015年3月到甲公司听课后注册成为其普通会员，后向公司交纳999元升级为铂钻会员。成为铂钻会员后，邓家某通过熟人、微信朋友圈、讲课培训等方式积极宣传、推广××商城的消费全返模式，发展了多名下线会员。

此外，邓家某在入职甲公司期间，为公司接待、授课培训新人，传播甲公司的消费全返模式，帮助甲公司拓展会员，介绍他人向甲公司购买地区代理，获得甲公司的股权奖励，从发展下线会员身上获取了金额巨大的利益。邓家某处于会员体系中第21层，其下线层级有55层，直接下线人数有38个，下线总人数达613837个，其中普通会员527586个，金钻会员11913个，铂钻会员74338个。邓家某获得的白积分增加额累计为352407190.547，余额为293747032.681，红积分增加额为44287876.811，提现金额511308元。

【案件焦点】

1. 甲公司是否具有传销组织的犯罪特性；2. 邓家某的行为是否构成组织、领导传销活动罪。

【法院裁判要旨】

广西壮族自治区崇左市江州区人民法院经审理认为：甲公司通过××商城，向社会宣传“消费全返”经营模式，以消费能获得全返、升级为铂钻会员、金钻会员能够通过所推荐的下线会员身上获得积分提成、嘉奖、会员升级费一次性现金奖励等利益为吸引，设置缴纳会员费作为参与者获得更大利益的门槛，以发展的会员人数产生的白积分作为计酬依据，让参加者为追逐“只要下线会员产生积分，上线会员（指铂钻、金钻会员）就有提成、嘉奖”这种不劳而获的利益而“自愿”缴费升级为铂钻、金钻会员，不断吸收人员加入、升级缴费，获取后继资金，用以支撑上线人员的计酬，从中牟利，扰乱了正常的经济社会秩序，其活动完全符合传销活动的本质特征。邓家某成为会员后，为获取从下线会员得到积分计酬利益，缴纳升级成铂钻会员后，积极为甲公司的传销模式进行宣传，为扩大甲公司会员规模出力，符合《最高人民法院、最高人民检察院、公安部关于办理组织领导传销活动刑事案件适用法律若干问题的意见》第二条第五项内容的规定，属于传销活动的组织者、领导者。被告人及其辩护人的意见，与本案查明的事实不符，本院不予采纳。

被告人邓家某组织、领导传销活动，且参与人员数量大，扰乱经济社会秩序，其行为已触犯《中华人民共和国刑法》第二百二十四条之一的规定，构成组织、领导传销活动罪。公诉机关指控被告人邓家某犯组织、领导传销活动罪的罪名成立。邓家某被公安机关传唤到案后虽能如实供述自己的罪行，但在庭审中对部分事实翻供，依法不能认定为具有坦白情节；邓家某组织、领导的参与传销活动人员累计达613837个，数量巨大，情节严重，但综合全案分析，邓家某在甲公司的传销活动中不是发起人、策划者、操纵者，在共同犯罪中起次要、辅助作用，应以从犯来认定，依法应从轻、减轻或者免除处罚。本院决定对其减轻处罚。

广西壮族自治区崇左市江州区人民法院依照《中华人民共和国刑法》第二百二十四条之一、第二十五条第一款、第二十七条、第五十二条、第五十三条第一款、第六十四条的规定，作出如下判决：

一、邓家某犯组织、领导传销活动罪，判处有期徒刑三年，并处罚金4万元；

二、追缴邓家某违法所得498419.37元。

邓家某提起上诉称：其利用××平台进行创业的行为不符合组织、领导传销活动罪的特征，不构成组织、领导传销活动罪。

广西壮族自治区崇左市中级人民法院经审理行为：关于邓家某及其辩护人提出的邓家某的行为不构成组织、领导传销活动罪的意见，一审法院已经进行了详细的阐述，本院同意其观点，不再赘述。尽管注册成为普通会员不需要缴纳费用，但是，上诉人邓家某供认其最主要的获利方式是发展下线，还可以得到下线的消费提成，不购买产品也有提成。××商城“设置缴纳会员费作为参与者得更大利益的门槛，以发展的会员人数产生的白积分作为计酬依据”的运行模式，属于国务院《禁止传销条例》中列举的“组织者或经营者通过发展人员，要求被发展人员发展其他人员加入，对发展的人员以其直接或者间接滚动发展的人员数量为依据计算和给付报酬（包括物质奖励和其他经济利益），谋取非法利益”的行为，符合传销行为特征，属传销行为。邓家某注册成为普通会员后，主动申请成为铂钻会员，积极发展下线会员，并参与甲公司组织宣传交流金和培训新人等活动，其行为完全符合领导、组织传销活动罪的构成要件。上诉人及其辩护人的意见不符合事实和法律的规定，不予采纳。

邓家某组织、领导的参与传销活动人员数量巨大，情节严重，但邓家某在共同犯罪中起次要、辅助作用，系从犯，二审法院同意一审法院裁判意见。

广西壮族自治区崇左市中级人民法院依照《中华人民共和国刑事诉讼法》第二百三十六条第一款第一项、第二百四十四条的规定，作出如下裁定：

驳回上诉，维持原判。

【法官后语】

传销是指组织者发展人员，通过发展人员或者要求被发展人员以交纳一定费用为条件取得加入资格等方式获得财富的违法行为。本案中，甲公司通过××商城，以消费能获得全返、升级成为高等会员可从其推荐的下线会员身上获得积分提成、现金奖励等利益为吸引，设置缴纳会员费升级成为更高等的会员以取得收取积分提成的“入门”资格，以发展的会员人数产生的白积分作为计酬依据。让参加者为追逐“只要下线会员产生积分，上线会员就有提成、嘉奖”这种不劳而获的利益而

"自愿"缴费升级为铂钻、金钻会员，不断吸收人员加入、升级缴费，获取后继资金，用以支撑上线人员的计酬，从中牟利，扰乱了正常的经济社会秩序，其活动完全符合传销活动的本质特征。

根据我国《刑法》第二百二十四条之一的规定，组织、领导以推销商品、提供服务等经营活动为名，要求参加者以缴纳费用或者购买商品、服务等方式获得加入资格，并按照一定顺序组成层级，直接或者间接以发展人员的数量作为计酬或者返利依据，引诱、胁迫参加者继续发展他人参加，骗取财物，扰乱经济社会秩序的传销活动的，构成组织、领导传销活动罪。根据《最高人民检察院、公安部关于公安机关管辖的刑事案件立案追诉标准的规定（二）》，传销活动的组织者、领导者，是指在传销活动中，起组织、领导作用的发起人、决策人、操纵人，以及在传销活动中担负策划、指挥、布置、协调等重要职责，或者在传销活动中起到关键作用的人员。

在传销启动时，实施了确定传销形式、采购商品、制定规则、发展下线和组织分工等宣传行为的；在传销实施中，积极参与传销各方面的管理工作，例如讲课、鼓动、威逼利诱、胁迫他人加入等，均属于组织、领导者。领导者并非限定于最初发起人，在传销组织中起骨干作用的高级管理人员也应当认定为领导者。行为人邓家某成为会员后，为获取从下线会员得到积分计酬利益，缴纳升级成铂钻会员后，邓家某通过熟人、微信朋友圈、讲课培训等方式积极宣传、推广××商城的消费模式，积极为甲公司的传销模式进行宣传，为扩大甲公司会员规模出力，在其负责管理的范围，发展了众多直接下线会员。邓家某在入职甲公司期间，以讲课、鼓动他人等方式帮助甲公司拓展会员，介绍他人向甲公司购买地区代理，获得甲公司的股权奖励；其在营销网络中的层级处于甲会员体系中第21层，其下线层级有55层，直接下线人数有38个，下线总人数达613837个，其中普通会员527586个，金钻会员11913个，铂钻会员74338个；涉案金额五十多万元。对于邓家某组织、领导者身份的认定，符合《最高人民法院、最高人民检察院、公安部关于办理组织领导传销活动刑事案件适用法律若干问题的意见》第二条内容的规定，属于传销活动的组织者、领导者。

编写人：广西壮族自治区崇左市江州区人民法院　李剑

60

电子烟作为“烟草专卖品”的认定标准

——闵某某非法经营案

【案件基本信息】

1. 裁判书字号

北京市朝阳区人民法院（2019）京0105刑初1880号刑事判决书

2. 案由：非法经营罪

【基本案情】

自2018年5月起，被告人闵某某在北京市朝阳区某地，未经烟草专卖许可非法经营烟草专卖品。2019年3月26日，民警从其D016、D060－061号店铺内及其朝阳区东坝河村暂住地内起获香烟共计1142条，其中卷烟758条，电子烟384条。

经检验，758条卷烟中，真品卷烟616条，假冒注册商标且伪劣卷烟51条，未标注“由中国烟草总公司专卖”字样的卷烟91条，货值共计人民币11万余元。384条电子烟均为IQOS新型卷烟，均为真品，货值人民币5万余元。后被告人闵某某被民警抓获。涉案卷烟和手机两部现被扣押。被告人闵某某已签署《认罪认罚具结书》。

【案件焦点】

1. 如何评价闵某某销售货值人民币5万余元的电子烟的行为；2. 电子烟作为国家法律、法规规定的烟草专卖物品的认定标准。

【法院裁判要旨】

北京市朝阳区人民法院经审理认为：关于如何评价闵某某销售货值人民币5万余元的电子烟的行为的问题。根据《中华人民共和国烟草专卖法》第二条和《最高人民法院、最高人民检察院关于办理非法生产、销售烟草专卖品等刑事案件具体应用法律若干问题的解释》规定，烟草专卖品是指卷烟、雪茄烟、烟丝、复烤烟叶、烟叶、卷烟纸、滤嘴棒、烟用丝束、烟草专用机械。《中华人民共和国烟草专卖法实施条例》第三条规定，烟草专卖品中的烟丝是指用烟叶、复烤烟叶、烟草薄片为原料加工制成的丝、末、粒状商品。

因此作为烟草专卖品的卷烟以烟丝为部分或全部材料，供抽吸、吸吮、咀嚼或鼻吸的制品。经检验，涉案的384条电子烟均为IQOS新型卷烟，均为真品。也就是说涉案的384条电子烟并没有改变烟草的本质属性，其原料仍然是烟丝，是加热不燃烧型烟草制品，其本质上仍是烟草制品，《检验报告》的检验结论也是“真品卷烟”，因此属于上述法律法规规定的烟草专卖品。

因此对从闵某某处起货的货值5万余元的电子烟应定性为烟草专卖品。因此被告人闵某某违法国家烟草专卖管理法律法规，未经烟草专卖行政主管部门许可，无烟草专卖零售许可证的情况下，非法经营烟草专卖品，货值10余万元，情节严重，构成非法经营罪。北京市朝阳区人民检察院指控被告人闵某某犯非法经营罪的事实清楚，证据确实、充分，罪名成立。

被告人闵某某到案后能够如实供述自己的罪行，自愿认罪认罚，故本院对其依法从轻处罚。辩护人的相关辩护意见，本院予以采纳。在案物品，手机两部，均系闵某某网上交易烟草制品的犯罪工具，依法予以没收。

北京市朝阳区人民法院依照《中华人民共和国刑法》第二百二十五条第一项、第五十二条、第六十七条第三款、第六十一条、第六十四条，《中华人民共和国刑事诉讼法》第十五条以及《最高人民法院、最高人民检察院关于办理非法生产、销售烟草专卖品等刑事案件具体应用法律若干问题的解释》第一条、第三条、第九条之规定，判决如下：

一、被告人闵某某犯非法经营罪，判处有期徒刑十个月，并处罚金人民币二万元。

二、扣押之卷烟由扣押机关予以没收，在案扣押之手机两部，系作案工具，依法予以没收。

【法官后语】

随着科技的发展，市场上出现了各种各样的电子烟产品，在原材料选择、添加剂使用、工艺设计和质量控制等方面参差不齐，目前对电子烟也没有明确的国家标准。作为卷烟的替代品，电子烟的成分和功能能否认定为和一般卷烟一样的烟草制品，即销售电子烟的行为能否为刑法所规范，是电子烟类非法经营案件的争议焦点。

我国《刑法》第九十六条规定，“违反国家规定”，是指违反全国人民代表大会及其常务委员会制定的法律和决定，国务院制定的行政法规、规定的行政措施、发布的决定和命令。因此非法经营罪的前提必须是，违反了全国人大及其常委会或者国务院制定的法律、法规，而不包括部委制定的部门规章。这也是区分行政违法与刑事违法的要点。因此在刑法规范范围内对我国《刑法》第二百二十五条规定的“专营、专卖物品”进行讨论，则必须围绕着全国人大及其常委会和国务院制定的法律法规之规定。

根据《烟草专卖法》第二条和《最高人民法院、最高人民检察院关于办理非法生产、销售烟草专卖品等刑事案件具体应用法律若干问题的解释》规定，烟草专卖品是指卷烟、雪茄烟、烟丝、复烤烟叶、烟叶、卷烟纸、滤嘴棒、烟用丝束、烟草专用机械。《烟草专卖法实施条例》第三条规定，烟草专卖品中的烟丝是指用烟叶、复烤烟叶、烟草薄片为原料加工制成的丝、末、粒状商品。因此只有符合上述法律规定的条件才属于能够为刑法所规范的烟草专卖品。

另外对“烟草专卖品”进行讨论，还应进行限制解释。对于属于《烟草专卖法》《烟草专卖法实施条例》规定的具有卷烟特征的电子烟才能认定烟草专卖品。2017年11月，国家烟草质量监督检验中心对相关单位送监的IQOS“烟弹”样品成分进行了鉴别检验，从中检出烟碱、四种烟草特有的N-亚硝胺、以及与一般烟草及烟草制品中相一致的右旋烟碱旋光异构体比例范围、与一般烟草及烟草制品中相一致的次要生物碱种类，判定“烟弹”样品含有烟草特征性成分，填充物由烟叶制成。本案中涉及的电子烟为IQOS新型卷烟，其以烟丝为原料并没有改变烟草的本质属性，其本质上仍是烟草制品，《检验报告》的检验结论也是“真品卷烟”，因此应认定为本案当事人销售电子烟的行为构成刑法意义上的非法经营行为。

非法经营罪涉及空白罪状和行政违法的界限的问题，对构成要件的解释，要遵循罪刑法定原则，既要考虑法条的法益保护目的，又要考虑国民的自由保障。在本案中对“法律、行政法规规定的烟草专卖品”如果不限制解释为“以烟丝为原料，供抽吸、吸吮、咀嚼或鼻吸的具有卷烟属性的制品”，则导致人们对相应经济行为的违法性无法预测，人们不敢进行经济贸易，过于限制人们的自由。因此新型卷烟的加热器和不含烟草专卖品成分的电子烟烟杆、雾化器、电池等装置，不应认定为烟草专卖品。

编写人：北京市朝阳区人民法院　王胜

61

非法经营罪中利用POS机进行信用卡“养卡”行为的认定

——李佑某、李某非法经营案

【案件基本信息】

1. 裁定书字号

湖北省武汉市中级人民法院（2019）鄂01刑终253号刑事裁定书

2. 案由：非法经营罪

【基本案情】

被告人李佑某在武汉市新洲区开设了甲宾馆，从事旅馆住宿经营活动。李佑某为非法牟利，先后注册登记十余家商户，并向银联机构申领十余台销售点终端机具（POS机），在其经营的甲宾馆内，以收取1%左右的手续费为条件，通过虚构交易、虚开价格的方式为他人信用卡刷卡套现。同时，李佑某还以收取1%至1.5%的手续费为条件，帮他人信用卡“养卡”。经司法鉴定，2015年5月24日至2016年5月31日，李佑某使用POS机为彭金某、库秋某、李晓某信用卡刷卡金额共计3562047.98元。

2016年6月开始，李佑某安排其子、被告人李某接手经营信用卡套现及养卡业务。经乙司法鉴定所鉴定，2016年6月1日至2017年5月31日，李某使用POS机为彭金某、库秋某、李晓某、吴慧某信用卡刷卡金额共计2329970元。

【案件焦点】

违法国家规定，以牟利为目的的利用 POS 机进行信用卡“养卡”行为，能否认定为非法经营罪。

【法院裁判要旨】

湖北省武汉市新洲区人民法院经审理认为，被告人李佑某、李某违反国家规定，使用销售点终端机具（POS 机），以虚构交易的方式向信用卡持卡人直接支付现金，非法从事资金支付结算业务，扰乱了国家的市场管理制度，危害金融安全，均已构成非法经营罪。其中李佑某属于情节特别严重，李某为情节严重。关于李佑某及其辩护人提出的“养卡”金额不应累计计算的辩护意见，经查，所谓“信用卡养卡”系信用卡持卡人透支后，为避免逾期还款，将信用卡交给被告人，由其帮助先行垫还款项，然后被告人再通过 POS 机虚构交易将垫还资金套出，并收取一定手续费的行为。该行为符合信用卡套现的“虚构交易”和“非法盈利”的本质特征，与“向持卡人直接支付现金”无异，也应认定为信用卡套现行为，为他人“信用卡养卡”重复刷卡所产生的金额应计入犯罪数额。故对相关辩护意见，不予采纳。鉴于信用卡养卡行为与典型的信用卡套现行为有一定区别，所造成的银行资金风险相对较小，危害性相对较轻，故在量刑时酌情对两被告人从宽处理。

依照《中华人民共和国刑法》第二百二十五条第三项、第二十五条第一款、第二十七条、第六十七条第三款、第七十二条、第七十三条、第六十四条及《最高人民法院、最高人民检察院关于办理妨害信用卡管理刑事案件具体应用法律若干问题的解释》第七条第一款、第二款之规定，判决如下：

一、被告人李佑某犯非法经营罪，判处有期徒刑五年，并处罚金人民币五千元。

二、被告人李某犯非法经营罪，判处有期徒刑一年，缓刑一年，并处罚金人民币二千元。

三、将公安机关扣押的供被告人犯罪所用 13 台 POS 机予以没收。

李佑某以原审判决认定事实不清、适用法律错误的辩解提起上诉。

湖北省武汉市中级人民法院经审理认为：二审经审理查明的事实与原审判决认定事实一致，原审认定的事实清楚，证据确实充分，定罪准确，审判程序合法。

湖北省武汉市中级人民法院依照《中华人民共和国刑事诉讼法》第二百三十

六条第一款第一项的规定，裁定如下：

驳回上诉，维持原判。

【法官后语】

法律规则是对复杂的社会生活进行归纳、总结而作出的一般的、抽象的规定，法律文本有时会难以应对纷繁复杂的社会生活。如果严格遵循法文本主义，我们在司法办案时就可能会面临查处新型违法犯罪“无法可循”的问题。比如，近年来，信用卡犯罪日益增多，犯罪手段也在不断更新，本案的焦点问题就是在尚无法律及司法解释明确规定的情形下，对以牟利为目的的信用卡“养卡”行为如何认定和规制。

《刑法》第二百二十五条明文规定的四类非法经营行为并未将“养卡”包含在内，《最高人民法院、最高人民检察院关于办理妨害信用卡管理刑事案件具体应用法律若干问题的解释》①（以下简称《解释》）第十二条规定，违反国家规定，使用销售终端机具（POS机）等方法，以虚构交易、虚开价格、现金退货等方式向信用卡持卡人直接支付现金，情节严重的，以非法经营罪定罪处罚。该《解释》条文亦未对“养卡”行为进行认定，如果严格按照法律明文规定，“养卡”既不是《刑法》第二百二十五条列明的犯罪行为，也不满足《解释》中“直接支付现金”的规定，那么就无法对此行为进行定罪处罚，这就违背了刑法罪责刑相适应的基本原则。此时，我们需要探明非法经营罪所保护的法益，在不违反《刑法》及其基本原则的前提下，灵活运用目的解释、扩大解释等方法来解释法律条文。从字面理解来看，不难得出《解释》的主要打击对象是信用卡“套现”行为，维护的是银行的信贷金融秩序。“套现”和“养卡”都是以虚构交易等方式将银行信贷资金套出，本质上是无异的。因此在法无明文规定的情况下，我们不妨在立法目的范围内，把握非法经营罪的本质特征，灵活地对“向持卡人直接支付现金”进行扩大解释，将以牟利为目的的“养卡”行为囊括其中，以非法经营罪定罪处罚，从而有利于维护金融市场秩序。

---

① 该解释于2018年11月28日修正，修正后的解释于2018年12月1日实施。本案一审审理期间，修正后的解释并未开始实施，因此一审法院适用的是修正前的《最高人民法院、最高人民检察院关于办理妨害信用卡管理刑事案件具体应用法律若干问题的解释》。

关于“养卡”犯罪金额的认定，我们将“还款+套出”认定为一次“养卡”，其行为所导致的是银行信贷资金无法正常回流，犯罪金额应按照重复刷卡所产生的金额累计计算，而并非以信用卡额度来计算。故本案中李佑某的犯罪金额超过500万元，应当认定为情节特别严重。“养卡”针对的是已经透支的信用卡，目的是拖延还款期限，避免逾期还款，鉴于行为人可能对同一信用卡反复多次进行“养卡”，与套现行为相比，同样的犯罪金额下，社会危害性较小，故在量刑时可相对从轻。

编写人：湖北省武汉市新洲区人民法院　黄雁斌

62

非法经营罪中烟草专卖品的认定

——杨某等非法经营案

【案件基本信息】

1. 裁判书字号

河北省唐山市中级人民法院（2019）冀02刑终50号刑事裁定书

2. 案由：非法经营罪

【基本案情】

自2013年起，被告人杨某通过货车运输、邮政快递邮寄的方式向被告人方某、李某二人出售烟叶和经过其加工后的烟丝以及烟末，经营数额合计为人民币78480元。

自2014年至2016年1月，被告人方某、李某二人明知被告人杨某没有国家烟草生产、销售许可证，仍在二人经营的未取得烟草专卖许可手续的甲烟店内销售自杨某处购进的烟叶、烟丝、烟末，非法销售烟草制品金额达147746.6元。

2016年2月24日、26日唐山市烟草专卖局的工作人员先后在李某驾驶的面包车内以及二被告人经营的唐山关东烟店内共计查扣散装烟丝558斤，桶装烟丝412桶、半成品散烟3200支以及简易卷烟机7台，经国家烟草质量监督检验中心对查扣的烟丝、烟末进行抽样鉴别，判定为烟草及烟草制品。经唐山市物价部门鉴定，被查扣的314.704千克烟丝价值人民币20421.14元。

【案件焦点】

非法经营犯罪中，对烟草专卖品应如何界定。

【法院裁判要旨】

唐山市路南区人民法院经审理认为，被告人方某、李某以非法牟利为目的，违反国家法律规定，未经许可经营烟草专卖品，情节严重，其行为均已构成非法经营罪，应予处罚。唐山市路南区人民检察院指控被告人方某、李某犯非法经营罪，事实清楚、罪名成立。唐山市烟草专卖局在被告人李某车内及烟酒店内当场查获的烟丝、半成品散烟，因尚未销售，应认定为非法经营罪未遂。鉴于被告人方某、李某部分犯罪未遂、当庭表示自愿认罪，如实供述自己的罪行，依法可从轻处罚。被告人杨某所售吉林省临江市六道沟镇夹皮沟村的烟叶未列入国家名晒目录之内，亦不属于烤烟，其生产经营的烟叶不属于《中华人民共和国烟草专卖法》所规定的烟草专卖品，其将不属于烟草专卖品的烟叶加工制成烟丝、烟末在市场上销售亦不属于非法销售烟草制品的行为。故公诉机关指控被告人杨某犯非法经营罪不能成立。依照《中华人民共和国刑法》第二百二十五条、第二十三条、第二十五条、第六十七条第三款、第六十一条、第六十四条、第五十二条、第五十三条，《中华人民共和国刑事诉讼法》第一百九十五条第三项之规定，报经本院审判委员会讨论决定，判决如下：

一、被告人方某犯非法经营罪，单处罚金人民币20000元。

二、被告人李某犯非法经营罪，判处有期徒刑六个月，并处罚金人民币10000元。

三、被告人杨某无罪。

四、扣押在案的账本2本、销货清单29本、半成品烟3200支、烟丝558斤、简易卷烟机7台、烟丝351桶予以没收，上缴国库。

宣判后，原公诉机关河北省唐山市路南区人民检察院抗诉提出，河北省唐山市路南区人民法院判决杨某无罪，属认定事实错误。主要理由如下：

一、《中华人民共和国烟草专卖法》（以下简称《烟草专卖法》）第七条和《中华人民共和国烟草专卖法实施条例》(以下简称《实施条例》)第三条所指的“烟叶”并非同一概念。《烟草专卖法》第七条规定在该法第二章“烟叶的种植、收购和调拨”部分，目的是为了规范烟叶的种植、收购和调拨行为，是专卖意义上的烟叶，仅指烤烟和名晾晒烟，也就是说烤烟和列入名晾晒烟名录的烟叶是烟草专卖品，是受国家相关部门管制的。强调的是属于烟草专卖品的“烟叶”。而《实施条例》第三条的“烟叶”是一般意义上的烟叶，不局限于烤烟和名晾晒烟，包括未列入名晾晒烟名录的烟叶，二者同名不同义。

二、晾晒烟和“烟丝”是两个概念，它们是原料和制成品的关系。《烟草专卖法》中对“未列入名晾晒烟名录的其他晾晒烟可以在集市贸易市场出售”明确所称指的是“烟叶”，并未含制成品。吉林省临江市六道沟镇夹皮沟村的烟叶虽未列入名晾晒烟名录，不属于烟草专卖品，但经过加工形成的“烟丝”就是烟草制品，一旦制成“烟丝”就成了烟草专卖品。

三、《烟草专卖法》第七条“本法”是指烟草专卖法，而烟丝的定义在《实施条例》中界定，如果牵强套用“本法”不利于打击涉烟违法犯罪，有违立法本意。

四、卷中证据显示，2016 年 4 月 1 日，吉林省临江市公安局已对杨某将吉林省临江市六道沟镇夹皮沟村的烟叶进行加工的行为以涉嫌生产、销售烟草制品立案侦查。

河北省唐山市人民检察院经审查认为，原审法院以杨某将不属于烟草专卖品的烟叶加工制成烟丝在市场上销售不属于非法销售烟草制品的行为判决其无罪，是对《烟草专卖法》中“烟草制品”的错误认定，属认定事实错误，适用法律错误。河北省唐山市路南区人民检察院抗诉正确，予以支持。理由如下：国家对烟草的专营、专卖管理，涉及生产、批发、零售的各个环节，未经许可将烟叶（烟草的原始原料均是烟叶）加工制成商品，即烟草制品并销售的行为，直接应当认定是非法经营烟草制品的行为。《烟草专卖法》中烟草专卖品非烟草制品的烟叶，是烟草原料，不对除烤烟和名晾晒烟之外的原料进行限制、管理，不等于不对其加工制成商品并销售的行为，即生产、批发、零售进行专卖管理，只要是将原料进行加工制成商品，即为烟草制品，是非法经营涉及的专营、专卖物品。国家不对除烤烟和名晾晒烟名录之外的烟叶进行专营、专卖，与国家对加工制造烟草制品作为商品，以及销售这种商品的行为进行专营、专卖，并不存在矛盾，是从两个方面对烟草制品、烟草专卖品以及非烟草专卖品进行的限制和管理。杨某没有国家烟草生产、销售许可证，加工、运输、批量销售烟丝和烟末，且进行包装销售的行为，均应当认定为生产、销售烟草制品的行为，结合销售金额应当认定构成非法经营罪。

唐山市中级人民法院经审理认为：河北省唐山市路南区人民法院认定原审被告人方某、李某犯非法经营罪的事实清楚，证据确实、充分，定罪、量刑及适用法律均无不当，审判程序合法；判决原审被告人杨某无罪并无不当。河北省唐山市路南区人民检察院的抗诉理由和河北省唐山市人民检察院的支持抗诉意见均理据不足，不予支持。唐山市级人民法院经审判委员会讨论决定，依照《中华人民共和国刑事诉讼法》第二百三十六条第一款第一项、第二百四十四的规定，作出如下裁定：

驳回抗诉，维持原判。

【法官后语】

本案处理重点主要在于对烟草专卖品应如何认定的问题。《烟草专卖法》第二条规定，本法所称烟草专卖品是指卷烟、雪茄烟、烟丝、复烤烟叶、烟叶、卷烟纸、滤嘴棒、烟用丝束、烟草专用机械。卷烟、雪茄烟、烟丝、复烤烟叶统称为烟草制品。第七条规定，本法所称烟叶是指生产烟草制品所需的烤烟和名晾晒烟，名晾晒烟的名录由国务院烟草专卖行政主管部门规定。未列入名晾晒烟名录的其他晾晒烟可以在集市贸易市场出售。《实施条例》第三条规定，烟草专卖品中的烟丝是指用烟叶、复烤烟叶、烟草薄片为原料加工制成的丝、末、粒状商品。综合《烟草专卖法》与《实施条例》中对于烟草制品、烟叶及烟丝的规定，只有用烤烟烟叶或被列入名晾晒烟目录里的名晾晒烟烟叶加工制成的烟丝，才属于国家实行专卖管理的烟丝。

具体到本案中，本案卷内现有证据证实，原审被告人杨某销售给原审被告人方某、李某的烟丝系其用吉林省临江市六道沟镇夹皮沟村的烟叶加工制成，该烟叶既未被列入国务院烟草专卖行政主管部门的名晾晒烟名录，亦不属于烤烟，不受国家专卖管理，故将该烟叶用秸秆揉丝机加工成的烟末亦不属于国家实行专卖管理的烟丝。故杨某的行为不符合非法经营罪的构成要件。

值得注意的是，罪刑法定是我国刑法中一个重要原则，即法律明文规定为犯罪的，依照法律定罪处罚；法律没有明文规定为犯罪行为的，不得定罪处罚。刑法规定的非法经营罪中未经许可经营法律、行政法规规定的专营、专卖物品需根据司法解释确定。经营烟草制品是否构成犯罪应结合《烟草专卖法》《实施条例》等相关法律法规对该烟草制品是否属于法律规定的烟草专卖品进行严格界定。这样有利于保护正常经营活动，从而从实质上实现刑事司法的公平性。

编写人：河北省唐山市路南区人民法院　邸然

63

“黑物业”恶势力团伙强迫交易罪“情节特别严重”之准确适用

——吕某等强迫交易案

【案件基本信息】

1. 裁判书字号

北京市第三中级人民法院（2019）京03刑终948号刑事裁定书

2. 案由：强迫交易罪

【基本案情】

被告人吕某系北京甲汽车科技发展有限公司（以下简称甲公司）的实际控制人，租赁管理顺义区岗山路××号院。被告人吕某指使甲公司相关人员，在清退原租户过程中，以雇车堵门等滋扰手段干扰商户正常经营；在提供物业服务的过程中，多次强迫他人接受服务，逐渐形成了以被告人吕某为首，被告人刘某、王某、张海某、阎某某等人为主要成员的恶势力团伙。

具体强迫交易犯罪事实如下：

2015年年底至2018年6月，被告人吕某等人以限制运营商进入、剪断网线等手段，强迫被害人彭义某等接受阎某某提供的宽带接入服务。被告人吕某伙同刘某、张海某以商户自律委员会名义，通过停水停电相威胁的手段，强迫被害人郭东某等按照统一标准使用指定施工队进行店铺装修或使用指定公司清理烟道。被告人吕某、刘某、王某在未经被害人蒋雨某同意的情况下，对其经营的公寓外部安装铁架子墙，后以停水、停电、停业相威胁，强迫蒋雨某交纳安装服务费。

被告人吕某、刘某的强迫交易数额共计55.597万元，王某的强迫交易数额共计39.967万元，张海某的强迫交易数额共计15.63万元，阎某某的强迫交易数额共计26.967万元。

【案件焦点】

在法无明确规定的情况下，如何准确认定强迫交易罪的“情节特别严重”。

【法院裁判要旨】

北京市顺义区人民法院经审理认为：

被告人吕某等人经常纠集在一起，有比较明确的层级和职责分工，已经形成以吕某为首的较为固定的团伙。该团伙多次实施违法犯罪活动，欺压商户，扰乱经济秩序，造成了较为恶劣的社会影响，系恶势力团伙。被告人吕某等人以“软暴力”手段相威胁，排除合理竞争，强迫他人接受服务，情节特别严重，已构成强迫交易罪。被告人吕某等人利用在岗山路××号院形成的控制局面，多次强迫商户接受服务，被害人数多，强迫交易的数额五十余万元，已超过立案标准的十倍以上，系情节特别严重。公诉机关对被告人吕某等人犯罪情节的变更起诉不是追加犯罪事实，而是对法律适用的变更，在程序上符合法律规定。

据此，北京市顺义区人民法院依照《中华人民共和国刑法》第二百二十六条第二项等，判决被告人吕某等五人犯强迫交易罪，判处有期徒刑三年至五年不等，并处罚金人民币二万元至十万元不等。

被告人刘某、王某、张海某、阎某某及相关辩护人以原判事实认定不清、量刑过重、不属于黑恶势力成员的理由提起上诉。

北京市第三中级人民法院经审理认为：第一，在案证据能够证明吕某等人经常纠集在一起，已经形成较为固定的团伙，且层级、分工明确。利用暴力、威胁手段，欺压商户，造成了恶劣的社会影响，构成恶势力犯罪团伙。第二，原判综合考量吕某等人在××号院内实施强迫交易行为的犯罪手段、犯罪数额、被害人数量及对市场交易秩序及被害人财产权的危害程度，认定情节特别严重并无不当，且量刑适当。

北京市第三中级人民法院依照《中华人民共和国刑事诉讼法》第二百三十六条第一款第一项之规定，驳回上诉，维持原判。

【法官后语】

本案的争议焦点之一是：被告人吕某等人的行为能否认定为“情节特别严重”。公诉机关起诉时未指控“情节特别严重”，经合议庭建议予以变更，保障了对恶势力犯罪的准确严厉打击。

虽然强迫交易罪“情节特别严重”没有明确标准，但法定量刑档不应被空置，裁判的过程亦是“找法”“释法”的过程。可以基于事实，确定依据，参照侵犯类似法益的其他罪名的升格标准，进而确定升格标准。具体来说，应从以下几个方面综合考虑：

一是具体犯罪事实。结合本案，一审法院经审理发现，吕某等人所控制的甲公司承租××号院，占地80余亩，有公寓、酒店、商铺30余家，除本案被害人外，其他商户亦受其管理，被迫接受不合理的收费。吕某等人除指控的犯罪事实外，还涉嫌其他严重的违法犯罪行为，欺压百姓、称霸一方，严重扰乱了市场经营秩序。如果按照公诉机关的指控对吕某等人判处三年以下有期徒刑，不足以实现对该犯罪团伙的有效打击，违背了罪责刑相适应的原则。

二是犯罪行为的危害后果。刑罚轻重应当与既往犯罪行为的恶意和损害程度相适应，根据罪行的严重程度确定刑罚的尺度。具体到本案中：（1）从犯罪手段来看，吕某等人利用物业管理之便，采取了断水断电等“软暴力”，无异于强制商户停业，手段恶劣。（2）从被害人的数量来看，本案被害人达28人次，涵盖岗山路42号院的酒店、公寓、饭店等大小商户。（3）从犯罪数额来看，吕某等人的强迫交易数额达五十余万元，给商户造成了巨大经济损失。（4）从对市场交易秩序的影响程度来看，吕某等人利用对岗山路××号院的非法控制，多次实施违法犯罪活动，商户怨声载道，甚至被迫退出经营，严重危害了首都法治环境，造成了非常恶劣的社会影响。综合考虑吕某等人的主观恶性、危害后果等，应依法判处较重的刑罚。

三是我国《刑法》配置法定刑的特点。我国《刑法》在配置法定刑时广泛以犯罪结果、数额作为配置法定刑的依据，这表现为一定量的犯罪结果或数量（数额）是定罪的起点，并随着结果或数量（数额）的增加而不断升格法定刑幅度，形成所谓的加重犯，如结果加重犯、数额加重犯等。根据《最高人民检察院、公安部关于公安机关管辖的刑事案件立案追诉标准的规定（一）的补充规定》第五条之规定，强迫交易罪以强迫交易的人数、次数、交易数额等作为入罪依据。具体到本案中，在判断被告人吕某等人的法定刑时亦应将强迫交易的人数、次数、交易数额作为依据。

四是《刑法》中同章节罪名入罪、升格的标准。在确定了判断法定刑的依据后，还需确定升格的标准。一审法院对《刑法》同章节其他罪名的入罪、升格标准综合考量，非法转让、倒卖土地使用权行为“情节特别严重”的认定标准为“情节严重”的2倍；非法经营出版物行为“情节特别严重”的认定标准为“情节严重”的3～5倍；扰乱电信市场管理秩序类非法经营行为“情节特别严重”的认定标准为“情节严重”的5倍。通过分析可见，同章节侵犯类似法益的罪名升格标准一般为入罪标准的2～5倍。具体到本案中，被告人吕某等人强迫交易二十余次，已达立案标准的5倍以上，强迫交易数额五十余万元，已达立案标准的10倍以上，认定为“情节特别严重”更为准确。

编写人：北京市顺义区人民法院　蔡秀　朱郡臣

64

以威胁手段强买商品构成强迫交易罪

——开同某等强迫交易案

【案件基本信息】

1. 裁判书字号

江苏省东台市人民法院（2019）苏0981刑初509号刑事判决书

2. 案由：强迫交易罪

【基本案情】

2012 年至 2018 年 11 月，被告人开同某、开甲、开乙采用多次、重复向国家和省市环保部门投诉、举报、申请行政复议、提起行政诉讼等方式要挟，迫使甲公司多次将矿渣铁交由其收购，其再进行转手倒卖牟利。被告人开同某、开甲、开乙先后强购甲公司矿渣铁 11514.6 吨，交易额人民币合计 10000256.6 元。经价格认定，涉案矿渣铁的市场价为 17930023 元，被告人开同某、开甲、开乙共非法获利合计人民币 7929766.4 元。具体事实如下：

1. 2012 年 8 月至 2013 年 8 月，被告人开同某、开甲、开乙采用多次重复投诉、举报和向国家环保部申请行政复议等方式，迫使甲公司与开同某在 2013 年 8 月 29 日签订矿渣铁交易协议，约定开同某每年上半年收购甲水泥厂生产过程中产生的矿渣铁，被告人开同某保证其及家人不再投诉、举报。2013 年 8 月 29 日至 2015 年 11 月，开同某、开甲、开乙先后 63 次强购江苏甲股份有限公司矿渣铁 3257.32 吨，交易额人民币 4988601 元。

2. 2015 年 6 月至 2015 年 12 月，被告人开同某、开甲、开乙，再次采用多次、重复投诉、举报，向南京市中级人民法院起诉江苏省环保厅及甲公司的方式，迫使甲公司与开同某在 2015 年 12 月 21 日签订协议，约定由开同某全年垄断收购该公司矿渣铁。次日，开甲、开乙到南京市中级人民法院自愿撤诉。其间，开同某一家又以投诉、举报等相同的手段相要挟，使开同某以低价从甲公司收购矿渣铁。2015 年 12 月 21 日至 2018 年 11 月，开同某、开甲、开乙 45 次强迫收购甲公司矿渣铁 8257.28 吨，交易额人民币 5011655.6 元。

3. 2018 年 11 月，被告人开同某、开甲、开乙为了以明显低于市场价的价格与甲公司续签矿渣铁买卖合同，向镇村干部扬言继续进行举报，后因被害单位报警而未得逞。

被告人开同某、开乙归案后如实供述了犯罪事实。公安机关依法冻结开同某用于存放违法所得的陈锦某中国乙银行账户内资金人民币 423 万元，依法查封被告人开同某用违法所得购置的均登记在共同所有人开同某、陈锦某名下的东台市金水湾四区××幢×××室、×××室两处房产。

【案件焦点】

1. 被告人开甲有无强迫交易的故意；2. 交易金额和非法获利金额如何认定；3. 开甲是否系从犯。

【法院裁判要旨】

江苏省东台市人民法院经审理认为：被告人开同某、开甲、开乙共同以威胁手段强买商品，情节特别严重，其行为均构成强迫交易罪，且系共同犯罪，应予刑罚处罚。

关于被告人开甲有无强迫交易故意的问题。被告人开同某、开乙与证人张增某等人的证言能够互相印证，足以证实三名被告人通过对被害单位甲公司的环保问题进行投诉、举报、复议、诉讼等方式相要挟，强迫被害单位甲公司将矿渣铁出售给开同某的犯罪事实。

关于本案的交易金额和非法获利金额的认定问题。公诉机关根据收款收据及代过磅通知单等书证对本案交易金额进行认定具有客观性；价格认定部门通过实地查验样品和市场调查等途径对2011年5月至2018年11月的东台地区矿渣铁市场批量销售价格进行客观公正的理论分析和测算，对案涉矿渣铁的市场价格进行认定合理有据；在此基础上根据市场价格和交易金额来认定非法获利并无不当，至于转卖价格的高低，属于事后对赃物的处置，不影响非法获利的认定。

关于开甲是否系从犯的问题。开甲负责收集、整理投诉、举报、诉讼材料，通过电话、写举报材料等方式多次投诉、举报，并以开乙的名义提起诉讼，给甲公司施加压力，达到收购矿渣铁的目的，其在共同犯罪中行为积极，作用明显，不应认定为从犯。

被告人开乙在共同犯罪中起次要作用，系从犯，依法从轻处罚。被告人开同某、开乙归案后如实供述犯罪事实，且认罪认罚，均依法对其从轻处罚。东台市人民法院依照《中华人民共和国刑法》第二百二十六条第一项、第二十五条第一款、第二十七条、第六十七条第三款、第五十二条、第五十三条第一款、第六十四条的规定，判决如下：

一、被告人开同某犯强迫交易罪，判处有期徒刑五年，并处罚金人民币十万元。

二、被告人开甲犯强迫交易罪，判处有期徒刑四年六个月，并处罚金人民币八万元。

三、被告人开乙犯强迫交易罪，判处有期徒刑三年，并处罚金人民币六万元。

四、责令被告人开同某、开甲、开乙共同退赔被害单位江苏甲股份有限公司人民币7929766.4元。

【法官后语】

随着我国社会经济的快速发展，不正当竞争现象时有发生，市场经济秩序面临着挑战。行为人违背公平交易的基本原则，将损害消费者的合法权益，扰乱市场经济秩序。

在本罪中违背他人意志通常是指违背自愿原则迫使他人与己或者第三人交易，具体表现为强迫他人购买商品，强迫让人接受他人不想接受的物品或者某种服务。在强迫交易罪中暴力或以暴力相威胁是两种主要手段。由于手段不同，造成的危害结果就不同。所谓暴力，最常见的手段如殴打、捆绑，或者砸毁其财物，使用外力使被害人被迫完成交易；所谓威胁，是以加害其人身、破坏其名誉等相要挟，其方式不仅限于言语，还可以是言语。威胁的目的是让交易对方不敢反抗，但是没有达到不能反抗，因为无论何种手段，都意在使其被迫答应实现交易，所以暴力和威胁的手段还不至于使被害人不能反抗。

扰乱市场管理秩序的违法行为只有达到情节严重才属于刑法调整的范畴，尽管强迫交易罪不像财产犯罪在日常生活中发生频率高，但是也要坚决杜绝。因此，根据罪责刑相适应原则，只有强行交易违法行为达到情节严重的程度才属于刑法控制的范围。本案中，被告人开同某、开甲、开乙通过对被害单位甲公司的环保问题进行投诉、举报、复议、诉讼等方式相要挟，强迫被害单位甲公司将矿渣铁出售给开同某。开同某等人的行为已经对当地的市场管理秩序造成了严重后果，社会影响也非常恶劣，已经不再是行政处罚规制的范围了，并且数额巨大是强迫交易罪情节严重的判断标准之一。

案件中，开同某等人一开始就有牟取不法利益的故意，尽管客观上实施了交易行为，但是交易的达成是违背市场秩序的，牟取的暴利也超出了正常的交易得到的利益。在犯罪的主观方面，开同某等人有犯罪的故意并且对损害结果有一般人的意识和理解。

综上，被告人开同某、开甲、开乙共同以威胁手段强买商品，情节特别严重，其行为均构成强迫交易罪，且系共同犯罪。

编写人：江苏省东台市人民法院　赵黎明

图书在版编目（CIP）数据

中国法院2021年度案例．刑事案例．二，危害公共安全罪、破坏社会主义市场经济秩序罪/国家法官学院，最高人民法院司法案例研究院编．—北京：中国法制出版社，2021.4

ISBN 978-7-5216-1698-9

Ⅰ.①中… Ⅱ.①国…②最… Ⅲ.①刑事犯罪-案例-汇编-中国 Ⅳ.①D920.5

中国版本图书馆CIP数据核字（2021）第045821号

策划编辑：李小草（lixiaocao2008@sina.cn）
责任编辑：王 熹（wx2015hi@sina.com）
封面设计：温培英 李 宁

中国法院2021年度案例．刑事案例二

ZHONGGUO FAYUAN 2021 NIANDU ANLI. XINGSHI ANLI ER

编者/国家法官学院，最高人民法院司法案例研究院
经销/新华书店
印刷/三河市紫恒印装有限公司
开本/730毫米×1030毫米 16开
印张/14.75 字数/196千
版次/2021年4月第1版
2021年4月第1次印刷

中国法制出版社出版
书号 ISBN 978-7-5216-1698-9
定价：58.00元

北京西单横二条2号
邮政编码 100031
传真：010-66031119
网址：http://www.zgfzs.com
编辑部电话：010-66010493
市场营销部电话：010-66033393
邮购部电话：010-66033288

（如有印装质量问题，请与本社印务部联系调换。电话：010-66032926）